U0617291

高等学校公共课教材

创业大讲堂

——大学生创业的八堂必修课

（第二版）

王文利
许丽洁 编著

西安电子科技大学出版社

内 容 简 介

本书主要通过分析总结经典创业故事的形式，系统讲解大学生创业面临的八个方面的问题，为大学生树立正确的创业理念、掌握科学的创业方法提供指导。全书包括八章内容：了解创业——认识创业及创业风险；我可以创业吗——创业者需要具备的条件；创业方向在哪里；如何组建一支高效有力的创业团队；创业企业产品创新四步法；创业企业的经营管理；创业企业的营销之道；创业企业的资本之道。

本书是一本创业案例故事书，注重从最前沿的创业案例中提炼总结最新的创业理念、系统的创业方法、可实现的创业路径。所选案例既有知名企业案例，也有微创业案例。本书叙述简洁，语言幽默，图文并茂，可读性强。

本书可作为高校创业课程的教材，也可供广大创业者了解、学习、实践创业过程、管理创业企业参考。

图书在版编目(CIP)数据

创业大讲堂：大学生创业的八堂必修课 / 王文利，许丽洁编著. —2 版.
—西安：西安电子科技大学出版社，2019.5(2023.4 重印)
ISBN 978–7–5606–5318–1

Ⅰ. ① 创… Ⅱ. ① 王… ② 许… Ⅲ. ① 大学生—创业
Ⅳ. ① G647.38

中国版本图书馆 CIP 数据核字(2019)第 077037 号

策　　划	李惠萍
责任编辑	李惠萍
出版发行	西安电子科技大学出版社(西安市太白南路 2 号)
电　　话	(029)88202421 88201467　　邮　编　710071
网　　址	www.xduph.com　　电子邮箱 xdupfxb001@163.com
经　　销	新华书店
印刷单位	陕西天意印务有限责任公司
版　　次	2019 年 5 月第 2 版　　2023 年 4 月第 7 次印刷
开　　本	787 毫米×960 毫米　1/16　印　张　16
字　　数	276 千字
印　　数	18 001～20 000 册
定　　价	38.00 元

ISBN 978–7–5606–5318–1 / G

XDUP 5620002–7

如有印装问题可调换

前　言

——每个人心中都有一个创业梦

我们曾经无数次听说过大学生创业的神话，比尔·盖茨、乔布斯、扎克伯格、马化腾、史玉柱，这些如雷贯耳的名字如今掌控着市值达数千亿美元的公司，而这些今天看来巨无霸的公司当年都起源于一个个青涩的大学生手中。

今天被认为是中国历史上最好的创业时代。据国家市场监管总局统计，到2018年年底，全国实有市场主体达 1.1 亿户，其中企业是 3474.2 万户。2018年平均每天新增企业 1.83 万户。90 后还没有走出校门，就已经在思考是创业还是打工，各类创业大赛、创投活动如雨后春笋般在校园、在网络、在电视台、在各种圈子、在各种媒体轮番上演，使每一个年轻人都有了一颗驿动的创业之心。

将自己的想法付诸实践，把自己的梦想变成现实。每个人的心中，似乎都隐隐约约地有着一个创业梦。而一代又一代的企业家们，前仆后继地创造着一个又一个财富神话，更让无数年轻人怦然心动。

从 2010 年开始开设"大学生创业的八堂必修课"到如今，曾经与无数的同学讨论过创业的那些事；2015 年开始担任**科技部科技创新企业 CEO 特训营特聘导师**，也与众多已经创业成功的企业家们交流创业路上的艰辛与困惑；自2006 年开始的 10 年企业顾问与咨询生涯，让我了解到了很多即使表面上看来已经成功的企业在研发、生产、管理、营销中遇到的种种问题和企业存在的短板、疑惑。

2015 年可以说是中国大学生创业的元年，教育部发文要求在校大学生要学习创新创业课程，自 2015 年开始全国各地掀起了如火如荼的创业热潮，我觉得时机到了，是该把这些年遇到、见到、听到、想到、思考过的关于创业的种种实践与经验总结一下、写出来，分享给更多的人。目的只有一个：当大学生创业者有了正确的创业理念、系统的创新方法、务实的创业态度时，他们创业的成功率就会提高很多。

创业成功，从个人角度看，创业者可以收获事业、财富、自信；从国家角度看，创新企业是国家的未来，没有敢想敢打敢拼的年轻人与创新企业，国家就没有前途与希望；从社会的角度看，创业失败意味着极大的社会资源的浪费，创业要交学费，但应尽量少交学费，尽量减少社会资源的浪费。

当构思这本书时，创新是跳入我的头脑的第一个词。如何写一本大家既喜欢看，又有一定的知识体系和实践经验的教材？我不希望这本书是大家为了考试不得不看，而课后就把它扔到了一边。我希望你们能像喜欢畅销小说一样，喜欢上这本书，时不时地拿出来读读。所以，这本书从开始构思，就抛弃了传统的教材写法，而是按照三个创新思路来写：

(1) **讲故事不讲教条**。创业是件看似很酷，但充满艰辛的路，对于没有亲身体验过创业的在校大学生们而言，只讲创业的教条，我相信没有几个人愿意去读，因此我们用讲创业故事的方式来讲述创业中的那些事，让大家通过读故事了解故事背后的创业历程与规律。书中一半以上的创业故事都是作者与创业者深入交流、分析过的，我们希望将正在进行的、最新的创业故事介绍给大家，能够对大家当下的创业提供真正的借鉴与指导。

(2) **分享而不是教导**。板着脸教训学生，可能是学生们习惯中的老师的模样，但在创业这件事情上，每个创业企业都是独一无二的，如何成功取决于因时、因地、因人的决策，甚至还取决于运气。所以本书通过分享成功创业者的故事，让读者自己领悟创业的方法。

(3) **讲理念不讲理论**。创业是件很复杂的事情，既要活学活用自然科学的技术方法，又要具备将人文科学的思想、意识用好的能力，因此还没有一套放之四海而皆准的创业理论，但成功的创业理念却是存在的，所以将成功者的创业理念总结出来，分享给大家是这本书的第三个特点。

本书围绕大学生创业过程中面临的八个主要问题，以如何创业为主线，用创业故事的形式，分享成功者的创业理念，给大家总结系统的创新创业方法。同学们，创业是一个发现和捕捉机会并由此创造出新颖的产品或服务和实现其潜在价值的复杂过程！实践是检验创业的唯一标准，在实践中创新，在实践中成长，在实践中学习，实践是创业者的必由之路。跟随心中的创业梦想，苦过、累过、努力过，人生就没有白过！

感谢国家科技部人才中心邀请我担任科技部科技创新 CEO 特训营特聘导师，使我从仅仅关注企业的研发与技术走向全面关注创业企业的研发、管理、市场、资本等系统问题，使我能够从更系统和更全面的视角分析创业企业的诸多问题；感谢书中众多企业家的无私分享，他们的宝贵经验和教训对创业者来说是一笔巨大的财富；感谢选择第一版教材的高校老师和同学们，正是你们的信任和认可使我坚定了在改版中所述案例要认真甄选；感谢母校西安电子科技大学出版社的鼎力支持，感谢责任编辑李惠萍老师的充分信任；感谢家人在再版写作过程中的支持与理解，正是由于你们的支持、帮助、信任，才使得这本书能够按时交付，谢谢！

《创业大讲堂——大学生创业的八堂必修课》(第一版)自 2016 年 8 月出版以来，三次印刷，累计出版 10000 册，正是读者的高度认可和信任使我感到有责任把第二版修订得更接近新时代的创业要求。

《创业大讲堂——大学生创业的八堂必修课》(第二版)可以作为在校大学生学习创新创业课程的教材，我相信其对众多的初次创业者的创业过程也会具有实践指导意义。

2019 年可以说是创业热潮的转折点，经过过去三年的快速发展与挤泡沫，能够活下来的创业企业将成为中国经济转型升级的重要部分；国家依然在推动创新创业，这一点没有任何变化，因为中国未来的发展需要更多的创新企业；而且从国家层面已经开始更多关注实体经济、更多关注智能化、更多关注硬科技，我认为对于真正想踏踏实实做一番事业的创业者来说，你们将迎来新的春天。

创业本身就是在实践中创新、发展的，书中难免有疏漏之处，敬请赐教。

王文利

2019 年 4 月 18 日于深圳

目 录

了 解 创 业

——认识创业及创业风险

【学习目标】

➢ 什么是创业?

➢ 为什么要创业?

➢ 创业的风险有哪些?

1

1.1 什么是创业

我们曾经无数次听说过大学生创业的神话,听说过比尔·盖茨、乔布斯、扎克伯格、马化腾、史玉柱这些如雷贯耳的名字,如今他们掌控着市值达数千亿美元的公司,而这些今天看来巨无霸的公司当年都起源于一个个青涩的大学生手中,这些公司最初产品的诞生地都是毫不起眼的大学生宿舍、车库、地下室……

今天被认为是中国历史上最好的创业时代,2018 年全国平均每天新增企业 1.83 万户。90 后还未走出校门,就已经在思考是去创业还是去打工,各类创业大赛、创投活动如雨后春笋般在校园、在网络、在电视台、在各种圈子、在各种媒体轮番上演,使每一个年轻人都有了一颗驿动的创业之心。不止中国,美国也一样,创业大潮汹涌澎湃。2015 年 8 月哈佛大学的一项调查表明,哈佛毕业生中愿意去华尔街工作的比例已经降至 5%,创历史新低。

近些年来对大学生最具励志意义的故事莫过于 Facebook 的创始人马克·扎克伯格的故事了,因为他是 2008 年全球最年轻的单身巨富,也是历来全球最年轻的自行创业亿万富豪。2010 年 7 月 9 日他被《财富》杂志网络版评为全球科技市场最聪明的创始人冠军。2010 年 12 月他当选年度时代人物。在他 26 岁时的 2010 年 3 月，他拥有 24% 的 Facebook 股份，总资产达 40 亿美元。

马克·扎克伯格的创业故事是这样的。

马克·扎克伯格 1984 年出生，成长于纽约的 Dobb's Ferry，父亲是一名牙医，母亲曾是一名精神病医师，后来辞职。作为牙医和心理医生的儿子，马克·扎克伯格从小就受到了良好的教育，是个电脑神童。10 岁的时候他得到了第一台电脑，从此他将大把的时间都花在了电脑上面。高中时，他为学校设计了一款 MP3 播放机。之后，很多业内公司都向他抛来了橄榄枝，包括微软公司。但是扎克伯格却拒绝了年薪 95 万美元的工作机会，而选择去哈佛大学上学。在哈佛，主修心理学的他仍然痴迷电脑。

在哈佛大学的第二年，扎克伯格侵入了学校的一个数据库，将学生的照片拿来用在自己设计的网站上，供同班同学评估彼此的吸引力。2003 年的秋天，19 岁的扎克伯格向好友亚当·德安杰罗吐露了打算创建社交网站的想法，扎克伯格告诉德安杰罗，有一些哈佛高年级的同学希望他建立一个"交友网站"或者"类似 Facebook 一样"的网站，扎克伯格希望能获得德安杰罗的帮助。德安杰罗后来成为了 Facebook 的第一任首席技术官。2004 年 2 月，扎克伯格和他的三个同学，达斯汀·莫斯科威茨、克里斯·休斯以及爱德华多·萨维林创立了 Facebook，起初只针对哈佛学生。Facebook 一经推出，即横扫整个哈佛校园。

图 1.1　全球最大的社交网站 Facebook 的创始人马克·扎克伯格

在哈佛大学的校园内网上建立了 Facebook 社交网之后，扎克伯格面临着两个选择，要么继续努力，要么卷铺盖回家。要想继续发展，扎克伯格必须将 Facebook 网络推广到哥伦比亚大学、斯坦福大学和耶鲁大学等其他的大学，那些大学可都是历史悠久的名校，都拥有最全面的校园社交网络。如果 Facebook 能够在那些名校的校园网站稳脚跟，那么其他的高校校园网就不在话下了。事实也正是那样。Facebook 从一家大学推广到另一家大学，慢慢地解决了早期扩大规模的问题。到 2004 年年底，Facebook 的注册人数已突破一百万，扎克伯格从哈佛退学，全职营运网站。

今天看来，Facebook 实际上包含了网络实名的早期概念：与其他的网络不同，用户在 Facebook 网络上登录时必须使用他自己的真实姓名。

2012 年 2 月 1 日，Facebook 正式向美国证券交易委员会(SEC)提出首次公开发行(IPO)申请；2012 年 5 月 19 日 Facebook 在纳斯达克上市交易，开盘价 42.05 美元，较 38 美元的发行价上涨 10.6%，发售 4.2 亿股，融资规模达 160 亿美元。按此发行价计算，Facebook 当时的估值为 1040 亿美元，创下美国公司最高上市估值。而 Facebook 创始人、CEO 马克·扎克伯格也成了全球最有钱的 80 后"高富帅"。

2015 年 10 月 24 日，马克·扎克伯格在清华大学经管学院用中文做了一场演讲，他说创立 Facebook 是因为他觉得能在网上和人联系是非常重要的。2004 年互联网上已有很多网站，你差不多可以在网上找到所有的东西：新闻、音乐、书、电影、物品，可是没有服务帮我们找到生活中最重要的东西：人，人是我们生活中最重要的。

当大家到了一个房间，你们看到了什么？不是这个桌子，那个椅子，而你关注的是人！这是人类的特点。每个人都想跟他们的朋友和家人联系。当我们可以分享和联系朋友与家人时，生活会变得更好；若我们分享和联系了，我们可以和朋友及家人有更好的关系。

马克·扎克伯格创立 Facebook 的时候，他不是要创立一个公司，而是想要解决一个非常重要的问题：想把人们联系在一起！这是他创立 Facebook 时的使命。当你有使命时，它会让你更加专注！

下面我们看看我们本土的青年才俊，江湖人称小马哥的腾讯创始人马化腾的创业故事。

马化腾，男，1971 年 10 月生于广东省汕头市潮南区。腾讯公司主要创始人之一，现担任腾讯公司控股董事会主席兼首席执行官。

马化腾 1989 年考入深圳大学计算机及应用专业，1993 年取得深大理科士学位。在深圳大学，马化腾很快在计算机专业找到了快乐。痴迷在计算机程序的海洋里，马化腾的 PC 水准突飞猛进，令老师和同学们刮目相看，他是各种病毒的克星，乐此不疲为学校的 PC 做维护；这时候的马化腾很像一些技术

3

达人——通过显示自己的技术，显摆自己的存在感与价值。当时中国第一波股市的浪潮袭击着深圳，也影响着马化腾。1993 年毕业前夕，马化腾设计了一款"股票分析系统"软件，很快被一家公司看中，这家公司问他多少钱肯卖他的软件，当时马化腾和家人也不知道这款软件究竟值多少钱，就让对方出价。对方给了 5 万元，这一下可把马化腾乐坏了，这是马化腾的第一桶金。从此，马化腾明白了一个道理：好的技术可以转化为金钱与财富。从技术达人到赚钱能手的转换，体现了马化腾的实用态度，而这种理性、务实、实用的风格也成了马化腾一贯的行事原则，并决定了后来腾讯的企业基因。

1993 年，马化腾从深大毕业，进入当时深圳最大、全国知名的寻呼公司——润迅通信发展有限公司，担任软件工程师。在这一年，一些日后叱咤风云的互联网大佬，大都也和马化腾一样默默无闻。参加工作的第三年，马化腾被公司派到美国一家电信设备企业哈里斯集团接受培训。此时，计算机网络在新科技的推动下出现爆炸性增长，也正是在那儿，马化腾才第一次无拘无束地接触到了 Web 网络。

当时的互联网，是黑白的、无声的、无趣的，每天花几分钟处理一下邮件，花半小时把当天新闻看完，就没有多少事可做了。在漫游网络的过程中，一款名为 ICQ 的聊天工具引起了马化腾的特别注意和兴趣。ICQ 是以色列四位大学毕业生制作出来的一种互联网聊天工具，ICQ 是"I Seek You"的谐音，意思是"我找你"，它可以让天南海北的人通过互联网实时进行对话沟通。这种软件被赋予一个新的类型名称：即时通信(简称 IM)。令人意想不到的是，正是这个小软件，将为互联网行业带来一场巨大的变革。

马化腾觉得 ICQ 这个东西很好，但没有中文版，用起来很不方便，于是他想，自己能否做个类似于 ICQ 的集寻呼、聊天、电子邮件于一身的聊天工具呢？

1998 年秋天，马化腾与他的大学同学张志东"合资"注册了深圳腾讯计算机系统有限公司。之后又吸纳了三位股东：曾李青、许晨晔、陈一丹。1999 年 2 月，马化腾开发出了中文版 ICQ——"网上中文寻呼机"，简称"OICQ"。

这就是 OICQ 99A Beta1，QQ 历史上的第一个版本。"当时我也不知道怎么赚钱，只是觉得让别人可以在互联网上找到你，肯定会有用，就做了。"马化腾后来如此说。

马化腾他们预感到了即时通信的巨大前景，就将他们的 OICQ 悄悄地挂在了线上，免费提供给互联网用户下载。一时间，从来没有见过这个新兴玩意的大学生们人头攒动地涌向了下载 OICQ 的门户网站，OICQ 在大学校园里迅速走红。就连马化腾本人也没有料到，这个不被人看好的 OICQ 在不到一年的时间就发展了 500 万用户。QQ 当时并没有直接为马化腾带来任何经济效益,甚至想靠 QQ 顺手牵羊捞点"外快"都很难。可是,谁也没有想到,马化腾不经意间却打造了一个庞大的 QQ 帝国,改变了中国人沟通的方式,甚至有许多年轻人可以不用微博,不用 E-mail,可是万万不能没有 QQ。《福布斯》指出,QQ 改变了中国人的交流方式,意义重大!

2004 年 6 月 16 日,腾讯控股有限公司在香港联交所主板公开上市(股票代号 700)。2009 年,腾讯入选《财富》"全球最受尊敬的 50 家公司"。在 2014 年 3000 中国家族财富榜中马化腾以财富 1007 亿元荣登榜首。

图 1.2 腾讯公司董事会主席兼 CEO 马化腾

如今通过互联网服务提升人类生活品质是腾讯的使命。目前,腾讯把为用户提供"一站式在线生活服务"作为战略目标,提供互联网增值服务、网络广告服务和电子商务服务。通过即时通信工具 QQ、移动社交和通信服务微信及 WeChat、门户网站腾讯网(QQ.com)、腾讯游戏、社交网络平台 QQ 空间等中国领先的网络平台,满足互联网用户沟通、资讯、娱乐和电子商务等方面的需求。2018 年,QQ 的智能终端月活跃账户数为 6.998 亿,微信和 WeChat 的合并月活跃账户数达 10.98 亿。腾讯的发展深刻地影响和改变了数以亿计网民的沟通方式和生活习惯,并为中国互联网行业开创了更加广阔的应用前景。

除了上面提到的马克·扎克伯格和马化腾,还有一位大家可能还不是很熟悉的大学生创业旷世奇才,那就是当代最杰出的创业大神、特斯拉电动汽车公司的 CEO 埃隆·马斯克(Elon Musk)!

埃隆·马斯克 1971 年 6 月 28 日出生于南非,18 岁时移民加拿大。他是工程师、慈善家,也是 PayPal(贝宝,最大的网上支付公司)、太空探索技术公司 Space X、电动汽车公司 Tesla(特斯拉)以及 Solar City(太阳城)四家公司的

CEO，还兼任了太空探索技术公司 Space X 的首席技术官，环保跑车公司 Tesla(特斯拉)的产品设计师。

在埃隆·马斯克之前，硅谷只有克拉克(Jim Clark)连续成功创业三家市值 10 亿美元的企业：网景、硅谷图文、医疗网。现在，马斯克的特斯拉汽车、太阳城和 PayPal 都各自拥有超过 10 亿美元的市值，其中特斯拉汽车的市值在 250 亿美元上下波动，约达通用汽车市值的一半。

图 1.3　特斯拉电动汽车与美国太空探索技术公司首席执行官埃隆·马斯克

2011 年 6 月，马斯克度过了他 40 岁生日，在 40 年里，他成功地把自己从南非人变成美国人；成功地设计并卖出一款视频游戏(在他 12 岁时)；获得两个学士学位；参与设计并卖出网络时代第一个内容发布平台；担任美国最大的私人太阳能供应商 Solar City 的董事长；参与创立和投资世界最大的网络支付平台 PayPal；参与设计价格全世界最低、研发时间全世界最短、能把飞行器送上空间站的新型火箭；投资创立生产世界上第一辆能在 3 秒内从 0 加速到 60 英里的电动跑车公司，并成功量产。

2012 年 5 月 31 日，马斯克旗下公司 Space X 的"龙飞船"成功与国际空间站对接后返回地球，开启了太空运载的私人运营时代。

2013 年 11 月 21 日，美国著名财经杂志《财富》揭晓了"2013 年度商业人物"，特斯拉汽车 CEO 马斯克荣登榜首。

2015 年 12 月 22 日 9 时 29 分，Space X 成功发射猎鹰 9 号(Falcon 9)火箭，发射 10 分钟后完美回收一级火箭，创造航天史上新的历史。关于马斯克创业的更详细的信息我们将在本章的案例分享中给大家详细介绍。

在如今创业沸腾的时代，我们不仅听到过这些大咖们如神话般的创业故事，还不断听到身边的校友们、师兄们、师姐们的成功创业故事。

这些故事听得我们心潮澎湃，恨不得立马退学投入商海，去指点江山、去披荆斩棘、去浪遏飞舟、去实现年轻的自己心中那无法遏制的躁动——我也要创业!

那么，究竟什么是创业?

时代在变化，我们已经从工业化时代发展到数字化时代，互联网、移动互联网正在改变我们的生活、学习、工作，也正在改变传统的产品开发、商业模式、组织机构以及创业的模式与方法。

《现代汉语词典》中对"创业"的解释是：创建事业。看似简单明了的一句话，却有着丰富的内涵。在每个创业者的心中，都有对创业的一个认识。埃里克·赖斯在《精益创业——新创企业的成长思维》中说：所谓新创企业，就是在充满不确定因素的情况下，以开发新产品和新服务为目的而设立的个人机构。

所以，创业是一个发现和捕捉机会并由此创造出新颖的产品或服务和实现其潜在价值的复杂过程!

这意味着创业者无处不在，不一定非在车库里折腾才算创业，不一定非在孵化器开个公司才叫创业，在创业企业中工作的任何人都是创业者!

1.2 为什么要创业

自 1978 年中国改革开放以来，经历了四次创业大潮。

第一次创业大潮是 20 世纪 80 年代改革开放初期，个体户、乡镇企业式的创业潮。这次大潮中成就的企业包括浙江万向集团等一批乡镇企业。

第二次创业大潮是 1992 年邓小平南巡讲话后，以政府官员、科研院所知识分子为代表的"下海"热潮。这次大潮成就的企业包括万科地产、联想集团等。

第三次创业大潮，是 20 世纪 90 年代末，以互联网为核心技术的创业潮。这次大潮成就了现在以 BAT(百度、阿里、腾讯)为代表的互联网企业，它们中的 BAT 已经发展成为了市值达千亿规模的行业龙头企业。

第四次创业大潮，是自 2010 年以来，新经济环境下政府与市场共同催生的大众创业潮。随着互联网和移动互联网的普及，互联网与传统企业的结合，用互联网思维、互联网方式颠覆传统商业成为这次创业大潮的主流。与前三次创业大潮相比，这次创业潮的覆盖人群更广，参与度更高，声势更浩大。特别是 2015 年开始的国家层面大力倡导的大众创业、万众创新，开启了改革开放以来，也许是中国历史上最大规模的一次创业大潮!那么为什么是在这个时间

7

点，国家开始鼓励大众创业、万众创新呢？

经过改革开放后三十多年的高速发展，我国资源环境约束日益强化，要素的规模驱动力逐步减弱，传统的高投入、高消耗、粗放式发展方式难以为继，经济发展进入新常态，需要从要素驱动、投资驱动转向创新驱动。

李克强总理 2015 年 7 月 27 日在国家科技战略座谈会上强调：促进科技与大众创业、万众创新深度融合，以改革创新培育我国经济社会发展新动能。当前，我国进入升级发展的关键阶段，要在世界科技革命中抢占制高点，实现新旧动能转换，关键是要做强科技这个第一生产力，用好"创新"这把金钥匙，实现科技与经济的深度融合，促进经济保持中高速增长，迈向高端水平。实施创新驱动发展战略，要坚持把科技创新摆在国家发展全局的核心位置，既发挥好科技新的引领作用和科技人员的骨干中坚作用，又最大限度地激发群众的无穷智慧和力量，形成大众创业、万众创新的新局面。这是从国家层面的发展来看，创新、创业是实现我们国家进一步发展、经济与技术上台阶的需要；集众智者成大事，推动我国产业升级、走向世界、迈向一流。因此大众创业、万众创新是发展的动力之源、富民之道、公平之计、强国之策，对于推动经济结构调整、打造发展新引擎、增强发展新动力、走创新驱动发展道路具有重要意义，是稳增长、扩就业、激发亿万群众智慧和创造力，促进社会纵向流动、公平正义的重大举措。

将自己的想法付诸实践，把自己的梦想变成现实。每个人的心中，似乎都隐隐约约地有着一个创业梦。而一代又一代的企业家们，前仆后继地创造着一个又一个财富神话，更让无数人怦然心动。那么什么是我们的创业理由？为了生存和赚钱？为了证明自己的价值？创业就是自己最喜欢做的事？为了做给别人看？……

只有梦想才应该是你创业的唯一理由！有人把创业说得很伟大、很浪漫、很神圣，也有人把创业说得很苦逼、很悲催。但不可否认，创业是和平时期最精彩的一种生活方式，当我们不能拓展生命的长度时，我们可以挖掘生命的深度和广度，而创业就是拓展生命深度和广度的最佳途径之一。创业的复杂程度远远超过创业前你的想象，创业过程面临的挑战也会超出你原有的承受能力，如果没有一个强大的内在动力与伟大梦想，很难支撑你能坚持到创业成功的那一天。

马克·扎克伯格创立 Facebook 的时候，他不是要创立一个公司，而是想要解决一个非常重要的问题，想把人们联系在一起，这是他的梦想和使命！马化腾创立腾讯时，他的梦想是让天南海北的人通过互联网实时进行对话沟通！马云创立阿里巴巴时，他的梦想是让天下没有难做的生意！当代最天才的企业

家、创业家乔布斯更是直接说出了他的人生梦想：<u>活着就是为了改变世界！</u>

图 1.4 苹果公司创始人 斯蒂夫·乔布斯

伟大的创业都源于伟大的梦想，人生就是一场体验，有梦想就要去尝试，只有梦想值得我们去尝试！

从近 10 年来在百度知道上提问关于创业问题的人中可以看出：<u>人人都有创业梦！</u>

如图 1.5 所示，2005—2015 年的 10 年来，在百度知道上提问关于创业问题的人中，男性人数是女性人数的近两倍。从时间上看，从 2005 年到 2013 年，男性对创业的关注度一直高于女性，并且差距逐渐加大。从 2014 年开始，随着微型创业(微商等)的兴起，女性所占比例实现反超。因此在创业这个问题上，男女开始平分秋色！

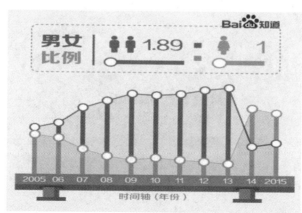

图 1.5 2005—2015 年在百度知道上关注创业问题人员的性别比例

如图 1.6 所示，2005—2015 年在百度知道上关注创业的人员的年龄分布，有 62.9%的集中于 20 到 29 岁，30 到 39 岁的占 30.6%，而 19 岁以下和 40 岁以上的人，加起来不过 6.5%。30 岁以下的年轻人关注创业的比例达到 60%以上！印证了那句话：创业要趁早，想创业，有想法就要有行动，想是不会有任何结果的，创业是一步步干出来的，与创业能力和创业条件相比，行动更重要。

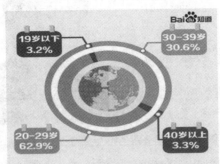

图 1.6　2005—2015 年在百度知道关注创业问题人员的年龄分布

有权威研究表明，在硅谷有 47% 的企业是由年龄不到 30 岁的创业者创立的，企业的市场价值越高，其创始人的年龄反而越轻。事实上，美国市值超过 5 亿美元的初创企业中，有 67% 的创始人年纪都小于 30 岁。

如图 1.7 所示，在所有关于创业的问题中，北京地区的朋友提问总数拔得头筹，占到了总数的 12.8%，其次是浙江和广东。对于北京而言，2013 年到 2015 年是其提问人次比例迅速上升的时期，从 14%上升到了 22.1%，这或许与近年来互联网，尤其是移动互联网企业在北京的集聚发展有关，所以创业氛围是有聚集效应的。

图 1.7　2005—2015 年在百度知道关注创业问题人员的地区分布

1.3　创　业　风　险

既然创业是一个发现和捕捉机会并由此创造出新颖的产品或服务以实现其潜在价值的复杂过程，再有能力的创业者也无法在创业之前就想清楚所有的事情，即使你想清楚了，在做的过程中情况也会不断发生变化。创业的这种特性就决定了创业过程存在不确定性，决定了创业之路想起来容易做起来难，只有极少数的创业者能够成功，每一个成功的创业者都是九死一生的幸运儿，创业者长期为生存挣扎是常态，创业公司大量倒闭则是平常事，没有什么值得大惊小怪的。

据权威统计，美国新创公司存活 10 年的比例仅为 4%，第一年后有 40% 破产，5 年内 80% 破产，活下来的 20% 在第二个 5 年中又有 80% 破产。哈佛商学院的研究发现，第一次创业的成功率是 23%，已成功的企业家二次创业成功的比例略高，但也只有 34%。可见创业是件很难的事情，创业比打工难十倍，创业的风险要比打工高百倍！

我们国家的中小企业的寿命又是怎么样的呢？2010 年 12 月民建中央发布的专题调研报告《后危机时代中小企业转型与创新的调查与建议》显示，中国中小企业目前平均寿命仅 3.7 年，其中 8 成以上是家族企业。该项报告指出，与上述相比，目前欧洲和日本企业平均寿命为 12.5 年，美国企业为 8.2 年，德国 500 家优秀中小企业有 1/4 都存活了 100 年以上。

图 1.8 给出我国中小企业平均寿命与欧美国家企业的对比。

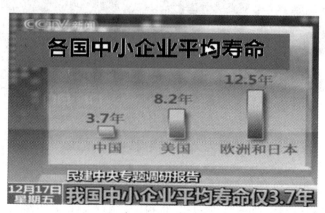

图 1.8　我国中小企业平均寿命与欧美国家企业对比

"企业有生有死，在市场经济中是很正常的。但是从整体上看，目前我国中小企业的寿命依然偏短。从其自身看，优秀的企业家队伍还没有很好地形成。同时，当前复杂的时代背景也令企业压力重重，比如融资难，准入门槛高，创新升级压力大等。此外，企业税费偏重也影响了其发展空间。" 中国社会科学院工业经济研究所中小企业室主任罗仲伟如是说。

既然创业是一件风险如此之高的事情，为什么那么多人还会前赴后继、义无反顾去拥抱它呢？正如阿里巴巴集团董事局主席马云所说：梦想总是要有的，万一实现了呢！这句话可能对如今的年轻创业者是最大的激励了。

◆ **创业的风险之一是创业是场持久战，你很可能被拉入泥潭，不能自拔。**创业是带着一群未知的人去一个未知的地方干一件未知的事，再有能力的创业者也无法在出发之前就想清楚所有的事情。创业者需要在前进的过程中根据市场的情况以及消费者的反应，甚至是竞争对手的反应，动态地随机应变。创业的这种特性决定了创业之路开始容易，过程很难，收场更难。煎熬是创业的典型状态，创业路上，最常见的不是成功和失败，而是长时间的苦苦挣扎。

图 1.9　阿里巴巴董事局主席、创始人马云

◆ **创业的风险之二是你要为此付出极高的机会成本。**创业开始就意味着你从此踏上一个漫长的、充满变数、迷茫、经常感到无助的长征。对大多数人而言，选择一个适合自己的公司、适合自己的岗位去打工也许是正途，也是个人价值发挥的最佳途径。如果选择创业，很可能会陷入以己之短参与竞争的困境，甚至会毁了自己的职业生涯。开始创业之前，一定要测算一下自己的机会成本，

大凡想创业的人，都是同辈中的佼佼者，然而越优秀的人选择创业他需要放弃的东西就越多。如果以创业的劲头去打工，很多人可能会迅速成为出色的员工甚至中高层管理者，但他一旦选择了创业，就会陷入一场持久的苦战，从最低点开始爬坡，单打独斗，当然一旦创业成功，你获得的成就感、物质及精神收获也是打工永远不可能达到的。

◆ **创业的风险之三是创业者要承受巨大的磨难与压力**。每个创业者在热血沸腾地想象未来自己准备用几年时间取得成功甚至超越成功者时，应该冷静下来扪心自问，你是否已做好准备，把那些成功者所吃的苦、受的磨难、承担的压力也在几年里经历一遍甚至加倍经历？每个创业者的生活都是非人的生活。打工时你的生活是生活、工作是工作，一旦开始创业，你的生活将与你的工作"合二为一"。因为创业不是你一个人的事，一旦选择创业，不但你自己会进入一场需要竭尽全力的战斗，也必然会将你周边的全部资源卷进去，涉及的将不仅仅是你自己，还有你的家人、股东、员工以及上下游伙伴和客户。为了解决困难，你会动用所有可能动用的关系来帮助你，从借钱到借力，周而复始。在公司里，所有人都可以找到上级主管说"我尽力了，能力有限，请求支援"，只有创业者不能说这句话，所有的事情你都无可逃避，你必须得撑住。

◆ **创业的风险之四是创业成功是小概率事件，你能接受吗**？据统计，在美国新创公司存活 10 年的比例仅为 4%。那些一年创立两年融资三年上市的故事肯定会有，但这些故事的主人公是百分之一、千分之一的幸运儿。世界上存在幸运儿，不等于你会是下一个幸运儿。所以创业失败是大概率事件，你做好准备了吗？创业失败了，你能够承受吗？

因此创业绝对不是适合所有人的事情，创业者不仅要具备创业的欲望，同时还要具备创业的能力。联想集团董事局主席柳传志先生讲过，成功的创业领军人物应具备以下四个素质：

(1) 目标高远，意志坚定；

(2) 心胸开阔，情商较高；

(3) 把企业利益放在第一位；

(4) 学习能力强，爱学习而且会学习。

作为一个创业者，除了以上四条还有两条也是很重要的，一是要有战略眼光，能够选取正确的具有前瞻性的发展方向。二是要有勤奋的态度，没有谁能够随随便便成功。

走上创业之路就要敢于担当起创业路上的风风雨雨，承担得了创业路上的艰难险阻，接受得了创业失败的残酷现实，但是不经历风雨怎么能见彩虹！

13

【案例分享】

创业大神埃隆·马斯克是怎样炼成的

一、传奇的创业经历

当代最杰出的创业大神、特斯拉电动汽车公司创始人兼 CEO 埃隆·马斯克(Elon Musk)的创业经历最富创奇色彩！马斯克因是 Space X 的联合创始人、Tesla Motors 和 X.com(就是后来成为网上支付系统的 PayPal)的联合创始人而闻名。目前，马斯克是 Space X 的首席执行官和首席设计师，Tesla Motors 的 CEO 和产品架构师以及 SolarCity 的主席；与此同时，他还是现代第一辆电动跑车——Tesla Roadster 的联合设计者之一。在《财富》杂志推出的 2013 年度全球"商界风云人物排行榜"上，埃隆·马斯克高居榜首。

图 1.10　当代杰出的创业大神、特斯拉公司创始人兼 CEO 埃隆·马斯克

1971 年 6 月 28 日，马斯克在南非的比勒陀利亚出生，他的父亲是一名机电工程师，母亲是加拿大人，从事营养师兼模特的工作。

1981 年，10 岁的马斯克就拥有了自己的第一台电脑，并且学会了软件编程。

1983 年，12 岁的他成功设计出一个名叫"Blastar"的游戏，并为这款商业软件开出了 500 美元的价格。

1988 年，17 岁的他去了加拿大，而他的最终梦想地则是美国。

1992 年，在加拿大皇后大学学习两年后，马斯克离开了加拿大，转而到宾夕法尼亚大学学习商业和物理；在从宾夕法尼亚大学的沃顿商学院毕业并获得学士学位后，他又留校一年，获得第二个物理学士学位。

1995 年，马斯克到斯坦福大学学习材料科学和应用物理的硕士课程；但只待了两天就辍学了，他和哥哥一起开始了一个 Zip2 的项目(一个为新闻机构开发的在线内容出版软件)。1999 年，Compaq 的 AltaVista 的部门以 307 万美元现金和 3400 万美元股票期权收购了 Zip2。

后来马斯克与人合伙创办了 PayPal 网上付费机制，让网上的消费者既安全又方便地付费，成为迄今最成功的网上付费方式。

2002 年 10 月，eBay 用 15 亿的股票收购 Paypal，马斯克拥有其中 11.7%的股份，约合 3.28 亿美元。在那之前的四个月，他成立了 Space X，研究如何降低火箭发射成本。他立即在 Space X 里投了 1 亿美元，雄心壮志要将发射费用降低到商业航天发射市场的 1/10，并计划在未来研制世界上最大的火箭用于星际移民。

2004 年，马斯克向马丁·艾伯哈德创立的特斯拉公司投资 630 万美元，而他则担任该公司的董事长。特斯拉公司是一家制造高端电动跑车的公司，马斯克对它投资显然是基于对电动汽车的热爱以及看好这个市场。因为管理问题以及第一款跑车出产过程的磕磕绊绊，马斯克把所有的钱都投入到了研发中。

2005 年，34 岁的马斯克身价超过了 3 亿美元。在他不满 40 岁时，在互联网、清洁能源和太空这三个领域的创业理想就已经实现。

2008 年，金融危机爆发，马斯克也迎来了人生低谷。他的火箭三次发射都失败了，数千万美元的投入化成爆炸后的大火球，因为研发成本过高，Tesla 也濒临破产。

2010 年 6 月，Tesla 在纳斯达克上市，成功完成 IPO，净募集资金约 1.84 亿美元。在上市前几天，纽约时报爆出马斯克已经濒临破产。上市后，马斯克在账面上赚了 6 亿 3 千万美元。Tesla 成为自 1956 年福特汽车 IPO 以来第一家上市的美国汽车制造商，也是唯一一家在美国上市的纯电动汽车独立制造商。Tesla 获得美国国家能源部 4.65 亿美元的低息贷款，并以每辆 10 万美元卖出了不少电动跑车，还成为奔驰 Smart 车的电池供应商。

2010 年 12 月 8 日，马斯克的 Space X 太空探索技术公司研发的猎鹰 9 号

15

火箭成功将"龙飞船"发射到地球轨道，这是全球有史以来首次由私人企业发射到太空，并能顺利折返的飞船。整个宇航界为之震动。Space X 尽管是太空发射领域的一家小公司，但凭借一流的创新技术，获得了 NASA 的 16 亿美金的合同，为 NASA 承担 12 次太空发射任务。2012 年 5 月 25 日，Space X 发射了一枚两级火箭，将一艘名为"龙飞船"的太空飞船送向国际空间站(ISS)，更是开启了太空私营化的时代。根据 NASA 的计划，当美国所有航天飞机 2011年退役以后，将依赖像 Space X 公司这样的私营公司将物资补给送入国际空间站。当航天业进入"民营时代"后，人们突然发现，那些充满冒险精神和创新能力的太空英雄们，其实离我们很近。历史上能做到飞行器和空间站对接的，只有美国、中国、苏联和埃隆·马斯克！

二、马斯克创业成功的秘密

即使乔布斯在世，今天的马斯克也能在硅谷的创业和创新榜上名列第一。马斯克获得商业和科技界的一致好评，因为他跨界三大领域，互联网、清洁能源和太空，而且每次跨界必有颠覆效果。这样的影响，即使苹果的乔布斯也不能望其项背。

(一) 特斯拉的跨越策略

就像丰田汽车背后是"丰田生产系统"一样，特斯拉汽车代表着一种新型的"交通移动系统"，从生产流程设计到消费模式。经过 10～20 年的时间，它将替换现在油动车的产业结构。

在北加州，为特斯拉提供配件的锂电池生产厂即将成为全球最大的电动汽车电池生产基地。到 2020 年，它要为年生产量大约 50 万辆的电动车厂商提供配件。50 万不是大数字，但是，考虑到特斯拉已经在为宝马、奔驰、克莱斯勒、丰田等企业提供动力零件和电池，我们看到马斯克的目标不仅仅为生产特斯拉电动车，还在尽快促进电动车产业的全面兴盛。在他看来，20 年后，至少美国的新轿车都将为全电动或油电混合车。特斯拉要扮演产业的"触媒"和成全者的角色。

特斯拉的另一个策略在于推动供应链透明化和本土化。它包括：① 不买战乱地区的"血矿"。例如，它舍弃刚果，而从菲律宾采购钴矿原料。② 做本土化、环保、爱国的好企业。例如，它的电池大量使用低污染的人造石墨，或者爱达荷州的石墨矿材。这些"政治正确"的做法让它获得美国政府的政策和贷款支持(4.5 亿美元),并建构起较高的进入门槛。

颠覆消费模式是又一制胜关键。它用直销的方式卖车,在美国已经建立了 34 家直销点。它的电动汽车不需要日常维修,只要做年检和保养。特斯拉还保证二手车的价值,提供回购选择。在已经建立的充电站,驾驶者可以选择免费充电,或付费调换电池。车内 17 英寸的互联网可触屏上能显示导航,以及充电站的分布。对目前的车型,特斯拉提供免费上门调换"问题"汽车。它细腻地消除购买者对一个新产品的各种风险疑虑,降低购买决策的门槛。

(二) 独特的思维模式:本源、元问题、通道、根技术

特斯拉电动车只代表马斯克独特思维模式的冰山一角。从金融创新的"网银"到航天火箭项目"Space X",看似"隔行如隔山"的创业,它们背后的思维方式却完全一样。

本源思维,用"第一原理"的方法找创业的领域。"哪个领域是人类社会活动最频繁的?""哪种技术是人类有最长久的使用历史,却进化速度最缓慢?""什么样的生产模式和消费模式会让经济和社会走向生存危机?"它们代表马斯克的"第一原理"思维方式。他认为,任何事物现象都有第一原理,抓住了第一原理,一切就会迎刃而解。在上述问题的引导下,他很早就关注互联网、清洁能源和太空三大领域。后来的创业,都是从"第一原理"的问题衍生出来的。

元问题思维,问对问题。商业成功是不是创业的目的? 不是!用实践弄明白一个重要的可能性是创业的目的!因此,特斯拉电动汽车是以失败为其中一个目的。那时,他刚刚把"PayPal"卖了个好价钱,便拿出一半资金做特斯拉项目。在他看来,有资源承受失败的条件下,商业成功并不比搞明白一个可能性更重要。

找出产品内含的"根"技术,然后做优化设计。受应用物理的训练影响,马斯克习惯思考产品内在的基础技术的"根"。例如,特斯拉早期模仿油动力车的技术框架。后来发现,许多机械技术的刚性要求在电动汽车框架下可以柔性改变。这样,汽车变速箱完全可以简化。其间,马斯克还借鉴核试验中的光子技术原理并将其应用到锂电池的设计中。跨界嫁接基础技术原理,往往对产品设计产生"核聚变"的效果。又如,对火箭发射技术,马斯克采取同样的刨根问底的思维方法。在组合和使用的技术上下工夫,10 年内,Space X 的火箭发射成本将能做到美国太空总署的 1%。

17

"迈入理想未来的通道"思维。马斯克相信，技术应该让未来更值得梦想。一旦筑就通往"商业乌托邦"的渠道，市场的洪流会滚滚而来。他的 PayPal、电动汽车、太阳城、第五交通工具(hyperloop)、垂直起降、可回收火箭发射，每个生意都代表那个产业的新通道。辅助"通道"思维的还有马斯克"令人心动"的价值营销能力。他总是找一个通俗比喻来体现他的"通道"产品所代表的"令人心动"的价值。例如，为克服消费者对充电过程的陌生和顾虑，他让一辆特斯拉电动车和一辆奥迪平行展示"充电"和"加油"的过程。在充电站"换电池"需要 92 秒，两辆车的电池都换好了，奥迪车才刚加满油。又如，马斯克用加州的平均房产(50 万美元)作比喻，解释 20 年后，去火星定居的成本也不过如此，卖了房子就可以去火星生活了。

"如果能够让大众激动起来，生意已经成功了一半。"马斯克告诉年轻的追随者。这也许才是他真正的成功秘密。所以马斯克能够取得今天的成就，取决于他在创业问题上的科学家思维！

三、创业大神未来要干啥

既然马斯克已经在过去的二十多年中不断跨界创新创业，并且屡战屡胜，我们很关心这个创业大神、钢铁侠未来又要干出什么惊天动地的事业？！

凤凰科技讯：据路透社报道，北京时间 2015 年 12 月 12 日，特斯拉 CEO 埃隆•马斯克等部分科技界最为杰出的高管正在支持一家非营利性人工智能研究公司，并投资 10 亿美元。该公司名为 Open AI，在周五宣布成立。它将和谷歌、苹果、IBM 等知名公司创办的其它一系列项目一道探索先进计算机技术，解决面部识别和语言翻译等问题。

"我们的目标是，通过最可能令人类整体受益的方式，推进数字智能，不受财务回报的约束。"Open AI 在其网站上的一篇博文中称。Open AI 的支持者预计，能够达到人类水平的人工智能终将到来，建立一个类似于 Open AI 的研究机构至关重要。

马斯克一直对人工智能可能构成的危害持批评态度。他曾对麻省理工学院的学生表示："如果让我说我们面临的最大现有威胁是什么，那可能就是人工智能。"

马斯克和科技风险投资家萨姆•阿尔特曼将担任 Open AI 的联席董事长。阿尔特曼已经投资了社交新闻网站 Reddit。Open AI 的资助者名单中包含了 PayPal 联合创始人彼得•泰尔、LinkedIn 联合创始人里德•霍夫曼以及马斯克本人。谷歌前研究科学家伊尔亚•苏茨克维将担任 Open AI 研究主管，格雷格·布莱克曼担任首席技术官。

尽管获得了支持者提供的大笔资金，但 Open AI 表示，未来几年，公司只会动用这 10 亿美元资金的"很小一部分"。Open AI 的其他支持者包括亚马逊云计算部门 AWS、印度 IT 巨头 Infosys 以及支付创业公司 Stripe 前首席技术官布莱克曼。

人工智能(AI)被誉为全球创业的下一个风口，我们拭目以待，看看大神在人工智能领域又要玩出什么新花样。

 推荐阅读

[1]　[日]竹内一正著，《特斯拉之父》，中信出版社，2016 年。

[2]　孙陶然著，《创业 36 条军规》，中信出版社，2015 年。

思考题

1．如果你有创业的想法，请列出你的创业理由？并详细描述出你的创业梦想是什么？

2．创业的风险很高，成功是小概率事件，你能接受创业失败的现实吗？为什么？

3．你认为埃隆·马斯克能够持续创业成功的关键因素是哪些？

19

我可以创业吗

——创业者需要具备的条件

✦✦✦

【学习目标】

  ➢ 了解成功创业者应具备的特质有哪些；

  ➢ 评估自身具备创业者必需的哪些特质，还有哪些方面比较缺乏。

✦✦✦

20

　　创业成功是小概率事件，一将成名万骨枯，特别是如今的互联网行业，每个领域要想成功，只有成为行业第一，没有第二，更没有第 N。要想成为一个成功的创业者，而不是失败者、陪练者，就需要深入分析研究成功的创业者具备的基本素质、能力，对比分析自己是否适合创业，自己在哪些方面还存在欠缺与不足，自身具备的条件适合采取什么样的形式进行创业。

　　每一个创业成功者都会总结出几点他认为重要的创业素质，我们会发现这些创业成功者每个人说的都不一样，强调的重点也不同。

　　腾讯集团董事局主席兼首席执行官马化腾在《创业者写给创业者的一封信》中总结道，创业者们需要有创新思维、创业精神，并为用户创造价值。

　　联想集团董事局主席柳传志先生讲过，成功的创业领军人物应具备以下四方面的素质：

　　(1) 目标高远，意志坚定；

　　(2) 心胸开阔，情商要高；

　　(3) 把企业利益放在第一位；

　　(4) 学习能力强，爱学习而且会学习。

　　新东方创始人俞敏洪回顾创业历程，讲到创业者要从绝望中寻找希望，忍受孤独、失败与屈辱，把小事业做成大事业。俞敏洪总结出了四大要素对一个人成就事业的重要性，即得到别人信任的能力、与人平等沟通的能力、学习的能力以及判断力。

创新工场董事长兼首席执行官李开复博士认为，一个好的创业者需要具备的十项能力是：

(1) 强烈的欲望；

(2) 超乎想象的忍耐力；

(3) 开阔的眼界；

(4) 善于把握趋势又通人情事理；

(5) 敏锐的商业嗅觉，即商业敏感性；

(6) 拓展人脉；

(7) 谋略；

(8) 胆量；

(9) 与他人分享的愿望；

(10) 自我反省的能力。

李开复坦言，如果一个创业者可以具备以上条件并几十年如一日地坚持，那么至少具备了 60% 的成功要素。

IDG 资本合伙人、著名投资人熊晓鸽认为创业者的身体状况很重要，"有没有很好的锻炼习惯，如果老抽烟、老喝酒，生活方式不太健康的话，很难取得大的成就，因为企业领导人必须比别人付出更多时间和精力。"

《创业 36 条军规》的作者孙陶然在书中总结创业领军人物需要具备的三大素质两大能力是：志存高远、心力强大、胸怀宽广，以及战略水平和学习能力。

Facebook 的创始人扎克伯格认为，创业者应具备对从事事业的使命感，具有全身心去做事的态度和有向前看的眼光。

总结以上这些成功的创业家们的观点，不难看出，他们的说法不同，但共性的认识还是很多，下面我们详细分析总结成功的创业者所具备的一些特质。

2.1　成功的创业者是有远大格局和愿景的人

成就一个伟大的公司、造就一番伟大事业的创业者一定是一个对人类、国家、社会有深深的责任感的人，而不是一个仅仅追逐蝇头小利的商人。创业要追求商业成功、追求利润，但如果把追逐利润作为唯一的追求，这样的公司往往走不远，这样的创业者也很难取得长久的成功。正如扎克伯格所强调的："必须向前看，虽然现在还不知道整个计划，但是如果是在帮助人们，未来，我们也会获益。"

作为比美国总统更受世人关注的特斯拉公司的 CEO 马斯克，为什么会在宇宙火箭、电动汽车、太阳能发电，这三个看似毫不相干的、风险系数极高的产业进行持续的挑战呢？因为当他在安大略女王大学就读时，就深入思考过"对人类未来影响最大的问题到底是什么"这一问题。最后他得出的结论是："互联网、可持续能源、宇宙开发"这三项。而此时大多数学生都将精力放在毕业后如何找工作上。他创办公司的目的不全是为了赚钱，而是为了拯救人类和地球，这才是他与众不同的地方。将人类移民到火星，才是他的终极目标！

为什么马斯克会挑战将人类送上火星这种看似前途渺茫、听似天方夜谭的事业呢？

目前，地球人口已经突破 70 亿大关，到 21 世纪中叶会达到 100 亿。近年来，随着二氧化碳排放量的增加，全球变暖、气候异常现象频频发生，淡水资源不足和粮食危机等问题日渐突出，地球真的能够容纳这么多人吗？马斯克认为："迟早有一天，人类要移居到地球以外的星球上去生活。"他坚信，不远的将来人类一定会移居到地球以外的行星，即火星上定居。因此，他开始向研发可以将人类送上火星的火箭发起挑战。

但能够将人类送上火星的火箭并不能马上造出来，这一过程需要大量的时间。因此，为了尽量减少二氧化碳对地球环境的破坏，延长地球的寿命，他决定先让电动车真正得以普及，使之代替会产生大量二氧化碳的燃油汽车。所以在经营太空探索技术公司的同时，2004 年他又投资了特斯拉电动汽车公司，并担任董事长。

图 2.1　马斯克与太空探索技术公司 Space X 的新型火箭

22

2.2　成功的创业者是具备战略眼光的人

创业领军人物必须具有战略眼光，领军人物要带领队伍前进，就必须站得高、看得远、想得深。所谓企业战略就是对企业整体性、长期性、根本性问题的谋略。具有战略眼光的创业者，能够明确企业发展的使命和目标，不被琐碎小事和眼前的小利益所迷惑，保证公司的发展方向。而缺乏战略眼光的创业者，很可能导致公司发展路径出现偏差。因此具有战略眼光的创业者能够保证公司发展朝着正确的方向持续前进。

如今一提起 3G、4G 无线网络，大家都会想到华为。华为在固定通信上实现了起步，在无线通信系统，特别是 3G 时代实现了超越行业对手，华为的 3G 系统是全球无线商用网络中网络建设最多的产品，到了 4G 时代，华为的无线产品已经成为了行业的领导者。

1994 年华为无线业务部诞生于深圳南山区的新能源大厦。当时，我国的无线通信产业还是一片空白，刚刚建立的华为无线业务部也只有一间办公室、几本协议。20 多年后的今天，华为已经成为全球无线通信领域的领跑者。从伦敦到悉尼，从西伯利亚到非洲大地，从珠穆朗玛峰到南北极，都留下了华为人的足迹，全球每天有超过 20 多亿移动用户使用华为建设的无线网络进行沟通并获得信息，全球的无线版图已经被华为彻底改变。

截至 2019 年 2 月，华为已经和全球领先运营商签定了 30 多个 5G 商用合同，4 万多个 5G 基站已经发往世界各地。华为领先的 SingleRAN 产品及解决方案已经得到全球运营商的充分认可，成为业界部署标准，所有与华为合作的运营商商用网络都部署了 SingleRAN 解决方案。华为 FDD LTE 已进入 100 多个首都及全球九大金融中心。华为在为全球电信运营商部署高效、有竞争力、可盈利的移动宽带网络，实现核心资产的价值最大化，帮助运营商实现在移动宽带时代的商业成功。

正如华为无线网络产品线总裁汪涛所言："只有具备了对无线产业发展的深刻理解和问计对象的能力，以领先的解决方案和可持续发展的商业模式为客户创造了价值，才能实现无线业务的持续有效增长。"华为市场领先地位的取得，得益于 20 年来华为在无线领域持续不断的研发与创新。

华为目前共有 15 000 多名工程师从事无线网络技术的研发工作，研发机构遍布全球，包括瑞典、俄罗斯、印度，以及中国深圳、北京、上海、南京、

23

成都等地，且主要的研发机构均通过了 CMM5 认证。

领跑者的重要标志除了华为在前沿技术领域的出色表现外，成为无线领域领跑者的另一个重要标志是在无线技术标准和专利方面做出的卓越贡献：华为在中国、美国、欧洲等国家和地区已经申请了超过 69 000 件次专利，其中无线通信领域专利超过 19 000 件次。经过长期的积累，华为也从 20 年前仅仅是技术标准的"读者"，发展成为全球无线技术标准中最重要的"作者"。

华为无线 20 年来所取得的成就赢得了全球业界的尊重，但华为并未止步，他们已经瞄准了下一个更为雄伟的目标：华为要成为无线通信行业的开创者、产业链的构建者、创新的领导者。华为要以推动产业演进和繁荣发展为使命，开放进取、众志成城、开创未来。

当我们看到华为无线产品今天取得的成就时，很多人不知道华为的无线产品线曾经是公司持续近十年的巨大亏损业务！公司持续十年在无线产品线研发上的大规模投入、不计成本的招聘各类高级人才，将固网领域赚到的大部分利润都投入到了无线产品的研发中，才成就了华为今天无线通信领域的翘楚地位。曾经有固网领域的领导和研发人员不理解，为什么无线产品线一直在亏钱，而他们拿的工资和奖金比我们赚钱的部门还要高？

正是任总和公司领导看到了通信领域从固定网络向无线网络演进是行业发展的大趋势，华为要想实现更大的发展必须在无线领域及早布局、占领制高点，才能在新一轮竞争中取得优势，不能从产品线短期的盈亏来看，要从公司长远发展的战略布局来理解。正是在无线通信领域这一高瞻远瞩的战略布局才成就了华为今天三级跳的成就，即从通信行业的跟随者，到行业巨头的同行者，最后成为行业的领跑者。

图 2.2　华为深圳坂田基地行政中心

2.3　成功的创业者是大胆创新敢于冒险的人

创业是失败风险很高的事，所以对初创企业投资的公司叫风险投资公司。创业者在开创一个崭新的事业时，面临着一系列的不确定性，而机会则稍纵即逝，在机会来临时敢不敢冒险，成为对创业者的一大考验。在中国 80 年代第一次创业大潮中下海成功的，都是胆子大、敢于冒险的一批人。

何谓常规？常规就是导致先行者成功的做法；何谓机会？机会就是别人不看好的时候你冒险行动了。事情的确定性与可能性成反比，追求可能性必然要放弃确定性，追求确定性必然会丧失可能性。一件事情的确定性越大，就意味着可能性越小，而可能性越大也就意味着确定性越小。世界上根本没有四平八稳的成功，作为后来者，不敢打破常规，一味按常理出牌，这样你连取胜的机会都没有。

拉卡拉集团董事长孙陶然认为，凡事有六成胜算就该扑上去，不要前怕狼后怕虎，犹豫来犹豫去，把握性越来越大也就意味着机会正在离你远去。所有的成功者都是敢于冒险的人，天鹅肉从来都是被第一个敢张嘴的癞蛤蟆吃掉的。

这个世界上最不可能成功的，是那些做事瞻前顾后、前怕狼后怕虎的人。最可能成功的，就是那些具备强烈的冒险精神的人。世界上真正竭尽全力去努力最后却不成功的事情其实很少很少，敢于行动，就已经有了七成的成功可能。

世界上的机会分为两种，一种是我们看到了别人没有看到的事，我们去做且成功了，这种机会不是很多，也不是每个人都可以遇到。另一种是大家都看到了，在别人不看好的时候你就扑上去行动了，这是最常见的，也就是俗称的冒险。

图 2.3　成功的创业者是敢于冒险的人

25

其实人生就是一场冒险，出生之时我们并不知道自己要到哪里去，一生会遇到哪些人和事，但是我们出发了，走得最远的人是那些愿意去做、愿意去冒险的人。不要觉得冒险可怕，只要冒险的最坏结果不至于失去生命就应该大胆去闯，大不了从头再来，一旦闯过去了就奠定了成功的基础。

创业公司必须冒更多的风险，以此来换取自己的生存空间。尤其是赚第一桶金的时候，必须敢于冒险，冒险成功了就打开了成功之路，冒险失败了拍拍身上的灰尘，舔舔身上的伤口再去寻找下一个冒险机会。任何一个企业的成功都是需要一点运气的，想成功，有时候需要冒把险赌一赌自己的运气。

中国有句俗语：不敢越雷池一步。现实生活中，绝大多数的雷池是我们自己想象出来的，绝大多数不能越雷池的"束缚"也是我们自己加给自己的，所以，敢于越过，就是成功的开始。

马斯克造火箭就是大胆创新、敢于冒险，华为敢于巨额投入在无线通信的研发上也是冒险，马化腾在大众还不知道什么是及时通信时，投入研发 OICQ，也是冒险，创新与冒险精神是创业者的重要特质。

2.4　成功的创业者是有敏锐商业嗅觉的人

2010 年 10 月 20 日，学而思在美国纽约证券交易所正式挂牌交易，成为首家在美上市的中小学课外辅导机构。当日开盘价 14.00 美元，收盘报 15.00 美元，实现首日较发行价(10 美元)上涨 50%。在此前的首次公开募股(IPO)中，学而思成功融资 1.2 亿美元。

家教往往是在校大学生勤工俭学的第一份兼职工作，但能够把家教做成一项事业，从家教起步，短短的 7 年时间成为国内中小学教育辅导市场第一家在纽交所上市的公司，是学而思这家培训机构。

2003 年，24 岁的北京大学生物学专业在读研究生曹允东，一如他所创办的学而思，曹允东也是一个品学兼优的"三好学生"，刻苦、专注而且优秀。"做家教很流行，同学基本都有兼职"，曹允东说，那时的家教市场散乱且无章法，也正是由于缺乏成系统的辅导机构，市场需求显得空前庞大。从 2001 年就开始做家教的他此时已积攒了相当的经验，由于数学功夫了得，讲课又诙谐幽默，仅凭家长口碑相传，他的学生源源不断，"那时候光凭做家教，一年也能赚个 10 万元。"

但是随着学生人数的增加，所在年级也日趋分散，仅凭一人之力似乎难以保质保量。为了不让孩子家长失望，也为了让自己良好的口碑继续保持，曹允东凭借敏锐的商业嗅觉，发现了 K12 培训行业蕴藏的巨大机会，所以他萌生了创办培训学校的想法。

曹允东找到同班同学张邦鑫(学而思董事长兼 CEO)，在租来的办公室里一起注册了学而思。"2004 年是最痛苦最危险的一年"，曹允东说。随着学校规模不断扩大，生源和老师的数量都不断增加，要想把学校做大做强，他必须要完成创业的第一次角色转换：从老师变成管理者，即变成"老师的老师"。

当学生家长得知最王牌的数学老师要卸任后纷纷抗议，甚至以退学要挟。"学校刚起步，生源流失就意味着粮绝；但如果不完成角色转换，再继续发展就会弹尽粮绝，你说我怎么办？"曹允东说。凭着对接任老师的信任，他决定赌一把，让学生和家长们在试听之后自行决定去留，好在最后平稳度过。

"无论干任何事情，坚持和天分都必不可少。但若想做成一番事业，机遇才是最重要的。"曹允东承认，自己在教书育人方面确实擅长，但当年的自己并未有如此深谋远略，甚至在新东方上市时也未能料想自己竟有一天做出同样的事情来。但是，他却在合适的时间里做了正确的选择。

若不是他创业之前已有两年多的实战经验，并积攒了足够的人脉和口碑，恐怕"天时、地利、人和"之说也全是枉然。所以，他建议年轻人若想在自己所专注的领域中有所成就，应该"先从领域中最基本的环节开始了解，首先有根基牢固，才有高楼林立"。

2009 年，导演了老虎基金和新东方联合大戏的老虎基金中国区负责人陈小红找到曹允东，意欲将 5 年前的新东方之路再走一遍。学而思也在寻找有利资源，双方最终敲定了 4000 万美元的融资额。"签合同只谈了一个小时"，直至今日，曹允东在谈及合作之迅速时仍有些许惊讶，"就像谈恋爱，恋爱十年未必能够修成正果；但志同道合者可能见一面就会白头到老。"

在资本的助力下，学而思一路高歌猛进，获得了更大的发展空间。上市半年后，发布了升级后的 ICS2.0 系统；为 10 所城市分校的 1000 多间教室统一部署第二代智能教学系统；所有课堂统一使用最新课件，并对教材进行了改版……这一系列改革被业内称为"学而思整体教学标准化的一个重要的里程碑"，仅在 ICS 智能教学管理系统开发上投入金额就达到 7000 万元。

完成了融资、上市、扩张等一系列布局的学而思，在中小学课外辅导领域占据了绝对的领军地位。是继续跟随行业老大的脚步，去打造"第二个新东方"？还是另辟蹊径，找到一条适合自己发展的路径？显然，它选择了后者。

2013 年 8 月 19 日，迎来 10 岁生日的学而思集团官方发布消息：已沿用

27

了十年的集团名称将正式由"学而思"更名为"好未来"。新的好未来集团定位为"一家用科技与互联网来推动教育进步的公司",实现传统教育与线上教育的融合,通过实施多品牌发展战略,不断创新和突破,为孩子们创设更美好的学习体验。

更名后,好未来集团多品牌战略格局正式形成——由学而思理科、乐加乐英语、东学堂语文、爱智康、学而思网校、摩比思维馆、家长帮等七大子品牌组成了独立发展、协同作战的"集团军"。集团作战能够站在未来的角度俯瞰现在,不断提升行业的体验,引领行业发展,不执著于在地域上做加法,而是在细分行业做加法。

2.5 惶者生存是创业者要具备的基本思维

2001 年 3 月,正当华为发展势头十分良好的时候,总裁任正非在企业内刊上发表了《华为的冬天》,这篇力透纸背的文章不仅是对华为的警醒,还适合于整个行业。接下来的互联网泡沫破裂让这篇文章广为流传,"冬天"自此超越季节,成为危机的代名词。

在此文中,任总写道:公司所有员工是否考虑过,如果有一天,公司销售额下滑、利润下滑甚至会破产,我们怎么办?我们公司的太平时间太长了,在和平时期升的官太多了,这也许就是我们的灾难。泰坦尼克号也是在一片欢呼声中出的海。而且我相信,这一天一定会到来。面对这样的未来,我们怎样来处理,我们是不是思考过。我们好多员工盲目自豪、盲目乐观,如果想过的人太少,也许就快来临了。居安思危,不是危言耸听。

"十年来我天天思考的都是失败,对成功视而不见,也没有什么荣誉感、自豪感,而是危机感。也许是这样才存活了十年。我们大家要一起来想,怎样才能活下去,也许才能存活得久一些。失败这一天是一定会到来,大家要准备迎接,这是我从不动摇的看法,这是历史规律。"

"惶者才能生存,偏执才能成功。"这是华为公司创始人任正非的名言,意即成功要靠偏执,而生存是靠惶惶不安。

对于一个创业企业,不管取得了多么大的成绩,都要戒骄戒躁,在成功时多思考失败,多思考逆境,才能保证面临逆境时能够从容应对、渡过难关。

目前,有一家正在改变我们日常出行方式的企业出现在我们的生活中,那就是滴滴打车。

28

　　2015 年 7 月 8 日，滴滴快的宣布已经完成了 20 亿美元的融资，本轮融资完成后，滴滴快的公司将拥有超过 35 亿美元的现金储备。新的投资方包括资本国际私募基金 、平安创新投资基金等多家全球知名投资者，阿里巴巴、腾讯、淡马锡、高都资本等现有股东也都追加了投资。滴滴快的本轮融资资金将用于巩固公司现有市场地位，进一步拓展和做深国内市场和新业务，以及用于公司平台技术升级、大数据的研发和运营，和提升用户体验效率等，进而实现未来三年的目标：每天为 3000 万乘客提供服务，服务 1000 万司机，在任何地方 3 分钟之内都会有车来接。

　　截止 2015 年底，从公开报道中看到，滴滴快的在过去半年里已累计获得 50 亿美元的融资，估值已经超过 160 亿美元，业务线正迅速向顺风车、班车、代驾延展。人们的出行方式正在发生变化。

图 2.4　滴滴快的创始人兼 CEO　程维

　　虽然站在了风口，程维反思了滴滴快的曾经在"鬼门关"徘徊的窘境，他说，"在过去三年，稍不小心，滴滴就死掉了。"

　　在 2014 年年初的一个晚上，程维决定打几个关乎公司命运的电话。那天晚上，滴滴正在面临着成立以来的最大危机：公司的账户上没有钱了。这和滴滴的运营模式有关：司机可以从滴滴提供的中间账户提现。在当时，面对司机们突然集体提现，滴滴猝不及防，如果界面显示"账户余额不足"，这可能会引起司机们的集体恐慌，从而转向竞争对手一方，滴滴以往建立的优势就会在顷刻间荡然无存。

　　程维清楚地知道，融资已经到位，但是美元还在境外，由于外汇管制等原因，无法当晚转入滴滴的账户。连夜，他决定向朋友、投资人借钱渡关。在打了 10 通电话后，程维稍显安心，他借到了 1000 多万元，司机可以顺利提现。"这些钱都是 50 万、100 万打进滴滴的账户。"程维说道。这只是滴滴创立三年中短暂的"死亡"片段之一。"这种难关太多了，过不去也就过不去。"程维回想起来依旧是唏嘘不已。按照他的说法，"在过去三年，稍不小心，滴滴就死掉了。"

如今，滴滴员工已经超过了 13 000 人，程维直言滴滴成长中的焦虑，为了让团队更具执行力、战斗力，他决定停止滴滴的招聘，甚至明年会采取末位淘汰制。

直到现在，程维仍随时准备好面对用户挑剔的目光。每当到达一个新城市时，他都会感到惶恐。他说，在微博和微信上，自己经常会收到来自于朋友对滴滴产品的意见。"我们是城市的管道工，做的是基础建设工作，没有服务好用户，我们是有愧疚感的。大家都会评价我们哪里好，哪里不好，我都是惶恐的。"

尽管滴滴快的估值在 2018 年高达 600 亿美元，"下一个 BAT"的名声也不绝于耳，但是程维却说，他的内心充满了惶恐和焦虑。现在看来，滴滴有可能成为一家伟大的公司，而现在它依旧要面临那个老问题：不要尽快死掉。

2.6 成功的创业者是心胸宽广、不自私的人

腾讯无疑是互联网时代中国最成功的企业之一，腾讯之所以能够取得快速的发展，跟创始人马化腾追求事业的宽广心胸有很大的关系。在中国的民营企业中，大部分的老板都希望通过绝对控股的方式来控制公司，不愿意分太多的股份出去，能够像马化腾这样，既包容又拉拢，选择性格不同、各有特长的人组成一个创业团队，并在成功开拓局面后还能依旧保持着长期默契合作，确实是很少见的。

从腾讯公司早期的股份构成上来看，5 位创始人一共凑了 50 万元，其中马化腾出了 23.75 万元，占了 47.5% 的股份；张志东出了 10 万元，占 20%；曾李青出了 6.25 万元，占 12.5% 的股份；其他两人各出 5 万元，各占 10% 的股份。虽然主要资金都由马化腾所出，他却自愿把所占的股份降到一半以下：47.5%。"要他们的总和比我多一点点，不要形成一种垄断、独裁的局面。"而同时，他自己又一定要出主要的资金，占大股。"如果没有一个主心骨，股份

大家平分，到时候也肯定会出问题，同样完蛋。"马化腾如是说。

2016 年 4 月 18 日，腾讯公司董事会主席兼首席执行官马化腾宣布，将捐出一亿股腾讯股票注入正在筹建中的公益慈善基金，用于在中国内地为主的医疗、教育、环保等公益慈善项目，以及全球前沿科技和基础学科的探索。按照当天腾讯股票的收盘价 165.7 港元估算，马化腾这次捐出的股票价格超过 160 亿港币，折合人民币约 140 亿元。

作为腾讯公司主要创始人，马化腾 2007 年就推动腾讯成立了中国第一家互联网企业的公益慈善基金会，并与其他公益组织互动合作。多年来，马化腾一直积极从事公益事业建设，参与了不同领域的项目，包括儿童医疗、抗灾抢险和环境保护等。

无独有偶，2015 年 12 月 1 日，美国社交网站"Facebook"创始人马克·扎克伯格和妻子普丽西拉·陈在给新生女儿的信中宣布，他们将把其家庭持有"Facebook"公司股份的 99% 捐出，用于慈善事业。

两人决定新设一家机构，名为"陈—扎克伯格计划"，组织形式是有限责任制企业，由夫妇两人共同掌控，以管理他们所持 Facebook 股份变现所获资金。变现股份投入慈善和公益，按照扎克伯格的说法，将贯穿他和妻子的"余生"。

至于资金使用方向，扎克伯格说，"最初将着重于个性化学习、疾病治疗、人际沟通和社区创建。"当天，Facebook 公司向美国证券监管机构备案，称今后 3 年扎克伯格每年可能转让至多 10 亿美元的股票。

华为公司能够取得今天的成就，跟华为从公司创立就开始推行的全员持股有很大关系，独特的全员持股制度，在华为的发展史上起到了巨大的作用，没有这个制度，华为就不可能生存，也就不可能发展到今天。因此，全员持股战略是华为成功的战略之一。

给予员工内部股权的办法不是华为独创的，在华为之前和之后都经常听说一些老板给予职业经理人或者主管一定比例的股权，但是像这样大面积授予几万员工股权、几乎 100% 全员持股的案例在国内外还不多见，而运作成功的就更不多见。

电信行业快速发展过程获得的巨额利润使得华为能够及时、足额地兑现员工的分红，因此内部股权对员工的激励作用一直很好。更重要的是跟任总的心胸宽广、不自私的人格魅力和诚信品德有很大关系，一次分红、两次分红容易，年年巨额给大家分红，不是每个老板都能做到的。所以任总才能仅占华为 1.4% 的股份，却在华为拥有绝对的权威。

31

对于创业型企业，创始人胸怀太小、过于自私，往往很难将公司做好，所谓财聚人散、财散人聚讲的就是这个道理，只有将公司的事情变成大家的事情，让团队、员工都能分享到创业过程的收益，这样的公司才有凝聚力和战斗力，才有发展前景。

2.7 成功的创业者是意志坚强、坚持到底的人

持续创业能力被投资人认为是创业者很重要的一个能力，从乔布斯、马斯克到史玉柱，他们都是持续创业的典范，创业的高风险意味着首次创业失败是大概率事件，失败后敢不敢从头再来，是非常考验创业者心性的。不折不挠、誓不罢休、屡败屡战、坚持到底，还是失败后一蹶不振？成功的创业者都具备坚强的意志，都有股不达目的誓不罢休的精神。

北京时间 2015 年 12 月 22 日 9 时 29 分，美国太空探索公司(Space X)成功发射猎鹰 9 号(Falcon 9)火箭，发射 10 分钟后完美回收一级火箭，创造了火箭发射新的历史。一级火箭的回收将大幅降低发射费用，廉价太空时代即将到来。Space X 的创始人埃隆·马斯克曾表示，可重复使用的火箭能为商业航天带来革命性的改变。但这次"史诗般的胜利"背后却是往昔连续的发射失败，与对埃隆·马斯克意志力的极限考验。

实际上，与马斯克一样做着星际航空梦的硅谷高科技亿万富翁有很多，他们形成了一个俱乐部群体，被称为"太空极客"和"新太空资本家"。他们的童年都热爱科幻和太空探索，少年时目睹过阿波罗登月，他们的财富级别让他们可以玩卫星和火箭，他们有钱在得克萨斯、达拉斯和华盛顿州买地做发射基地，也有钱雇用最优秀的工程师和购买价格不菲的零部件。他们坚信"莫尔斯定律"：技术以幂次方速度更新，价格则快速下降，但火箭业却违背了定律，成本越来越昂贵。

他们还有社会理想，要让大众也能获得太空信息，享有太空权。当然，这背后是巨大的未来商业。这个俱乐部的成员包括亚马逊的创始人杰夫·贝佐斯，与比尔·盖茨共同创立微软的保罗·艾伦、《毁灭战士》游戏的制作者约翰·卡尔玛克、老一辈的互联网企业家吉姆·本森和谷歌创始人拉里·佩奇。他们的太空情结与好莱坞相互呼应，斯皮尔伯格、卡梅隆等都乐于为硅谷造势。探索太空的努力已经成了硅谷新贵的地位象征，新游戏规则是："有一架'湾流 V'豪华飞机不算什么，现在得有一支火箭。"这股力量的崛起，吸收了曾经环绕在政府资助的太空探索壮举周围的能量与热情，也让私人资本进入太空

32

从想象开始变得可能。极客精神也进阶到新的层次，他们现在要叛逆与对抗的是 NASA、大军火商洛克希德·马丁、大集团波音公司，以及它们所代表的巨型组织的官僚体制。

太空极客对人类未来的思考有自己的哲学纲领。他们中的很多人都是 XPrize 基金会的董事会成员，基金会主席叫彼得·戴尔蒙蒂。2012 年，他出版了一本名为《丰裕：未来比你想象得要好》的书，是对 1967 年罗马俱乐部《增长的极限》的遥相回应。20 世纪，人类对世界的认识建立在资源稀缺的基础上，《增长的极限》因此认为，人口的增长最终会导致地球不可承受。21 世纪，硅谷则以它与生俱来的科技乐观主义宣称，尽管人类历史有灾难兴衰，呈幂级数增长的科技却一直在人口增长的同时提高着普通大众的生活质量，通信技术、互联网、人机交互、生物医学、纳米技术、人工智能、基因工程，无一不在将过去贵族乃至总统才能享受的奢侈品变为大众消费品。

未来，到 2050 年，人类的人口总数将接近 100 亿，对地球究竟能否承受，悲观派与乐观派仍争论不休。而硅谷给出的解决之道是，消除稀缺性，让丰裕变成可能。那些新崛起的亿万富翁和科技慈善家将在这一历史进程中扮演重要角色，科技创新、开发新能源、探索外太空，都是通往未来之路。灵光乍现的那一瞬间，马斯克把住了时代脉搏。他个人出资 1 亿美元，共筹 3.2 亿美元投入公司，两年半里，追加 5000 万美元，造出了"猎鹰 1 号"。

创新企业 Space X 并没有大型的研发实验室，没有博士军团，没有政府资助，做的不是基础性的科技创新，采用的是成熟技术和设备，创新之处却在于生产流程中所做出的一个个成本最小化的小改进。马斯克的雄心是，把商业发射市场的火箭发射费降低九成，在未来把 10 万人送上火星，进行星际移民。成本是核心的核心，有没有专利并不重要。"猎鹰 1 号"用的主发动机是上世纪 60 年代的老古董，只有一个燃料喷射器，很老，但很可靠。

在 Space X，任何省钱的办法只要有效，都可一试。财务很灵活，只要可能降低成本，就批预算，买设备，上了 5000 美元的申请单，拿到马斯克办公室他亲自审批，说明理由即可。在创业企业里，每个人都是股东，都想方设法省每一美元。他们没有买新的经纬仪跟踪火箭轨道，而从 eBay 上买了个二手货，省下 2.5 万美元。一些火箭工艺设备已在美国领先的民航工业中应用，从市场直接购买就行，无需再像其他国家那样独立研发，降低了开发费用。"猎鹰 1 号"运载小卫星的最终报价是 590 万美元，是当时美国市场价的 1/3。美国航空航天专家霍华德·迈克库尔迪说："马斯克的秘密不在技术，而在预算控制。不像 NASA，他不受巨型组织和固定合同商的约束，也不受政府一年不如一年的航空项目预算的拖累。""猎鹰 1 号"造出来后，Space X 已经拿到了三个客户的订单，其中包括马来西亚政府和美国国防部。"猎鹰 4 号"还没造，就已经拿到了一份订单。

2004 年，运气降临。这一年，小布什总统推出了星球计划，按计划，NASA将退出地球轨道的发射任务，全面转向深空，地球轨道运输则转交商业公司，"商业轨道运输服务"项目应运而生，为 Space X 这样的公司开启了不可估量的商业空间。NASA 对 Space X 鼎力相助，开放了阿波罗计划的部分技术，"猎鹰"系列的"灰背隼"发动机就采用了登月舱下降级发动机的喷注器。NASA还允许它使用测试台架，美国空军也为它提供了发射场地。

然而，发射却连续失败了。2006 年，"猎鹰 1 号"仅发射一秒后，因为燃料管破裂而失败。2007 年公司再次试射，火箭因为自旋稳定问题，导致传感器关闭了引擎致使发射又一次失败。2008 年公司第三次试射。"猎鹰 1 号"在太平洋中部的夸贾林环礁发射升空，仅两分钟后，火箭开始震颤，发出异常声音，最终与地面失去联系。公司从沸腾陷入寂静。火箭上搭载着美国国防部和NASA 的 3 颗人造卫星，以及 208 名希望将骨灰撒向太空的死者骨灰(其中有主演《星际迷航》的詹姆斯•杜汉和"阿波罗 7 号"宇航员戈登•库珀)，它们都坠入海洋。这次是新设计的冷却系统出了问题。

马斯克面临巨大的压力：如果第四次还是失败，Space X 将无力承担第五次发射。

巨额赌注的失败，是难以承受之重，几亿美元财富化为青烟。曾有许多壮志未酬的私人航天公司消失在风中，Space X 随时可能步其后尘。2008 年，马斯克陷入了人生的最低谷。他的另一家公司——特斯拉电动汽车，也濒临破产。硅谷在一夜间创造奇迹，也在一夜间让奇迹破灭，被世人遗忘。而他的第一段婚姻也在这时走向了尽头。亿万富翁现在最需要的是资金，资金。但在金融危机爆发的 2008 年，没人愿意把钱用于预订太空旅行的位子。

2008 年，对马斯克来说，是意志力的极限考验。

第三次试射失败后，马斯克的声明显得很平静。他说："公司最近刚刚得到一笔数额庞大的投资"，加上原有资金，"我们的资金基础非常雄厚"，足以继续支持下一阶段的火箭研发工作。"我们有决心，我们有资金，我们有专家"，"将继续进行第四次发射，第五次发射也在筹备，制造第六枚'猎鹰 1 号'的计划已批准"。舆论对创想家的失败真的足够宽容，"火箭研发初期接连遭遇失败的先例很多，希望 Space X 继续尝试"。但人人心里都清楚，马斯克的钱在火光中快烧没了。

马斯克想造火箭时，睿西就曾告诉他，"结果是二元的，成，或败"，"因为火箭会爆炸"。不光是钱的事，"还有他的信誉。他已经卖出了所有的发射，必须退款"。一切都系于第四次发射，命悬一线，"要么是史诗般的失败，要么是史诗般的胜利，没有中间项"。

发射失败后，有人质疑他，火箭的本质是物理学，而不是什么创新经济模式。他毫不留情地反击说，要是听这种人的话，事情永远不会好，不会发生变化。

他从 PayPal 老搭档彼得·泰尔他们的"创业者基金"那儿拿到了一笔投资，继续搞火箭。与马斯克一起创立 PayPal 的好友马克斯·列夫琴说，马斯克就像一个"在黑暗中乱舞剑的人。每有疯狂的想法，总想着把它不计成本地做成，砸个 2000 万美元根本不是问题。他认为历史总是自然地按他的意志前进，现实里，如果碰巧是，那就是传奇；如果碰巧不是，那就是灾难"。

2008 年 9 月 28 日，马斯克的意志胜利了——他孤注一掷，第四次发射"猎鹰 1 号"。那一天，火箭升上天空，进入了预定轨道。最低的发射价和新的航空航天时代诞生了，它拿到了美国航空航天局(NASA)16 亿美元的订单和其他客户 9 亿美元的订金。许多人开始预言，下一批万亿级别的富翁将诞生于外太空。

正如自称是一个著名的失败者的巨人网络董事长史玉柱先生所说"我是一个著名的失败者。现在回过头来想想，我觉得我人生中最宝贵的财富就是那段永远也无法忘记的刻骨铭心的经历。段永基有句话说得特别好，他说成功经验的总结多数是扭曲的，失败教训的总结才是正确的。"

史玉柱回答媒体时说："人在顺利的时候、成功的时候就要胜不骄；在失败的时候就不要轻易服输。你有个不服输的劲头，再难的关都能过。所以我建议创业者在这个时候能坚强一点，没有过不去的坎，当然这也不是靠睡大头觉能睡过去的。"

新华社曾经发表评论文章称："失败有两种，一种是事业失败，一种是精神上的失败。很多企业在事业失败以后，精神上也败了下去。但巨人在事业上失败后，精神不败，所以可以站起来。"

对于任何一个创业者而言，失败的经历往往能给创业者提供创造更大成就的机会。当然，这就要求创业者能够敢于直面失败、正确地面对失败，从而更好地创造更大的成就。当"巨人大厦沦陷"后，史玉柱成为一个名副其实的中国商业史上的失败案例。但是史玉柱敢于直面失败，从来就没有避讳过。失败后，史玉柱在反省问题，寻找新的出路。据史玉柱回忆说，他最爱看的一本书

35

就是《太平天国》，因为看这本书可以研究太平天国为何失败。

在史玉柱二次创业的过程中，他正确地对待失败，提前把不失败的准备工作做好。当巨人网络在纽交所成功上市之后，史玉柱面对记者的采访时曾坦言，这些成就都归结于自己的失败经验。

当记者问史玉柱"是如何在失败中站起来"的问题时，史玉柱回答说："之所以能够站起来，靠的是压力，而非信念。"正是凭借着这样的理念，史玉柱的"巨人"得以涅槃重生。史玉柱曾在中央电视台《赢在中国》栏目评点时强调："在西方人眼中，只要你是一个创业者，如果你失败过，就会学会东西。美国这些基金投资人非常欣赏我以往的经历，他们觉得有失败经历，才敢给你投钱。"

从史玉柱的创业经历中我们看到，正是在成功和理想驱动下的百折不回的创业精神和永无止境的探索与奋斗，使他从平庸中崛起，从失利与逆境中重新奋起。

2.8 成功的创业者都是执着的追梦人

2017 年 9 月 4 日，世界百年名校英国诺丁汉大学将一幢综合楼命名为"徐亚芬楼"，这是英国诺丁汉大学建校 130 余年来首栋以华人女性命名的建筑。徐亚芬是谁？百年名校诺丁汉大学为什么以她的名字为一栋综合楼命名？要解开这个谜，就不得不提起中国第一家独立设置的中外合作高等院校——宁波诺丁汉大学。

宁波诺丁汉大学是中国高等教育改革的先驱，宁波诺丁汉大学的创建和成立，开创了中国高等教育与国外优质高等教育资源相结合的先河，为中国教育走向世界创造了一种全新的模式。2006 年，宁波诺丁汉大学被中国教育部列为"奠基中国——新中国教育 60 年"60 件大事之一，成为中外合作办学的成功典范。2012 年 12 月，英国高等教育质量保障署(QAA）)对宁波诺丁汉大学进行实地教学质量评估，于 2013 年 5 月在其官方网站正式发布对宁波诺丁汉大学的质量评审报告，评审报告中写道：宁波诺丁汉大学是一个令人瞩目的成果，其在短短不到八年的时间内已经实现了办学宗旨，让中国学生不出国门就能接受世界优质的高等教育，其学术水平以及学生的学习质量与英国诺丁汉大学一致。

很多人知道宁波诺丁汉大学，但并不知道徐亚芬是谁。建立宁波诺丁汉大学，让中国学生不出国门就能接受世界优质的高等教育曾经是徐亚芬的"白日梦"，这个"白日梦"当时只有 1%的成功希望，但是通过徐亚芬 100%的努力，这个"白日梦"在短短 10 年的时间就实现了！正如徐亚芬的词典中没有"放弃"二字。"对任何事，只要有 1%的希望就要尽 100%的努力"，这是她的人生格言，也是她创办的中国第一家全民事业制教育集团——浙江省万里教育集团的核心精神。

成功的创业者是只有 1%的希望也要付出 100%努力的追梦者。

徐亚芬的创业故事要从 1993 年创办中国首家全民事业性质的教育集团——浙江万里教育集团开始。1992 年底徐亚芬被调到宁波一所中专学校任党委书记。由于刚从企业调到学校，有许多现象让徐亚芬感到十分不安，一方面国家的教育经费非常紧张，另一方面学校的浪费现象却非常普遍，干多干少一个样，许多年轻教师纷纷提交了请调报告。为改变这种现状，徐亚芬在学校里提出了一系列的改革方案：对受学生欢迎的、教学水平高的教师给予重奖，对没有课时、工作不认真的教师予以转岗；精简管理班子；后勤采取承包的方式予以剥离。徐亚芬的这些想法得到了有事业心的年轻教师的普遍认同，当她将这些改革措施向上级主管部门省机械厅汇报时，主管教育的副厅长语重心长地对她说："小徐啊，你真是初生牛犊不怕虎，你这样大刀阔斧地搞改革，你家的玻璃窗、电话机都会给人家砸了！"徐亚芬当时就表态："我自己办学，成功了归国家所有，亏了由我个人承担，我一定要为中国的教育改革开辟一块试验田。"

当时，学校里只有一个中层干部应雄认同徐亚芬的想法，愿意跟着她一起干。他们打听到宁波市有一家职工学校办不下去，要改为四套职工住宅，徐亚芬和应雄就用自己家中的积蓄买下了四套职工住宅，换来了 1000 平方米的校舍。国家停止了对该校每年 14 万元的拨款，教师的工资及学校的一切开支都由他们自己承担。徐亚芬清楚地记得在 1993 年 6 月 18 日的全体职工大会上，她慷慨激昂地描绘了想要创办中国第一家教育集团的想法，设想用 20 年的时间，创办幼儿园、小学、中学、大学。当时在场的职工们看着徐亚芬就像看怪物一样。他们说："在国家拨款的情况下，这所学校已经办不下去了，你还要办规模庞大的教育集团，简直异想天开！"许多教师纷纷调离，没有一个职工愿意留下和徐亚芬他们一起干。有的还写信到市里把徐亚芬告了。当时的社会舆论对徐亚芬也非常不利，许多人都说哪有这样的傻子，成功了归国家所有，亏了由自己承担，肯定是虚晃一枪，办学校是假，想做生意是真。当时徐亚芬是四面楚歌，但是开弓没有回头箭，凭着一腔要立志于教育改革的强烈信念，徐亚芬义无反顾地走上了历时二十多年的艰辛办学道路。

虽然当时有了校舍，但办学最大的困难是缺乏资金。徐亚芬和她的同事们起早贪黑地干，自己粉刷学校的墙壁，连厕所都由他们自己打扫。但办学资金是个无底洞，仅靠节省是远远不够的。为了解决学校发展经费短缺的问题，徐亚芬瞄准了当时效益较好的驾驶学校。但创办驾校谈何容易，要有面积很大的训练场地，要有很多的培训车辆，而且审批手续繁多，但徐亚芬没有退路，只能背水一战。徐亚芬租下了郊区庄桥飞机场的一块废弃养猪场，白天忙完了学校的工作，晚上骑上自行车去庄桥机场做小工，来回骑自行车的时间就需要3个小时，徐亚芬从来舍不得"打的"。有好几次徐亚芬晕倒在工地上，都是工地干活的小工把徐亚芬抬到卫生所，可她挂完盐水后继续干。下雨天，飞机场到处都是泥泞路，自行车只能背着走，鞋子走丢了，脚上也被划开了口子，就是凭着这股子冲劲，万里汽车驾驶学校按时开学。由于万里驾校办学规范、合格率高，报名者众多。驾校为万里教育集团的发展奠定了坚实的物质基础，迈出了万里发展的第一步。

功夫不负有心人。1994年8月，宁波万里国际学校开学了。由于办学严谨，管理规范，当时任浙江省委书记的张德江来参观学校时非常感慨，他认为在国家没有拨款的情况下，能办这样对学生综合素质这么重视的学校，理念是很超前的。当他了解到，万里教育集团还要办大学时，他就提出将浙江省办学最困难的浙江农村技术师范专科学校交给万里教育集团承办。当时的浙江农村技术师范专科学校没有一个正教授，学校没有400米跑道，教学用房全都是危房，甚至连师生的饮用水都是不合格的。由于学校是专科层次，所有的毕业生都不能在学校任老师(因为当时的教师需要本科学历)，办学陷入了困境。

1999年，徐亚芬在省市政府的大力支持下，在全国第一个承担国立高校改制重任，将浙江农村技术师范专科学校整体改制，成立了浙江万里学院。全国上百所高校、社会各界、中央、省市领导纷纷来万里考察。时任国务院副总理李岚清在视察浙江万里学院时，特别提出：要把万里实践提高到理论层面，培养一批像万里这样既实干又有理论的教育家。他表示万里的模式确实引人深思，可以在万里的办学实践中总结，怎么创造出这样高效率的高校。

经过短短二十余年的发展，浙江万里学院从一所办学极为困难的专科学校发展成为目前在校生规模2万余名的本科院校，并于2011年获批开展硕士专业学位研究生教育，2015年成为浙江省首批10所应用型高校建设示范学校。万里学院的创新管理机制被教育专家称为"中国特色现代大学制度的范例性实践"。

自从办了浙江万里学院之后，徐亚芬一直在思索几个问题：如何克服学校对学生的培养方式与社会的需求相脱节的弊端？如何改变"满堂灌"的教学方式，通过教育手段创新使学生思维活跃起来，学会自主学习？

为了让学生不出国门就能够在家门口享受世界一流大学的教育模式，同时激发学生的学习兴趣，改变中国高校教师在上面讲，学生在下面听的教育模式，徐亚芬决定尝试引进国外优质教育资源。经英国诺丁汉大学校长杨福家的牵线搭桥，2003 年 1 月 12 日，万里教育集团向综合实力排名世界前 100 名的英国诺丁汉大学发出邀请，并表示了合作办学的意向。1 月 20 日，诺丁汉大学派出代表团专程赴甬考察。3 月 1 日，杨福家院士陪同英国诺丁汉大学执行校长柯林•坎贝尔一行，再次专程来甬，就合作办学事宜进行实质性洽谈。就这样，诺丁汉大学与宁波双方就合作办学事宜展开了谈判，互派代表团，各种文件在中英两地传送，这一谈就是 14 个月。14 个月中，英国方面来了 13 次，仅"万里"传送到英国的文件堆积起来就有近两米高。

　　14 个月的艰难谈判终于换来了宁波诺丁汉大学在甬城落地生根的喜讯。英国诺丁汉大学与宁波签订合作办学意向书，决定共同创建宁波诺丁汉大学。浙江省人民政府也签发了《浙江省人民政府关于请示同意筹建浙江宁波-诺丁汉大学的函》，报到教育部。由于中国还没有这样的先例，教育部《中外合作办学条例》还没有出台。学校要创建，要获得教育部批准还要做很多工作。

　　为了促成"万里"与诺丁汉大学合作办学，从 2002 年年底开始，徐亚芬就马不停蹄地在北京与杭州、宁波之间穿梭，常常累得筋疲力尽。2004 年 3 月 23 日，教育部办公厅正式发文批复，同意筹备设立宁波诺丁汉大学。教育部长还表示，希望以宁波诺丁汉大学为试点，成功后再予以逐步推广。2006 年，宁波诺丁汉大学被中国教育部列为"奠基中国——新中国教育 60 年"60 件大事之一，成为中外合作办学的成功典范。中共中央总书记、国家主席习近平时任浙江省委书记时，在宁波诺丁汉大学落成典礼上说："宁波诺丁汉大学是浙江万里学院与英国诺丁汉大学联合举办的中国第一家独立设置的中外合作高等院校。宁波诺丁汉大学的创建和成立，开创了中国高等教育与国外优质高等教育资源相结合的先河，为中国教育走向世界创造了一种全新的模式，更为浙江高等教育发展注入了新的活力，提升了浙江省高等教育的办学水平，进一步推动了浙江与英国在政治、经济、文化等方面的交流与合作。"

　　徐亚芬在办学中，坚持办学公益性，把二十几年辛辛苦苦办学积累的所有资产全部登记为国有资产。徐亚芬在担任浙江省万里教育集团董事长期间就定下了几条规定：万里教育集团一把手没有签字权，有权的不管钱，管钱的受监督；万里教育集团及学校领导班子成员、亲戚朋友不能在万里从事任何直接或间接的招标、采购物品、推销产品等经济活动；亲属不能安排在自己管理的权力范围内工作。徐亚芬要求管理干部们以身作则，要求大家不做的事情自己带头不做，要求大家做到的事自己带头去做。由于高强度的工作，徐亚芬经常在工作中晕倒，但她醒过来以后，不顾同事们的劝说又继续工作。在她创办万里教育集团开始的十几年中,她没有休过一个双休日,每天工作到深夜。她沙哑的喉咙经常化脓发炎,但她总是坚守在自己的工作岗位。多年来,万里董事会班子通过制度设计确保自律,摒弃了许多民办学校常见的家族式管理,使学校能真正按照教育规律发展。

徐亚芬还经常去给学生讲课,特别是在新生入学时,她希望学生对得起自己的父母,在父母生日的时候要给父母写信,要求学生回家给父母做饭,让学生铭记在自己生日的时候是母亲的母难日,要给自己的母亲予以心灵的慰抚,她要求学生只要有1%的希望就要尽100%的努力。朴素的思想,激发了学生对爱的理解。

《中国妇女报》称徐亚芬为"新时代的活雷锋"。她创立了既不同于国立学校又不同于民办学校的"万里模式",借鉴世界一流大学的办学理念,摒弃了国内不少大学的办学弊端,探索了在市场经济条件下、按照大学自身发展规律,建立具有中国特色的现代大学制度,对中国高等教育体制改革的试验性模式、中外合作办学的范例性成功具有开创意义。

徐亚芬在英国也受到广泛关注,2017年9月,百年名校英国诺丁汉大学将一幢综合楼命名为"徐亚芬楼",这是英国诺丁汉大学建校130余年来首栋以华人女性命名的建筑。

40

图2.5 徐亚芬女士与英国诺丁汉大学执行校长大卫·格林纳威爵士

徐亚芬现任浙江万里学院董事长、宁波诺丁汉大学理事长,正高级研究员,英国诺丁汉大学荣誉法学博士,英国丹迪大学荣誉法学博士,清华大学客座教授,英国诺丁汉大学商学院荣誉教授,中国妇女第十一次全国代表大会代表,浙江省第八、九届政协委员,浙江省第十二届人民代表大会代表。

徐亚芬曾获全国首届"十大杰出女性"之一、全国行业劳动模范，她还被评为浙江"十大时代先锋"之一(唯一女性)、浙江省首批 20 位"道德建设先进个人"、宁波市 20 年最具影响力的"十大新闻人物"、宁波市改革开放三十年"创业创新风云人物"和"60 位为宁波建设作出突出贡献的先进模范人物"、宁波市首届"十大杰出女性"和"宁波最有影响力的 30 位先进人物"等。

徐亚芬所创建的宁波诺丁汉大学的成功不仅体现在教育领域，在促进中英两国人民和地方的合作与交流这个维度上也发挥了积极作用。2005 年，宁波市与诺丁汉市缔结为友好城市，就是源于宁波诺丁汉大学的建立，直接推动了宁波市与英国诺丁汉市两市在经贸、科技、教育、文化等领域开展积极的交流与合作，并取得了丰硕成果。2014 年，徐亚芬在英国见证了英国诺丁汉市将当地一座公路桥命名为"宁波友谊大桥"，宁波诺丁汉大学作为中英友好的重要窗口，提升了浙江省宁波市在英国的城市影响力。

徐亚芬经历千辛万苦，和她的团队一起创办了两所具有里程碑意义的大学，为中国的教育改革写下了浓重的一笔，让中国学生不出国门就能接受世界优质的高等教育，这个徐亚芬的"白日梦"也在短短十年时间就实现了。成功的创业者往往是只有 1% 的希望也要付出 100% 努力的追梦者。

41

 推荐阅读

[1] [日] 竹内一正著，《特斯拉之父》，中信出版社，2016 年。
[2] 任正非，华为的冬天，2001 年。

 思考题

1. 除了本章总结的创业者需要具备的 8 项素质外，您认为还有哪些素质对创业者来说也是必要的?

2. 请自我评估，您认为自己具备了创业者需要具备的哪些素质? 还有哪些方面存在欠缺?

创业方向在哪里

【学习目标】

➤ 认识创业方向的重要性；
➤ 了解大学生进行创业的常见方向；
➤ 学会根据自身条件的不同选择适合自己的创业方向。

42

选对创业方向事半功倍。俗话说男怕入错行，女怕嫁错郎，选择创业方向跟选择结婚对象一样，一旦选错将痛不欲生！选择了错误的行业和领域，不管你怎么努力，都难逃脱失败的命运。我们可以用香港首富李嘉诚先生创办的长江商学院的六字校训："取势、明道、优术"来阐释一下选择创业方向为什么重要。"取势、明道、优术"最早出自《道德经》和《孙子兵法》，长江商学院将其作为校训，势、道、术其实是从方向、策略、方法三个层次上定位一项事业的架构。

所谓"势"就是大的发展趋势和方向，具体来说就是社会的发展方向、国家的政策导向、技术的发展趋势等。"势"往往无形，却具有方向性的指引，顺势而上则事半功倍，逆势而动则事倍功半。

"道为术之灵，术为道之体；以道统术，以术得道"；而道是理念、规律、策略，道对于公司而言，可以理解为所要走的战略路线，"明道"，就是要明确自己的战略。

"术"是能力，能力是知识、方法、经验的综合体，术是将智慧转化为具体的方法，"术"是可解决实际问题的流程和策略，是可以提高效果和效率的技巧。"优术"即不断优化方法、探索和积累有用的策略。

在当今创业如火如荼的时代，很多创业者都在讲大势所趋、未来方向、国家政策，但是仅仅知道了趋势在哪里、方向在哪里是否就一定能成功呢？大势往往是明了的，很多人都能看到，仅仅明了趋势只能保证你不会走错方向，但不能保证你一定成功。因此，在明确了大势后，下一步要考虑的就是<u>在确定的方向里自己的特长在哪里、客户的需求在哪里、自己的爱好在哪里</u>。

图 3.1　长江商学院校训"取势、明道、优术"

创业时常犯的一个错误就是"会啥做啥"、"以前干啥接着干啥"，很多创业者习惯于选择自己最擅长的项目、最熟悉的领域来创业，扬长避短当然是对的，但如果只盯着自己会做的事情，而忽略了最基本的商业成功原则"满足客户真实需求"这一点，往往很难成功。

因此创业方向是在大势所趋、用户需求、自身资源三者之间综合考虑的一个平衡。在对的时间做对的事，想不成功都难；相反，如果在错误的时间、地点去干一件错误的事，成功只能是妄想。中国有个成语"南辕北辙"，说的就是如果方向错了，执行力越强、技术水平越高、资源越充足，失败的越惨重！南辕北辙是个基本常识，可是在商业环境中还是有人不断地在犯这样违反常识的事。

图 3.2　创业方向很重要，不能南辕北辙

下边我们将从 8 个方面来讨论大学生常见的创业方向。

3.1　在未来有巨大发展潜力的方向中发现创业机会

——独角兽公司的特点

最近两年在投资界流行着一个名词叫"独角兽"公司，什么是独角兽公司呢？

独角兽是神话传说中的一种生物，它稀有而且高贵。美国著名的 CowboyVenture 投资人 Aileen Lee 在 2013 年将私募和公开市场的估值超过 10 亿美元的创业公司做出单独分类，将这些公司称为"独角兽"。随后这个词就迅速流行于硅谷，并且出现在《财富》杂志封面上。所谓"独角兽公司"是指那些估值达到 10 亿美元以上的初创企业。Lee 发明独角兽概念的时候，她描绘的是一个具体历史条件下的情形。

由《财富》(Fortune)杂志首次发布于 2015 年 1 月 22 日的《全球独角兽名单》(The Unicorns List)于 2016 年 2 月又有了一次更新。根据这份名单，在过去的一年中，全球独角兽公司数量从 80 家跃升为 173 家，其中有 35 家在中国。

2015 年初，《财富》(Fortune)发表了一篇名为《独角兽时代》(The Age of Unicorns)的封面文章，同时列出全球估值 10 亿美金以上的公司名单，即《全球独角兽名单》，名单数据来自 PitchBook、CB Insights 等咨询机构以及相关的新闻报道和独立调研，名单中不包含 IPO 公司。

2015 年独角兽公司名单：

估值 100 亿美元以上的公司：Uber，小米，Airbnb，Palantir，滴滴出行，Snapchat，新美大，Flipkart，Space X，Pinterest；

估值 50～100 亿美元的公司：Dropbox，陆金所，Wework，Teranos，Spotify，大疆，众安保险，Intercia therapeutics，Lift；

估值 20～50 亿美元的公司：Coupang，Ola，Snapdeal，Stemcentrx，Stripe，Zenefits，Social finance，Vice media，Tanium 等；

估值 10～20 亿美元的公司：AppDynamics，Avant，Blue Apron，Domo，Github，Instacart，Magic Leap，NantHealth，Nutanix，SurveyMonkey 等。

其中，有 35 家中国公司，分别是：

估值 100 亿美元以上的公司为小米、滴滴出行、新美大；

估值 50～100 亿美元的公司为陆金所、大疆、众安保险；

估值 20～50 亿美元的公司为神州租车、魅族、饿了么、搜狗、凡客、美图秀秀；

估值 10～20 亿美元的公司为 Trendy Group(香港)、蘑菇街、易到用车、拉卡拉、微票儿、挂号网、口袋购物、58 到家、爱屋吉屋、Apus Group、贝贝网、信而富、返利网、酒仙网、辣妈帮、蜜芽网、秒拍、盘石、融 360、连尚网络科技、途家网、Tutor Group、中粮我买网。

从国家分布看，在 173 家独角兽公司中，有 35 家公司位于中国，其余有 101 家在美国，8 家在英国，7 家在印度，5 家在德国，另外新加坡、韩国、加拿大、以色列、瑞典、迪拜、巴西、法国等地也分布有独角兽公司。

独角兽型创业公司当然是很多创业者的梦想，但是是否每一个创业者都要把创业目标定位在成为独角兽呢？我们可以用创新工场创始人李开复博士 2015 年 7 月 22 日在"寻找中国创客——智能硬件引领潮流"主题论坛上的主题演讲来说明，他表示：今天世界处于一个非常独特的临界点，而且中国特别适合大众创业，但是对于这个创业，真的要非常清晰地划分，不是要大家都出来创立独角兽公司。

"如果说真的要做所谓的独角兽，改变世界的公司，比如像阿里、百度、腾讯、小米、360 这种伟大的、十亿甚至百亿美金估值的公司，我深深地认为，这不是一个人人可做的事情。"李开复表示。

他对此解释，*要想成为"独角兽"需要有独特的自信，对行业专注，非常强的领导管理能力，执行力——强到可能是百万里挑一的境界。*独角兽的创业对于刚毕业的大学生、蓝领等人群，是低概率或不可能的事件。

李开复博士的观点有一定的道理，但也不是绝对的，比如我们本书分析过的 Facebook、腾讯、滴滴打车，以及后续要分析的一些案例都是初创企业快速成长为独角兽企业。他们当初可能也没有想到能够成为独角兽企业，当初的团队可能也不是那么强大。但成就了他们的非常重要的一点就是，在很多人还没有看明白时，他们选择并进入了一个未来的、潜在的、有巨大需求的市场，并快速、及时、有效地提供了满足客户需求的产品和服务，通过资本的力量迅速成长起来，成为了行业的巨头。

比如扎克伯格创建社交网站的想法，就来自于一些哈佛高年级的同学希望他建立一个"交友网站"的建议。2004 年 2 月，扎克伯格和他的三个同学创立了 Facebook，起初只针对哈佛学生，很快横扫整个哈佛校园。2004 年年底，Facebook 的注册人数已突破一百万。扎克伯格当时也许没有想到，Facebook 其实上包含了网络实名的早期概念：与其他的网络不同，用户在

Facebook 网络上就必须是他自己，同时 Facebook 也满足了网络时代人们之间视频分享和交流的这个巨大需求。正如马克·扎克伯格后来所说，创立 Facebook 的时候，他不是要创立一个公司，而是想要解决一个非常重要的问题：想把人们联系在一起！这是他创立 Facebook 时的使命，而这个使命让他更专注于一个未来的、潜在的、有巨大需求的市场，并快速、及时、有效地提供了满足客户需求的产品，通过资本的力量迅速成长起来，成为了社交网站这个领域的巨头！

滴滴打车是近几年国内移动互联网行业快速成长起来的独角兽企业，滴滴公司的成立，源于创始人程维对出行领域的痛恨，在大城市想打车时打不到车是所有人都经历过的痛点，但程维意识到出行领域的这个问题有可能通过移动互联网找到解决办法。出身于传统互联网的程维发现，在酒店机票预订、电商、社交等领域，传统互联网巨头有完整、成熟的商业模式，在这些领域里的移动互联网创业公司很难与这些巨型公司抗衡。于是，程维决定避其锋芒。他想到了市内交通——这个还未被互联网明显影响的市场，而且出租车的运营效率不高、消费者有刚性需求、每单的客单价也颇高，这些问题亟待解决。再者，作为典型的 O2O 项目，这种应用不仅需要技术团队，更要整合线下资源。而线下资源整合的困难，无论对于传统互联网公司还是移动互联网创业公司来说都是个门槛。

尽管理想丰满，但是这家公司早先并未被人看好。如今，滴滴创造了中国互联网历史的奇迹：在它颠覆中国出行领域的同时，自身的估值也高达 600 亿美元。当我们再回头分析滴滴时，就可以看到它其实具备成为独角兽企业的特征：其一，创始人对项目独特的自信，这一需求来源于大众出行这一刚需领域多年没有解决的顽症；其二，创业方向明确，专注出行领域这一细分市场；其三，创始人程维在移动互联网行业多年的积累形成的非常强的领导管理能力、执行力。尽管这个过程起起伏伏，甚至滴滴几次濒临死亡边缘，但正是这些基本条件才使得滴滴打车迅速成长为一个独角兽！

独角兽企业依然是创业者的梦想，只是由于要成长为一个独角兽企业需要天时地利人和，所以难度很大。首先要能看到未来的、潜在的、有巨大需求的市场就不是一件容易的事，也不是人人都可以做到的；即使看到了这个方向，是不是具备这方面的核心能力和技术，能不能快速组建高效的团队，会不会被更大的对手击垮，这些不确定性决定了成为独角兽企业的成功概率是很低的，因此梦想可以有，但要作为创业的实施方向时，一定要慎重评估自身的实力、资源是否具备成为独角兽企业。

46

3.2 在兴趣中发现创业机会

——大疆无人机是怎么炼成的

在 2014 年度全球科技产品的榜单上，大疆精灵 P2V+ 被美国《时代》周刊评选为"2014 年度十大科技产品"，大疆悟入选《纽约时报》"2014 年杰出的高科技产品"榜单。国内外媒体争相报道，一位名叫汪滔的 80 后也渐渐走进人们的视线。

汪滔是谁？他是深圳大疆创新公司创始人兼 CEO。大疆创新这家成立 9 年的科技公司在 2014 年 5 月份从 Accel Partners 那里获得了 7500 万美元投资，在这轮融资中的估值达到 80 亿美元左右。2015 年则以 100 亿美元的估值实施了新一轮融资，而持有公司约 45%股份的汪滔的个人资产已达到 45 亿美元，合计人民币 287 亿元。戴着一副圆框眼镜，留着小胡子，头顶高尔夫球帽，这位低调的无人机统治者如何有今日的成就呢？

图 3.3 深圳大疆创新创始人汪滔

汪滔出生于 1980 年，在杭州长大，母亲是位教师，父亲则是一位工程师。后来父母纷纷下海在深圳经商成为小企业主。父母由于工作繁忙，没时间管教孩子，所以汪滔在小学三年级后就被送回杭州寄宿在老师家中，并在杭州完成中学学业，参加了高考。

汪滔从小就特别迷恋遥控直升机，但需要付出一定代价才能得到，如表现好、学习认真。在等待直升机到来的日子，他会有各种想象：直升机可以停在空中不动，让它飞到哪里就飞到哪里，但实际上遥控直升机很难操控，他很早就想做一个能自动控制直升机飞行的东西出来。

2003 年，已经读大三的汪滔从华东师范大学退学，他申请了全世界排名前十几位的大学，可都没有回音，只有香港科技大学电子及计算机工程学系给他发来了录取通知书。

2005 年，汪滔在香港科技大学开始准备毕业课题。很少有本科生自己决定毕业课题的方向，但他决定研究遥控直升机的飞行控制系统，还找了两位同学，说服老师同意他们的研究方向。

他要解决的核心问题就是让航模能够自动悬停。学校给了他们 18 000 元港币，作为课题启动经费。大半年过去，他们在展示阶段失败了，最后毕业课题得了一个很差的分数。但汪滔不服气，没日没夜地捣鼓了一个多月，终于在 2006 年 1 月做出第一台样品。他试着把产品放到航模爱好者论坛上卖，竟然接到了订单。

2006 年，汪滔继续在香港科技大学攻读研究生课程，与此同时，他和一起做毕业课题的两位同学正式创立大疆创新公司，研发生产直升机飞行控制系统——可以自如地操控航模，他觉得其他人也会喜欢。

公司最初只有五六个人，在深圳的民房办公。他们也没有招到特别优秀的人，因为"说服特别优秀的人到民房工作，有很大难度"。两年后，一起创业的两位同学离开了。但汪滔没有放弃，终于在 2008 年他研发的第一款较为成熟的直升机飞行控制系统 XP3.1 面市了。

2010 年，大疆创新公司每月的销售额能有几十万元了，也正是在这一年，香港科技大学方面向汪滔团队投资了 200 万元。原来汪滔只希望能养活一个 10 到 20 人的团队就行了，渐渐地他发现这个行业市场前景很宽阔。

当时多旋翼飞行器已经兴起，大疆创新公司在新西兰的一位代理商告诉汪滔，他每个月售出 200 多个云台(安装、固定摄像机的支撑设备)，90%的购买者会将云台悬挂到多旋翼飞行器上。比较而言，这位代理商每月只能售出几十个直升机飞行控制系统，说明多旋翼飞行器市场比直升机市场大得多。

大疆创新公司很快把在直升机上积累的技术运用到多旋翼飞行器上，并迅速打响口碑，一年后市场占有率达 50%以上。

从 2011 年开始，大疆创新公司不断推出新产品，除了面向全球专业用户的产品，还有面向大众用户的 Phantom(精灵)系列多旋翼飞行器。

很长时间以来，人们买了航拍飞行器及零配件后，还要回去焊接。大疆创新公司充分贯彻了一体化策略，2014 年新推出的 Phantom 2 Vision+ 多旋翼航

48

拍飞行器，连摄像机都是自己生产并安装的。这是第一款真正意义上到手即飞的航拍飞行器，不需要任何形式的 DIY，经由高度技术集成。

Phantom 有 4 根桨叶，一只手可以拿起。专业级的筋斗云有 8 根桨叶，更适合专业领域应用。看似轻巧的航拍无人机，融合了飞行控制系统、数字图像传输系统(将影像实时传输到智能手机、平板电脑、PC 等地面工作站)、陀螺稳定云台系统(大疆创新公司自主研发专利，即使无人机不断晃动，也可以保证下方摄像机拍摄影像的平滑)、飞行平台(如机身采用何种材料)等多个系统。

目前，大疆公司人员规模已增至近 2500 人，把握全球定位系统和智能手机的急速发展，将无人驾驶飞行技术与航空拍摄无缝接合，公司也成为全球飞行影像系统的先驱，客户遍布全球一百多个国家。

2017 年大疆销售收入达 157.7 亿元，近三年增速维持在 60%以上。投资者还相信大疆创新公司在未来几年仍然可以保持这种统治地位，2018 年大疆估值在 220 亿美元，并于 2018 年 4 月完成 10 亿美元的战略投资。

很多人说，大疆创新公司是一家特立独行的公司，也是一家不太像中国企业的公司。这个诞生于大学生手中的创业企业，在创始人汪滔带领下，追随自己的兴趣执着创业，几乎不靠融资也不追求上市，用了 12 年时间成为全球无人机行业的领军者。

大疆创新公司研发的"会飞行的相机"系列产品是第一个来自中国、却引领全球科技潮流的产品。在无人机行业，大疆创新公司从不靠便宜取胜，却能一步一个脚印占据了 70%的国际市场份额。大疆创新公司的成功，不是盲从社会热点的结果，而是一群年轻人坚持理想、追随兴趣、脚踏实地做事情的产物。

汪滔说，要想获得商业上的成功，要想在国际竞争中占得优势，始终专注于产品创新是其永恒的基石。只有做自己感兴趣的事情才能真正把它做好，只有怀揣崇高的理想才能走得更远。

大疆创新公司非同一般的"出海"路径得益于它对于制造的坚持和对市场需求的把握。汪滔在创业之初便确定了产品的目标和定位，当初每个月只卖几十个产品，也要力争成为全世界最好的。"我们已经不太习惯再去做一个达不到全世界最高要求的产品了，我们不会设想去做世界二三流产品，去靠便宜取胜。"他在一次接受媒体采访时这样说。

汪滔认为，一个只做到 3 分的产品通过精心包装在社交圈中宣扬，也能获得很多的肯定。但这并不能从根本上帮助中国企业追求产品独创性。大疆创新公司希望做一个专心致志的技术公司，唯有在产品上不断攀登制高点，才能防止一个本可能对人类社会有深刻影响的技术，不被篡改成商业玩物或忽悠资本

49

的工具。"我们要激发自己极致的志向，中国一些企业在做低附加值的产品，做便宜货，走性价比路线，我需要在我自己擅长的领域里面做出全世界让人惊叹的产品，我不光是要做中国最强，还要做全世界最强。"

香港科技大学教授、大疆创新公司创始人汪滔的老师李泽湘教授解开了大疆创新公司火爆全球的秘密。李泽湘透露，自己以前招学生，都是招最好的学校，成绩最牛的学生，但是他发现，这些学生在创业过程中，并没有跟他的成绩所匹配，所以他对课程进行了改革，为了参加机器人大赛，他让学生合作设计机器人，然后再到深圳，加工制造采购零部件。

大疆创新公司的成功对目前的教育体制也具有示范意义。李教授看来，老师怎么帮助学生打造创新体系和思维更加重要。他认为，大疆创新公司的成功模式可以复制，更多有创业梦想和激情的年轻人将会在深圳开始梦想。

"大疆创新公司是一个学生主导的创业模板，但是不是最后一家。"他透露，现在有很多汪滔的学弟学妹，也在走大疆创新公司的这条路。李泽湘教授指出，在大疆公司创新成长的过程中，自己和学生发掘了一个新的创业模式，总结起来就是，学生的兴趣、理想与激情是驱动一切创新最根本的东西；同时，将课程设计、毕业设计与创新结合。李泽湘认为，创业是个艰难的过程，很重要的一点是怎么样组合你的创业团队。"师兄弟、校友，是最好的创业伙伴。"

3.3 在传统行业转型中发现独特的创新机会

——瘦美解决方案之多学多用

在互联网、移动互联网的巨大冲击下，以图书、音像为主要业务的传统媒体企业的业务受到了很大的影响，在传统媒体业已经不能单独成业以及传媒业成为互联网生态系统重要组成部分的情况下，传统媒体亟须"跳出传媒看传媒，跳出行业看产业"，通过重构自身的商业模式，来完成自身的"互联网+"之路。下边我们就介绍一家脱胎于传统媒体，但已经与移动互联网实现了完美融合的新媒体公司：北京多学多用信息技术有限公司。

北京多学多用信息技术有限公司成立于 2013 年 12 月，是一家从事场景瘦美解决方案的新媒体公司。作为北京时代光华旗下的新媒体公司，多学多用的创始团队积累了 12 年内容产品的从业经验，从图书策划、音像制品制作、卫星远程教育培训，以及局域网、互联网产品开发，团队一直都在从事着跟内容、内容运营相关的工作。

但是随着互联网、移动互联网时代人们获得内容渠道的多元化，对内容需求的个性化，对内容提供者的粉丝化，图书、音像单向的在线教育模式已经无法满足客户对内容需求的需要。是固守于传统的熟悉模式坐以待毙，还是积极思考、不断探索、尝试新的创新模式，多学多用创始团队以自身 12 年内容运营的经验来深入分析行业和自身的特点，提出了下一步发展的方向与战略。

他们认为把内容当做一种消耗品来看待的时代会很快过去，而接下来一个很重要的变化是内容可能会变成一种连接的介质，而不再单纯是一个消费品。很多用户是通过获得内容的方式建立新的连接，通过获得内容的方式获得了新的机会，这个时候内容不再是一种单纯的消费品、视频、可读物，内容已经产生了很大的变化和增值，而由内容产生的连接和介质就会产生新的机会，价值会更大。

多学多用的创始团队在内容运营方面有非常丰富的经验，特别是视频内容的运营。多学多用创始人、总经理于思博曾担任辽宁电视台、中央电视台节目主持人、栏目导演，从事教育行业 11 年，专注于内容研发、用户运营领域，是中国企业 E-learning 卓越实施年会执行秘书长，CCTV 中学生频道特约顾问，搜狐 2013 年度最佳新媒体传播奖得主，酷 6 网《职场云时代》栏目总策划、《职场一言堂》、《腾讯职播间》、百度、暴风影音、辽宁电视台等栏目特约嘉宾。因此他们希望能为用户提供即学即用的内容，将知识影像化，让内容成为人与人之间关系链的黏合剂，因此创立了多学多用这个新媒体公司。

从事新媒体的公司也很多，如何实现自身的准确定位？多学多用的优势在哪里？从哪个方向实现突破？创始团队经过深入分析，总结了多学多用的三方面优势：

(一) 团队优势

在这个内容市场爆发的时代，很多人认为传统媒体正在衰退，甚至走向消亡，而多学多用团队认为死掉的是传统渠道，而不是传统媒体。在这个内容创业的黄金时代，好作者、好的内容运营团队从未像今天这样稀缺，他们几乎决定了一切媒体的生与死。而多学多用团队中有从事图书策划出版的、视频内容拍摄制作的、用户运营的，通过以往的经验和实践，他们已经摸索出了一套如何在新媒体的形势下，去生产内容、传播内容，以及进行用户沉淀、商业变现的模式。

(二) 师资优势

基于北京时代光华学院多年教育领域的背景，多学多用团队积累了一批在瘦美领域有一定影响力、粉丝号召力的意见领袖。截止到 2015 年 12 月，与多学多用合作的业内专家、老师已达 200 余人，这里面有大小 S、林志玲的瘦身顾问；章子怡、范冰冰的塑身专家；海清、钟丽缇的私人中医；潘石屹、骆家辉的健身教练……这些专家老师在年轻的用户群体中有较强的号召力及信任度。

(三) 内容分发渠道

多学多用从 2014 年开始就陆续地与各大视频、音频、社交平台进行合作，截止到 2015 年 12 月，已在 56 家平台上开通多学多用专区，覆盖互联网、移动互联网用户 5 亿人。多学多用上线的内容，经常会出现在各大平台的频道 banner 图、QQ 迷你弹窗等优质的流量入口。

多学多用团队在分析自身优点的基础上，没有把自己定位为一个大而全的内容服务商，而是选择了一个热点的垂直领域：瘦美！

关注瘦美的客户一般是年轻、时尚的女性，她们接受新事物、新模式的能力强，善于尝试，瘦美对年轻时尚的女性来说是一个持续的刚性需求，所以多学多用选择瘦美这个领域与移动互联网的契合度就非常高。因此多学多用的运营，第一点就是围绕客户对瘦美内容的需求，内容的呈现形式为各种瘦美视频；第二点是围绕客户对各种瘦美产品的需求，提供从食品到器材在内的瘦美产品，在同一个平台上实现一键下单，完成商业模式的构建；第三点是围绕瘦美客户社交需要，提供瘦美群体的社交服务。围绕瘦美客户的整体运营模式如图 3.4 所示，可以看出，他们实现了内容生产——内容传播(全媒介 + 群成员传播)——用户沉淀(提高黏性+互动性)——商业(生态+多样)新的运营模式。

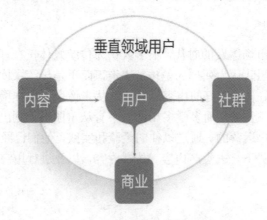

图 3.4　围绕瘦美客户的整体运营方式

　　在内容生产环节，通过汇集全球瘦美领域的顶级专家、影视大腕、网红来制作优质的瘦美内容，达到吸引客户、粘着客户的目标，同时通过社群文化，满足瘦美客户社群交流的需求，增加客户黏性。图 3.5 为多学多用内容生产环节运作方式。

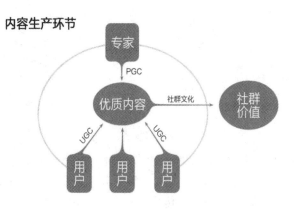

图 3.5　多学多用内容生产环节的运作方式

　　在内容传播环节，通过优质内容吸引客户，通过网络平台(视频、音频、文字)和社交平台实现传播。图 3.6 为多学多用内容生产传播方式。

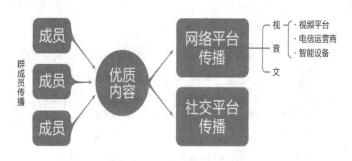

图 3.6　多学多用内容生产传播方式

　　在商业模式实现方面，通过群内服务和群外服务两方面实现，群内服务的商业变现主要依靠会费、培训费、电商来实现；群外服务则主要通过咨询服务、产品销售来实现，从而构造了一个共同创造商业价值的新媒体模式。图 3.7 为多学多用商业模式的实现方式。

商业变现

图 3.7　多学多用商业模式实现方式

多学多用全网共计 56 家战略级合作平台，覆盖国内主流视频平台、音频平台、新闻客户端，渗透到用户上班、学生放学途中，客厅电视播放，运动、劳动等多种工作生活场景，360°传播无死角。截止到 2016 年 1 月，多学多用上线内容总点击量超过 825 亿次，合作专家上线内容每月单集点击量超过 300 万次。点击量达千万的一档瘦美节目是：王楚函：熠熠生辉的瑜伽女神，该节目自 2014 年 12 月上线以来，截止 2016 年 1 月 30 日，总点击量超过 1.1 亿次！

图 3.8　热点视频——王楚函：熠熠生辉的瑜伽女神

想瘦美吗? 快扫码去多学多用学习吧!

图 3.9 瘦美解决方案之多学多用

3.4 选对风口做大鹏
——中国第一硬件加速器"联想星云"

55

2015 年随着国家层面鼓励大众创业、万众创新,国务院和地方政府出台了一系列扶持众创空间发展的优惠政策,又值资本市场的异常火爆,一大批创业孵化器和加速器如雨后春笋般孕育而生,短短一年的时间全国孵化器数量呈几何级增长。

一些三四线城市的孵化器从无到有,数量直逼一二线城市,用一年的时间走完了传统创业热点城市十年发展的数量;而像北京、上海、深圳、杭州等创业者集中、投资机构扎堆的一线城市更不甘示弱,出现了一批全国知名甚至在全球都有影响力的孵化器聚集地,如北京的中关村创业大街、深圳的深圳湾创业广场、杭州的梦想小镇等,每个地方都有几十个孵化机构和投资机构,创业者和创业团队更是不计其数。

一些数据可以反映创业孵化器有多么火爆,中国有 5000 家创业孵化器,这个数量超过了全球除中国以外国家的总和,而 5000 家孵化器有 2/3 是在 2015 年发展起来的。深圳一年成立了 200 家孵化机构,总数量近 300 家,"庙多和尚少"创业者已经不够孵化器分了。

发展快了、数量多了，但随之的问题也来了。孵化器提供的服务同质化，甚至没有服务，仅仅是出租房子的二房东；盈利模式不清晰，孵化器本身生存都很艰难；非专业的人在干专业的事情，没有任何创业经验或者风险投资经验的人进入这个行业孵化创业者，就是"不会游泳的人在岸上教水里的人如何游泳"。

为什么会有这么多孵化器、创客空间出现呢？其实就是风口理论在作祟，各种媒体都在鼓吹未来是股权投资的时代，股权投资从哪里入手？很多人认为从企业早期孵化、天使投资等开始。大家都想做风口上的猪！以为只要到了风口，即使是猪也会飞！

但是面对创业孵化器、创客空间这样的大跃进，很多业内人士不止一次发出了对孵化器大发展的一丝隐忧，"2016 年孵化器会面临一次洗牌，没有实质服务、没有明确商业模式的孵化器将从这个市场消失"。

进入 2016 年，确实如业内人士预测的那样，陆续传出了一些孵化器倒闭的消息，一些有品牌的孵化器也发出了生存艰难的声音。国家政策更理性，投入没有减少，只是更有针对性地给了市场上更为优秀的孵化机构。小品牌的小孵化器由于自身对创业者服务水平低下，不可能得到政策扶持，生存状态极为艰难，业内惊呼"孵化器的倒闭潮"来了，其实早就想到了这一天可能会来，但没有想到来得这么快，毕竟才一年的快速发展期。

选对了风口，但是以为站在风口上猪也能飞起来就错了。孵化器在全国的快速发展、快速面临问题就说明了这一点。但是既然是风口，就一定有机会，只是猪是抓不住机会，但处于风口的大鹏就可以借力大风实现腾飞。联想星云硬件加速器就是这样一家借力大风实现腾飞的硬件孵化机构。

在深圳湾创业广场的联想星云加速器，是联想之星旗下的专业智能硬件加速器，不仅有 8000 平方米超大孵化空间，更重要的是星云依托联想集团多年的硬件生产制造经验，为广大智能硬件创业者提供从方案到量产的一系列服务，甚至在加速器内自建了一个硬件产品原型制造工厂，加速器入孵项目上午完成设计下午就能在原型工厂完成原型的制造，这对广大硬件创业者来讲十分有价值。

联想星云加速器的创始人杨海涛早在 2012 年就是中国创业咖啡联盟的首任秘书长，是创投行业的资深人士。在 2014 年，多年从事硬件开发投资的他发现了行业内硬件创业企业存在的一个巨大痛点，就是硬件创业团队的产品从样机到成品缺乏技术验证、从产品方案到量产缺少厂商的配合，这一切都源于电子硬件开发需要器件厂商、PCB 厂家、SMT 厂家、模具厂家、结构厂家数十家甚至上百家上游供应商的配合才能完成一个产品从研发到样品的制造。由于硬件创业团队早期批量小、资源少，要找到合适的愿意配合的供应商非常难。中国的电子制造业最集中的地方在深圳，于是杨海涛在 2014 年下半年从北京来到深圳，创办了联想星云加速器，为初创企业提供快速验证服务，验证产品可生产性、帮助产品从方案到量产，在大批量生产前避免不必要的生产成本浪费。

由于星云公司一开始就选定硬件孵化这个垂直领域，同时不仅提供最基础的办公、资本孵化服务，还为创业团队提供硬件创业最难的技术服务与专家指导，使得星云公司从大量的孵化器中脱颖而出。

比如星云公司设有专门的智能硬件原型工厂，为孵化的创业团队的产品提供快速验证服务，验证产品可生产性，帮助产品从方案到量产，在大批量生产前帮助创业团队避免不必要的生产成本浪费，让智能硬件创业更简单。每年联想星云还在全球招募硬件创业团队，开展为期 4 天的实战生产供应链培训，请顶级的业内设计专家和工厂管理专家为创业者培训如何实现智能硬件产品的快速开发和量产。

图 3.10　联想星云加速器创始人杨海涛

正如深圳联想星云加速器负责人所说，"就是把自己的价值传递到创业者，真正服务到创业者，创业者自然地认可联想星云的品牌，孵化器不是太多了，而是好的孵化器、有价值的孵化器太少了，星云公司从来不存在空置的问题，即使是 8000 平方米的空间，入驻率不是百分之一百而是百分之几百，很多团队都在排队等待入驻星云"，从创立到 2016 年 4 月，一年半的时间，星云加速器已经经过了多轮融资，目前公司的估值已经达上亿元人民币。

2015 年对于孵化器来说，是一个创业的风口，但 2016 年开始两极分化或

57

者孵化器的重新洗牌就不可避免。在这个新兴的朝阳行业必定有一些优秀品牌涌现，也必定有一些弱势品牌被淘汰掉。创业选风口，没错，但以为选对了风口就万事大吉，坐在那里等着就可以成功就大错特错了，选对风口不做猪，抓住客户最真实的需求，提供真正有价值的产品与服务，就可以像大鹏一样借着风力展翅高飞！

3.5 把握商业本质，敢于逆向思维

——名创优品的实体店逆袭之路

在过去的几年里，零售行业遭到淘宝、京东等互联网公司的致命冲击，从2011年起，实体店关店风潮席卷全国各地。在所有亟待转型的传统产业中，零售服务业也许是最水深火热的。

所以，所有的媒体、管理学家都在大力宣扬实体店要走向没落，电子商务是未来的趋势。关于实体店与电子商务之争最有名的莫过于马云与王健林的亿元赌局，在2012年中国经济年度人物的颁奖现场，马云与王健林进行了一场"电子商务能否取代传统实体零售"的辩论。马云认为电子商务一定可以取代传统零售百货，而王健林则认为电子商务虽然发展迅速，但传统零售渠道也不会因此而死。由此约下赌局，"到2022年，10年后，如果电商在中国零售市场份额占到50%，我给马云一个亿。如果没到，他还我一个亿。"王健林当时在现场说。

但是从2013年12月起，一位1977年出生的湖北人开始涉足百货行业，到2015年8月，他已经在全球陆续开出了1100多家名创优品店，到2015年底已经实现销售额50亿元，这无疑是2015年度以来最引人注目的逆势成长案例之一。

名创优品的创始人叶国富已经开了十年的连锁店，在此之前，他创办了哎呀呀品牌，主打小饰品。2013年，他去日本旅行，发现百货精品店遍地开花，有很多200日元店且绝大部分商品是由中国生产，"两百日元相当于人民币多少钱? 12块。12块钱买这么好的东西，别说放在日本，就是放在中国也会被人抢购一空的。在这种情况下我觉得可以做一件这样的事情了。"在机缘巧合之下，他遇到了日本青年设计师三宅顺也，两人在日本联手创业，三宅顺也负责设计和日本公司的运营，叶国富负责供应链整合和中国公司的运营。

以上海金山区万达广场的一个名创优品店为例，面积约300多平方米，里面琳琅满目的都是各类日用小商品，从唇膏、墨镜到彩笔等。漫步一圈，最让人惊叹的是商品价格的便宜，大多数商品的售价都在10元到80元之间。

名创优品怎么做到了产品质量又好，价格又便宜呢？其实名创优品撕掉了最后的一层纸，即零售终端价格的虚高，一是渠道的陈旧与沉重，二是品牌商对价格的贪婪控制，把这两个打掉，价格的空间就突然出现了。竞争的要点也许真的不在线上或线下，而是工厂到店铺的距离。

名创优品的经营之道，叶国富归结为以下几点：

◆ **商品直采**：一间名创优品店约有3000种商品，绝大部分从800多家中国工厂中直接订制采购，因此能够保证价格上的优势。这些工厂几乎全部为外销企业，80%在珠三角和长三角。

◆ **设计管控**：名创优品控制了商品的设计核心力，除了食品外，全部使用MINISO(名创优品)的品牌，由此掌握了商品的定价权。

◆ **快速流转**：一般百货店的商品流转时间为三到四个月，名创优品可以做到21天，叶国富投巨资开发了供应链管理体系，对所有商品的动销速度进行大数据管理，提高资金和销售的效率。

◆ **带资加盟**：实行投资加盟，由投资人租下并装修店铺，名创优品进行统一的配货销售管理，投资人参与营业额分成，由此大大提高了开店的速度。

◆ **全球思维**：全球输出日本设计，无缝对接全球采购战略，目前中国市场在售产品中有20%国外采购，与此同时店铺布局也逐步走向国际化，从东京、香港、新加坡和迪拜等开始辐射全球。

◆ **粉丝运营**：通过"扫描微信号即可免费赠送购物袋"的办法，快速积累粉丝，在短短一年多时间里，名创优品微信订阅号的用户超过800万，成为一个超级大号，从而为互动营销创造了可能性。

上述六点并没有什么惊人的创举，但是却一一切中了当前百货零售业的要害，在坚决和高效的执行之下，名创优品硬生生地在寒意料峭的"零售冬天"打出了一片令人惊叹的新天地。

叶国富的试验再一次证明了这样一个转型道理：零售服务业的创新，首先应发生在商品订制和供应链环节，而不仅仅是一次营销变革！供应链是零售业的"腰"，腰部发力，方能扭转全局。

叶国富表达了对实体零售店的超级信心，他甚至放言，"马云与王健林的赌局，我认为马云必败，如果实体零售输了，我愿替王健林出这个钱。"

在叶国富看来，名创优品一直很火，因为优质低价不仅击中了国人的痛点，

59

还很好地解决了这些痛点。最近特火的原因就是名创优品的商业模式确实动了很多旧商业体系高价暴利的大奶酪。以日本为例，在日本人的概念里面没有线上线下这个概念。日本没有像阿里、京东这样成功的电商，因为日本实体店里的东西本身就很便宜，而且服务超级好，购物环境很舒适也很方便，找不到理由要网购。

那为什么中国会有阿里和京东这样的庞然大物呢？因为线下太暴利了，过去线下实体店铺太会整了，拿服装来讲，一件生产成本仅需几十块的衬衫，卖给你几百元是正常的，狠点的能整到上千元。就是他们太能整了，把中国的消费者都整到线上去了，线下实体零售的生意每况愈下，最终出现此起彼伏的排浪式倒闭。而今天，中国线上的这种红利也消失了，线上线下的价格变得越来越趋同，恰巧中国消费市场升级，过去线上的劣质低价也是黔驴技穷，开始走向衰亡。这就是名创优品坚持走优质低价连锁实体店的底气。

叶国富认为电商取代实体零售是痴人说梦，从长远看，为什么电商这个"纸老虎"凶不起来？先看前些年，电商是怎么吓唬实体零售的？伎俩不多，唯一能玩的就是低价。而那群被吓倒的人呢？是习惯了过去的高价暴利、赚钱快的经营思维，没有意识到中国消费市场的升级，消费者开始追求有质感的低价了，白白把市场让给了电商。

从 2013 年 11 月份开始名创优品在中国开出第一家店，至 2015 年，不到两年时间名创优品在中国已经超过一千家店。名创优品能在寒意料峭的"零售冬天"逆势成长，硬生生做起来了，很重要的一点是名创优品真正走优质低价的商业模式，顺应了中国消费市场转型升级的大趋势，通俗点讲就是在这个恰当的时机里给中国消费者提供有质感的低价的商品。

名创优品正是抓住了中国实体零售崩塌和电商信誉崩塌的契机，开拓了新的消费领域。

叶国富认为优质与低价不矛盾，优质与低价是相对的。为什么我们很多国人会觉得"优质低价"是矛盾的呢？难道优衣库的衣服不优质低价吗？因为传统实体零售高价暴利致使中国市场的价格体系畸形扭曲，在中国这个不成熟的市场里根本没有"一分价钱一分货"。比如，一件售价 100 元的化妆品，90 元营销费用、10 元的产品价值的现象不是没有。再比如深受很多中国消费者喜爱的大宝每瓶才卖 6.9 元。难道大宝不优质吗？在中国，小米把一个个数码电子产品的暴利打破，把移动电源、智能手机、电视机、空气净化器的价格全部打到地板上。而我要把化妆品、香水、太阳镜等日用商品的暴利打破，让名创优品真正做到一分价钱一分货。叶国富这样说。

名创优品如何做到优质低价的呢？用通俗的语言来讲，找每个品类全球数一数二的供应商，规模化采购，买断制供货，从工厂直接到店铺的极致短链供应，管控每个细节，不乱花一分成本，加上 7%～8% 超低毛利，这就让名创优品真正做到优质低价。名创优品优质低价的秘密归纳成四个字"三高三低"，即高品质、高效率、高科技，低成本、低毛利、低价格。

叶国富正是把握了零售商业的客户对优质优价产品的需求这一商业本质，不随大流，敢于逆向思维，而不是纠结于线上线下的商业形式哪个更好，采用了系统的方法、流程、管理，完成了实体店的逆袭，为唱衰实体店的主流论点上了一课。所以当我们进行创业方向选择时，一定要能够看到商业的本质，而不是形式，一定要有自己独立的思考，而不是人云亦云！

图 3.11　吴晓波对话名创优品联合创始人叶国富

61

3.6　解决一个小需求，成就一家大公司

——"饿了么"的快速成长之路

有这么一家在校大学生的创业公司，做的是一个看似很小的需求：外卖服务，但 2008 年开始在宿舍创业，到 2015 年，获得 E 轮融资，拥有几千员工，

服务范围也从上海交大周边快速扩展到全国 250 个城市，这便是中国最大的在线外卖订餐平台"饿了么"。

一、叫外卖未果激活创业梦

我们总是遥望大洋彼岸，为什么那里可以出现扎克伯格和乔布斯这样的人。本质上，他们都受到了某种个人英雄主义的感召，相信人要独立创造，并且改变这个世界。

2008 年，还在上海交通大学机械与动力工程学院读硕士一年级的张旭豪也认为，只要自己做的东西被市场认可，个体就是有价值的。一天晚上，他和室友一边打游戏一边聊天，突然感到饿了，打电话到餐馆叫外卖，要么打不通，要么不送。

就是外卖这个不起眼的小需求，开启了"饿了么"的创业之路。张旭豪和康嘉等同学一起，将交大闵行校区附近的餐馆信息搜罗齐备，印成一本"饿了么"的外送广告小册子在校园分发，然后在宿舍接听订餐电话。接到订单后，他们先到餐馆取快餐，再送给顾客。这一模式完全依靠体力维持业务运转，没有太大的扩张余地。唯一的好处是现金流充沛：餐费由他们代收，餐馆一周和他们结一次款。

只有互联网能够大规模复制并且边际成本递减。2008 年 9 月，"饿了么"团队开始研发订餐网络平台，张旭豪先通过校园 BBS 招来软件学院的同学入伙。用了半年左右，他们开发出了首个订餐网络平台。在网址注册上，他们用"ele.me"（"饿了么"的汉语拼音)命名，网站订餐可按需实现个性化功能，比如顾客输入所在地址，平台便自动测算周边饭店的地理信息及外送范围，并给出饭店列表和可选菜单。

网络订餐系统初运营时，已有 30 家加盟店支持，日订单量达 500～600 单。可那段时间，张旭豪和康嘉却因为过于奔忙劳碌而"后院起火"：先是窃贼光顾宿舍将电脑等财物一掠而空；接着，一位送餐员工在送外卖途中出车祸；随后，又有一辆配送外卖的电动车被偷……

重重压力下，张旭豪不得不撤销热线电话和代店外送，让顾客与店家在网上自动下单和接单。

二、参赛造势助力 "饿了么"引风投青睐

为了给网站造势,张旭豪不停地参加各种创业大赛,以扩充创业本金。2009年 10 月, "饿了么"网站在上海慈善基金会和觉群大学生创业基金联合主办的创业大赛中,获得最高额度资助 10 万元全额贴息贷款。12 月, 网站在欧莱雅大学生就业创业大赛上, 获得 10 万元冠军奖金……

通过创业竞赛,团队总共赢得了 45 万元创业奖金,获得资金的"饿了么"如鱼得水,到 2009 年底, 订餐平台已有 50 家餐厅进驻, 日均订餐交易额突破万元。

为了网站的发展,张旭豪招来了网站技术总监汪渊,汪渊专门编写了一个小软件,可在校内 BBS 上给每个会员用户自动群发站内消息,其中规模最大的一次发了六万条。"饿了么"网站因此访问量大增。

靠线上和线下广告吸引学生订餐容易,但吸引更多饭店加盟绝非易事。多数店家保持半信半疑的态度:"我在你的网上开个页面,放几份菜单,你凭什么就要抽 8%?"对此,张旭豪的策略是:"谈,不停地谈。"他们每天出门"扫街", 最忙时一天要"扫"100 多家饭店,最难谈的饭店, "谈"了 40 多个回合才拿下。

2010 年 5 月,网站 2.0 版本成功上线。"饿了么"不仅攻下华东师大,连附近紫竹科学园区也被纳入自己的"势力范围",顾客群从大学生拓展到企业白领。仅隔一个月, "饿了么"就推出了超时赔付体系和行业新标准。9 月, "饿了么"全上海版上线,合作餐厅超过千家,单月最高交易额达到了百万元。

2010 年 11 月,手机网页订餐平台上线,订餐业务不仅覆盖了全上海,目标还直指杭州、北京等大城市。2011 年 3 月, "饿了么"注册会员已超过两万人,日均订单 3000 份。这一战绩,很快引起了美国硅谷一家顶级投资公司的高度关注,接洽数次后, "饿了么"成功融得风险投资 100 万美元。

三、融资增强实力,快速全国扩张

2011 年 7 月, "饿了么"相继成立北京和杭州等两大城市分公司,风投

紧随而来，2013 年完成 B 轮和 C 轮融资，去年完成 D 轮 8000 万美元融资。

2014 年"饿了么"平台交易总订单量达到 1.1 亿，日订单峰值 200 万单，市场占比 60%；覆盖全国超过 250 个城市，20 万家餐厅及 2000 万用户；移动端交易额占比超过 75%，牢牢站稳了中国最大在线外卖订餐平台的位置。

2015 年 1 月 27 日，"饿了么"召开新闻发布会，张旭豪宣布获中信产业基金、腾讯、京东、大众点评、红杉资本联合投资 3.5 亿美元。

CEO 张旭豪称，融资后的三大任务是：持续完善高校的外送服务；继续大规模地开拓白领住宅市场；搭建以自有物流为中心，社会化物流为辅的物流配送平台，使之成为广泛覆盖中国的最后一公里物流网络。

过去几年来，高校的学生群体是"饿了么"的主力消费群体，从去年的扩张轨迹中，可以看到"饿了么"仍然在延续这种从高校开战的打法，新增的 100 多个城市基本都是从高校扫街开始的。

但学生群体的消费能力和忠诚度都很难令人满意。除了在三四线城市的快速铺开，"饿了么"也在筹谋在几个比较成熟的市场中，实现从高校到办公楼，从学生到白领的另一种扩张。

2015 年 8 月，"饿了么"在上海分众楼宇显示屏投放免费午餐广告，共送出了 20 万份 20 元代金券。从学生宿舍楼的传单到楼宇广告的投放，获取白领用户的成本显然更加昂贵。但对"饿了么"来说，白领及住宅市场是不得不攻下的一城。

据介绍，这轮融资除了资本层面的合作，"饿了么"也将与腾讯、京东、大众点评等合作伙伴达成资源方面的深度合作。通过集合合作伙伴在不同领域的优势资源，"饿了么"将逐步搭建一个全新的在线外卖领域的生态系统。

64

四、五轮融资促发展，资本助推快成长

"饿了么"自 2008 年上线，至今已获得五轮融资：

2011 年完成数百万美元的 A 轮融资，投资方为金沙江创投；

2013 年 1 月进行了 B 轮融资，投资方为金沙江创投、经纬中国，融资规模为数百万美元；

2013 年 11 月进行了 C 轮融资，红杉中国领投 2500 万美元；

2014 年进行了 D 轮 8000 万美金融资，由大众点评领投；

2014 年 12 月进行了 E 轮融资，融资金额为 3.5 亿美元，投资方为中信产业基金、腾讯、京东、大众点评及红杉资本。

"饿了么" CEO 张旭豪表示，五轮融资总计融资金额在 5 亿美元左右，目前主动权仍掌握在"饿了么"手中，下一步的目标是成为市值一千亿美元的公司，并不排除其 IPO 的可能。

2018 年 4 月 2 日，阿里巴巴集团、蚂蚁金服集团与"饿了么"联合宣布，阿里巴巴将联合蚂蚁金服以 95 亿美元对"饿了么"完成全资收购，张旭豪出任"饿了么"董事长，阿里巴巴集团副总裁王磊出任"饿了么" CEO。

五、"饿了么" CEO 创业感悟分享

2015 年 9 月 18 日在起点创业营主办的 2015 全球 500 强企业 VC 创新投资论坛接受媒体采访时，"饿了么" CEO 张旭豪敞开心扉，道出了自己创业的一些感悟，在"饿了么"看来，要成为一个伟大的企业，有三点是非常重要的。

第一，战略上从小处开始切入，很多时候夸夸其谈的战略不是很深入，就是没有抓住用户的痛点。"饿了么"一直以来有一个名言，一定要从一个很小的切入点开始，我们当时创业的时候，觉得网上外卖是一个切入点，可以切入到整个行业。

第二，创业要有一个好的心态，要小步迭代才能满足客户的需求。我们创业之初的时候，不是一个网上的平台，就是我们四个人骑了四个电动车开车送外卖。我们也不是计算机专业毕业的，更多是通过一个电话本来做这个业务的，每天配送的结算非常的复杂，结账要结到夜里十一二点。

但是，我们认为这个市场是存在的，后来去掉了配送的工作，我们觉得信息不对称也是餐厅一个痛点，通过 NEPS 系统来改变我们的商业模式。我们最早创业的时候，其实在闵行、交大开展我们同类业务的也有很多伙伴，模式也是比较相似的，我们怎么来寻找与他人的不同呢？

当年，一个订单下单以后都要通过平台来传递给商户，或者是电话和短信。我们觉得同质化的竞争一点没有意义，于是我们在餐厅里面安装了一台电脑，这样餐厅就可以直接接单了，虽然只是一个小的举措，但是解决了餐厅里面记单难等一系列小的问题，业务从餐厅里面就开始火爆起来，所以这一改进就陆陆续续把其他的平台甩到了后面。

到 2014 年的时候，我们发现配送也是一个大的问题，于是我们转变了角

65

色。从以前的信息平台和交易平台的服务商，到今天发展成为物流服务商。今天"饿了么"自营物流超过了 500 万人，我们在全国有一千多家代理商，我们转而可为代理商提供物流。

在过去七年的发展过程中，更多的是通过不断的变化去解决商户和用户的痛点，从而让公司的业务保持高速增长。所以说，开放的心态很重要，我们不要给自己定标签说自己只能做轻的模式，不能做重的模式；只能做传统的模式，不能做互联网的模式。我觉得今天大家要抛弃这些条条框框，用开放的心态来拥抱变化。

我们一定要适应市场的变化，无论是资本的市场，还是用户的市场，或是供应商的市场，这些变化要去拥抱它，从而使公司壮大。

第三，一定要保持创业时最早的初心和理念，这样的话，我们每一个团队，企业的每一个人才就可以有足够的战斗力，公司才可以基业常青，一直保持着创业的活力。

很多时候，我们一方面在抱怨没有机会，另一方面却对身边的机会熟视无睹，缺少发现机会、改变现实的魄力与勇气，在校大学生有几个人没有叫过外卖的？有多少人送过外卖？有多少人发现了叫外卖时的痛点和问题的？但为什么只有"饿了么"成长为一家明星公司？

其实最重要的就是发现了客户潜在需求和痛点后敢于行动的魄力，当你有了行动力就已经从很多人中脱颖而出了，因为太多的人在说、在抱怨，而不是在行动、在做。当你行动了，就会发现新的机会、新的改进点，通过不断的小步迭代来满足客户的需求，你其实就走到了很多人的前边！动起来吧，同学们！千里之行，始于行动！

3.7 成为具有工匠精神、追求极致和创新的创业者

国务院总理李克强 2016 年 3 月 5 日作政府工作报告时提到，鼓励企业开展个性化定制、柔性化生产，培育精益求精的工匠精神，增品种、提品质、创品牌。"工匠精神"首次出现在政府工作报告中，让人耳目一新。

总理为何要提工匠精神？因为这是我们的差距。1895 年圆珠笔就已经被发明了，我们国家高铁、大飞机都造得出来，但圆珠笔珠竟然还不能生产！如果不是总理说出来，估计好多人真不知道。

很多人认为工匠就是从事机械、重复工作的劳动者，其实工匠有着更深远的意思。它代表着一个时代的气质——坚定、踏实、精益求精。工匠不一定都

能成为企业家，但大多数成功企业家身上都有这种工匠精神。

图 3.12　工匠精神：不是为了输赢，就是认真

　　据统计，全球寿命超过 200 年的企业，日本有 3146 家，为全球最多，德国有 837 家，荷兰有 222 家，法国有 196 家。为什么这些长寿的企业扎堆出现在这些国家，是一种偶然吗？他们长寿的秘诀是什么呢？他们都在传承着一种精神——工匠精神！

　　工匠精神包括四个方面的内涵：

　　(1) *精益求精*。注重细节，追求完美和极致，不惜花费时间精力，孜孜不倦，反复改进产品，把 99% 提高到 99.99%。

　　(2) *严谨，一丝不苟*。不投机取巧，对产品采取严格的检测标准，不达要求绝不轻易交货。

　　(3) *耐心，专注，坚持*。不断提升产品质量和服务，因为真正的工匠在专业领域上绝对不会停止追求进步。

　　(4) *专业，敬业*。工匠精神的目标是打造本行业最优质的产品，其他同行无法匹敌的卓越产品。

　　"工匠精神"可以从瑞士制表匠的例子上一窥究竟。瑞士制表匠对每一个零件、每一道工序、每一块手表都精心打磨、专心雕琢，他们用心制造产品的态度就是工匠精神的体现和传承。在工匠们的眼里，只有对质量的精益求精、对制造的一丝不苟、对完美的孜孜追求，除此之外，没有其他。正是凭着这种凝神专一的工匠精神，瑞士手表得以誉满天下、畅销世界，成为经典。

67

工匠精神不是瑞士的专利，日本式管理有一个绝招：用精益求精的态度，把一种热爱工作的精神代代相传，这种精神就是"工匠精神"。

将毕生岁月奉献给一门手艺，一项事业，一种信仰，这个世上又有多少人能够做到呢？

有一位日本人做到了，他就是小野次郎，现年已 94 岁高龄，是全世界年纪最大的三星主厨，他可谓师傅中的师傅、达人中的达人，在日本国内的地位相当崇高，而寿司第一人的美称更是传播于全球。他两度获得米其林三星评价，甚至以 86 岁高龄被吉尼斯世界纪录鉴定为"全世界最年长的米其林三星大厨"。

他的"数寄屋桥次郎"寿司餐厅位于东京地铁银座站的地下室里，只有 10 个座位，洗手间甚至位于店门外，至少要提前一个月预订才能吃到这里的寿司料理，每位客人最低消费三万日元(折合人民币约 2500)，店内甚至没有菜单，不提供小菜和酒水，只有"主厨推荐"，菜品一律以当天的材料时价计算。乍一听，多数人都会忍不住想道：这样的餐厅，怎么经营得下去啊？这家餐厅难道都不会为顾客考虑一下吗？

或许小野先生并不是没有考虑吧！不经营除了寿司以外的东西，而专注于这一种料理，永远要以"最美味的寿司"招待顾客，这难道不是最为顾客考虑的想法和做法吗？正是因为小野先生有这样的觉悟，米其林才会给予最高的三星评价，并盛赞这家店"始终具有完美主义的精神"。

图 3.13　日本国宝"寿司之神"小野次郎

寿司的世界是非常简朴的——鱼肉、米饭、食醋、食盐、酱油，这些东西就构成了一个寿司。不过这么简单的材料，做出来的食物却有着引人入胜的丰富滋味，就是非常神奇的事情了。数十年来，小野先生一直在这条道路上前进，不断地告诉自己"一定还可以再好吃一些"、"一定还可以更好吃"，不断地努力攀登寿司技艺的高峰——尽管谁也不知道那顶端究竟在哪里。有时候半夜里突然有了好想法，老先生会一下子从床上坐起来；哪怕在梦里，也常常梦见自己在不断地捏寿司，这就是小野先生纯粹的寿司世界。然而就算捏制了这么多年寿司，小野先生仍然认为，自己的技艺还远远没有达到"完美"，这就是"工匠精神"。

次郎寿司究竟有多好吃？没有亲口尝过的我们是没什么发言权的。然而看看小野先生对自己、对两个儿子、对店里的年轻学徒们严格到了苛刻境地的要求，大概也就可以想象出那是怎样的美味了。无论是热毛巾、香茗、茶具这些会直接面对顾客的物品，还是配菜箱、调料盒、煎蛋器、团扇、刀具、羽釜、竹篓这些顾客不会怎么注意甚至根本看不到的东西，抑或是芥末、生姜片这些与寿司搭配的并不起眼的东西，小野先生都有许多特别的要求。比如芥末就一定是挑选伊豆半岛的野生山葵在擦菜板上以特定的动作、力道和速度研磨出需要的分量；生姜片经过腌泡后的酸味和辛辣进入嘴里后应当是圆润、柔和、清爽的口感；配菜箱是专门订做的、底部配有竹席的木箱，为了能给人以豪华的印象而采用略微倾斜的角度码放，或是箱角交错地码放；茶具都是请名家制作的优质陶器(据说其中还有小野先生本人制作的茶碗)；寿司台上方的布帘会根据季节交替更换麻质和靛蓝布两种帘子；同时作为餐厅来说，最重要、最不能忽视的卫生问题，也绝不会以"寿司店内充斥着鱼腥味不是理所应当吗"这种话来为自己辩解，每天早晚都会各进行一次彻底的大扫除——这些看起来或大或小的事情，都凝聚着厨师们的心血和智慧。

对于寿司来说最最重要的莫过于食材的选择。要做出好吃的食物，购买品质最好、最新鲜的食材是必须的，小野先生开业多年来，始终从当地最好的鱼贩、虾贩、米贩那里选购材料，而被他选中的供应商，也把小野先生的认可当作最高荣誉。为他供应鲔鱼的人就只售卖鲔鱼，"整个市场里只有一条鲔鱼是最好的，我就买那一条，要么就什么也不买"；为他供应虾子的人已从业几十年，经验非常老道，"早上看到新鲜的虾，就会想，啊，这个很适合卖给次郎"；为他供应大米的人拥有最好的挑选稻米的眼光，"曾有著名酒店的人想要从我这里买米，我不卖，(最好的米)我只卖给次郎，因为他才知道怎么煮这种米；

69

不会煮米的人，买回去也没用。"

对食材品质极尽要求的同时，对于店内员工，小野先生也苛求到常人难以想象的程度。"在我们店里工作时间最短的员工么，一天，就一天。早上来报到，晚上就跑掉了。"小野先生的长子祯一如此回答。"刚来店里做事的员工，要从拧热毛巾开始做起，拧不好毛巾就不会让你碰鱼；做满十年后，才会开始教你烤玉子烧(鸡蛋卷)的方法。"店里的一位学徒很感慨地说道，"刚开始学习如何烤制的时候，我一直在失败，每天都很沮丧；就这样做了两百多个，师傅(小野次郎先生)才终于点头了，说'这才是该有的味道'，我当时差点落下眼泪，努力压抑激动的心情。"在六本木之丘分店里，小野先生的次子小野隆回忆说："当我自己开分店时，父亲对我说，只许成功，不许失败，你已经没有退路了"。

引用法国名厨乔·卢布松先生说过的话："如果烹饪的流程尽善尽美，料理的品质就不可能差。"小野先生的寿司，从食材的选购到准备到最后的捏制，甚至那些微末的细节，都做到了他能够做到的最好，所以他的寿司是超一流的寿司。

小野先生是那种连节假日都会嫌弃太长、太浪费的老派人，每天都想努力工作。看着小野先生在寿司台后抹上手醋，拈起鱼肉，蘸点芥末，捧上一团米饭，将这些食材捏成一个又一个各式各样的精致寿司，一下子就让人感受到了一种肃穆的仪式感。正是这种对自己从事的工作的严谨与认真，才造就了身为米其林三星大厨的小野先生！然而这种使命感在如今却已经很难见到了。"我做寿司这一行已经几十年了，如果我突然哪天不做了，我这个人不就没用了吗？"小野先生这样说道。

专注寿司 60 载，食客们品味的不是寿司，而是小野次郎的工匠精神：不断的重复以期达到新巅峰。

中国从古到今各行各业也不乏具备精益求精精神的工匠大师，他们不仅在各自领域专注终生，还往往具备创新精神。传承与创新往往是工匠大师的特点。改革开放四十年来，各行各业也涌现出了一批批具备创新精神的大国工匠。

在 2010 年上海世界博览会(简称上海世博会)"城市，让生活更美好"主题的感召下，由中国美术学院建筑艺术学院院长王澍设计、一位传统技艺传人倪良夫施工的乡村案例——浙江宁波滕头村乡村案例成为全球唯一入选上海世博会的乡村实践案例。

浙江宁波滕头村乡村案例馆由 50 多万块明清时代的瓦爿，如书本一样层叠摆起，为长 53 米、宽 20 米、高 13 米的宁波案例馆"披"上了一件纹理清晰、式样别致的外衣。青灰底色中，几缕暗红色瓦爿高高在上，犹如晨曦中的朝霞清新明媚。瓦爿(音"盘")，是浙江农村对残砖烂瓦的一种俗称，也曾经是当地的一种建筑材料。展馆屋顶，30 棵新移栽的树木，又为展馆增添了绿色和生态的气息。

展馆外观古色古香，门、窗、墙体、屋顶等运用体现江南民居特色的建筑元素，以空间、园林和生态化的有机结合，表现"城市与乡村的互动"，再现全球生态 500 佳和世界十佳和谐乡村——滕头村的发展路径，进而凸显宁波"江南水乡、时尚水都"的地域文化，展示生态环境、现代农业技术成就以及宁波滕头人与自然和谐相处的生活。这一杰出作品的施工负责人倪良夫是行业内很有名气的传统工艺传承人和能工巧匠。

倪良夫，1963 年生，祖籍浙江省宁波市鄞州区瞻岐镇大嵩村，没有读过大学，十几岁就跟着大人砌墙盖房，他是个匠人，但思维又不局限于匠人，不断向建筑设计大师们学习，自身创新实践，从事艺术建筑及高端别墅装潢三十多年，是中国传统工匠技艺传承人，拥有卓越的实践设计及装潢施工经验，主要负责的宁波博物馆曾获得 2009 年度浙江省建设工程钱江杯优质工程，与中国美术学院建筑艺术学院院长王澍等艺术建筑设计师合作多年，在业内享有极好的口碑，是工匠精神的最佳诠释者。

71

图 3.14　倪良夫代表作品：宁波博物馆、宁波滕头村、宁波五散房

"这些年，旧城旧村改造的规模越来越大，大量瓦爿都被当作废物，无人理睬，甚至成了难以处理的垃圾。实际上，瓦爿里不仅蕴含着历史和文化，也是一种可以循环利用的建材，是应该被保护和传承的民族遗产。"倪良夫说。

很多人认为现代化城市不应再有这种传统的建材和建筑样式，甚至在农村，新的民居也很少再采用瓦爿。但千百年形成的民族传统不能轻易丢弃，也不应仅放在博物馆中。中国美术学院建筑艺术学院院长王澍认为，中国的城市化进程以及新农村建设，不能把老建筑都推掉；而把城市里的东西和做法简单搬到农村，也不可能持续。2003 年以来，通过王澍的积极倡导以及倪良夫的大胆实践，对瓦爿加以重新利用的建筑样式，重新出现在宁波、杭州等城市。这一民族和地域文化特征非常鲜明的新型传统建筑，不仅为人接受，甚至引领了新的风气。

作为世博会唯一乡村馆，整个宁波滕头馆结构直接取材中国山水画意境。走进滕头馆，砖瓦和不规则的门会让你有了一种错觉，以为是到了古典园林。滕头馆设计团队认为建筑设计的目的就是强调在平静和谐的状态中回归自然的韵味。不仅外墙，许多内墙装饰也是整齐美观的瓦爿，其中不少瓦爿上烧制有"福、禄、寿"字样以及美丽的纹饰，让人不由驻足细细观赏；而一些混凝土墙体则被呈现出竹子的纹理，增添了几分自然和乡土气息。由于瓦爿中间的墙体应用了很多节能环保的建材，所以这一瓦爿样式的传统建筑同样具有较好的保温隔热效果。

滕头村 1993 年曾荣获联合国"全球生态 500 佳"称号，2007 年获得联合国首批"世界十佳和谐乡村"荣誉。仅就农村现代建筑而言，目前的滕头村还没有找到一种现代与传统结合的理想模式，而瓦爿营造的宁波案例馆，则是以滕头村为代表的广大中国农村对未来民居发展的一种思考。

将普普通通的瓦爿从垃圾变成宝贝来使用，使这些瓦爿重新焕发新生是倪良夫作为能工巧匠在传承基础上的创新之举。每一个时代的发展都会面临新的挑战、新的机遇，工匠精神不仅仅是守成，更需要创新。随着中国新农村建设进程的加速，各类建筑垃圾的再使用，已经成为建筑环保设计的新时尚。

不是每个创业者都有幸成就一番伟大的事业、一个伟大的公司，但如若具备了追求极致的工匠精神，即使我们创业开一家小店、做一件小产品、做一项小服务，当你的产品或服务成为行业的极致时，你依然可以说自己是个成功的创业者，而这正是我们这个时代缺乏的。

72

3.8 选择一个平台，来一场说干就干的微创业

——上弦月与下弦月：一款为 90 后定制的葡萄酒

当我们讲了那么多高大上的创业项目、创业故事后，很多同学可能会想，我们没有高精尖的核心技术，也看不到未来的技术发展趋势在哪里，手头也没有充足的创业资本，创业团队也不知道在哪里，可我就是想创业，想试试自己的能力、胆识、勤奋、吃苦精神，我这样的条件能创业吗？

大部分的同学可能都属于这种情况，那么微创业可能更适合这些同学。

所谓微创业，指的是用微小的成本进行创业，或在细微的领域进行创业。微创业的另一层含义指：通过或利用微平台或网络平台进行创业的活动。

微创业的主要特点是：可复制性强、投资少、见效快。

微创业要成功首先要选择一个契合市场需求的产品或服务，其次要选择与之匹配、合适的平台。比如互联网刚兴起的时候，淘宝作为大众创业的一个平台，门槛低、投入少，可以实现人人都能开店做老板的梦想，但经过这么多年的发展，在淘宝上要开一家能赚钱的店，并不是一件容易的事，因为在淘宝上，各个产品领域都已经有了带头大哥，一个不知名的新店，要想获得关注、成交，其实已经很难了，更多的新店都被淹没在无尽的网络海洋中了。

下边这个创业故事可能对很多身怀技术、胸有抱负的年轻人有一定的借鉴意义。

故事的女主角是个留学法国的海归女硕士孙洁，第一次的留法经历使她最有感触的便是法国人的餐桌文化，一盘奶酪拼盘，几根法式香肠，几根法棍搭配着葡萄酒，便是世界上最简单但却又最富浪漫情调的一顿餐食，也正是从那时起她对葡萄酒便着了迷。

研究生毕业后孙洁加入了一家法国企业，在吉隆坡工作了两年，但对葡萄酒的热爱却与日俱增。正所谓念念不忘，则必有回响，在父母的支持下孙洁放弃了高薪的海外工作二度回到法国实现她的葡萄酒梦，并获得了法国国家侍酒师、葡萄酒顾问及酒窖管理等文凭。

随着对葡萄酒了解的深入，孙洁越发体会到它的神奇之处，比起啤酒、白酒或其他饮品，葡萄酒总能成为餐桌上或茶余饭后的谈资，懂与不懂之人，都

愿意分享几句葡萄酒所带来的感悟，于是她便梦想着如果有一天自己也能酿造一款被人津津乐道的葡萄酒，那该是多么幸福和有趣的一件事！

图 3.15　对葡萄酒痴迷的海归孙洁

但是酿造一款好的葡萄酒可不是一件容易的事，不仅需要专业深厚的酿酒经验，还需要有实力雄厚的酒庄才能实现这个梦想！在认识同样从法国留学归来的酿酒师邓钟翔之前，酿一款自己喜欢的葡萄酒对孙洁来说似乎只是一个遥不可及的白日梦。

与邓钟翔的相识让孙洁愈发觉得酿酒师是个很酷的职业，想要实现这个"白日梦"的想法也越来越强烈，出乎意料的是和邓钟翔讨论后他不但没有嘲笑孙洁的异想天开，反而很支持她的想法，于是便有了现在的上弦月与下弦月这款为 90 后年轻人量身定制的葡萄酒。

酿酒顾问邓钟翔，法国酿酒师联盟会员，法国国家酿酒师，宁夏贺东庄园、铖铖酒庄、耘岭酒庄、蓝赛酒庄、容园美酒庄酿酒顾问。留法期间，在勃艮第大学葡萄酒学院接受法国国家酿酒师专业训练，在波尔多二级庄力士金酒庄，勃艮第隆布莱酒庄(隶属全球最大的奢侈品集团 LVMH)和文森乔丹酒庄(隶属法国第二大葡萄酒集团 BOISSET)实习及工作。葡萄酒记者及自由撰稿人，为国内多家葡萄酒杂志及网站供稿。

要酿一款独具特色的、以年轻人特别是 90 后为消费群体的葡萄酒，就要摆脱葡萄酒老成奢侈的印象，在时尚亲民中流露着些许浪漫。

　　孙洁心中的第一款葡萄酒是什么样的呢？她说它应该是一款白葡萄酒，因为一位长者曾经跟她说过红葡萄酒就像一位妩媚妖娆的少妇，总是能不断地给你带来惊喜，但却需要时间去慢慢品味，而白葡萄酒更像 17 岁的妙龄少女，单纯清澈，没有多变的复杂，却总是让人轻松愉悦。

　　关于酒的口感，由于中国大多数消费者的口味还处于初级阶段，像欧美国家一样，都经历着从甜到干的转变，所以口感不宜过干，丝丝甜味加上浓郁的水果及花香，才能更好地迎合年轻大众的需求，慢慢培养他们的饮用习惯。

　　令孙洁欣慰的是在她和邓钟翔的努力下，上弦月与下弦月这两款酒确实符合了她最初的设计初衷！虽然酿酒的过程很辛苦，由于第一次独立酿酒缺乏经验，遇到问题时总是非常紧张，甚至急的哭鼻子，但更多的却是兴奋，第一款酒刚刚出炉，就已经想着下一款酒在哪些方面能够做得更好了。

　　酿酒顾问邓钟翔对上弦月与下弦月的酒评是这样的：上市前几日，拿出这款酒再次品鉴。本来只是品尝，没想到两个人居然全部喝完了。怎么说呢，这是我以前从未尝过的味道，看着杯中这一抹金黄，已经摆脱了刚刚灌装时的晕瓶状态，喷薄而出的热带水果香气让我欣喜不已，赶紧轻啜了一口，清新的柑橘气息瞬间布满整个口腔，舌尖略微的辛辣感让酒体充满力量，咦，小尝不真切，得再来一口大的，于是神之水滴波斯地毯般绚烂的异域风情在口中爆香开来，就像那波斯人的香料市场混入了水果摊，精彩极了！

　　到了这里，大家可能会奇怪了，他们在哪里酿造的这款独具特色的酒呢？葡萄酒的酿制工艺起源于 6000 年前的土耳其安纳托利亚地区。据《圣经》记载，传说大洪水将诺亚方舟冲至安纳托利亚东部的阿勒山之后，方舟上的一只山羊将一个人引领到一块长满了野葡萄的斜坡上，落地的野葡萄经与雨水结合发酵后飘出阵阵酒香味，于是他受启发成了世上第一个葡萄酒酿造者。

　　葡萄酒生产工艺的目的是：在原料质量好的情况下尽可能把存在于葡萄原料中的所有的潜在质量，在葡萄酒中经济、完美地表现出来。在原料质量较差的情况下，则应尽量掩盖和除去其缺陷，生产出质量相对良好的葡萄酒。好的葡萄酒香气协调，酒体丰满，滋味纯正，风格独特；但任何单一品种的葡萄都很难使酒达到预期的风味。因为纵使是优质的葡萄，其优点再突出，也有欠缺的方面。酿酒工艺师为了弥补葡萄的某些缺陷，在新品葡萄酒开发之初就对拟用葡萄品种作了精心的研究，将不同品种的葡萄进行最合理的搭配，五味调和，才有品格高雅的葡萄酒奉献给世人。

75

葡萄酒的生产工艺总的来说可分为三个过程：原酒的发酵工艺、储藏管理工艺、灌装生产工艺。现代化的葡萄酒酿造需要葡萄原料、酿造工艺、酿造设备、储存条件、灌装设备等全流程的管控、优化才能得到一款优质的葡萄酒。作为两个有想法的年轻人，没有属于自己的酒庄，怎么实现自己酿酒的创业梦想呢？

当他们将想酿造上弦月与下弦月葡萄酒的想法与宁夏贺兰山东麓庄园酒业有限公司(简称贺东庄园)的董事长(庄主)龚杰先生交流时，龚杰表示愿意给他们大力支持，答应他们可以选用贺东庄园的优质葡萄作为酿酒原料，使用贺东庄园先进的酿酒设备、灌装设备、储存仓库来实现他们的梦想。

贺东庄园的庄主龚杰先生是个对葡萄酒事业充满热情的优秀企业家，正是在他胸怀全球、放眼世界、敢于向世界一流葡萄酒庄冲刺的梦想支持下，凭借他肯努力、虚心学、踏实干的精神，使得贺东庄园在短短的五年时间从众多国内的酒庄中脱颖而出，屡获国际大奖，已经走向了国际一流的葡萄酒庄园。龚杰先生站在为中国葡萄酒未来发展的角度，而不是从自身利益出发，义无反顾地支持两位年轻人的创业梦想。正是在贺东庄园庄主龚杰先生的大力支持下，才使得上弦月与下弦月这个白日梦得以快速实现。

76

图 3.16 宁夏贺东庄园庄主龚杰

宁夏贺兰山东麓庄园酒业有限公司现有优质酿酒葡萄种植基地 3040 亩，1997 年至今多次从法国引进了赤霞珠、品丽珠、蛇龙珠、西拉、黑比诺、美乐、霞多丽等欧洲名贵酿酒葡萄品种的种苗，平均树龄都在 22 年以上，加上贺兰山东麓得天独厚的自然条件，保证了"贺东庄园"品牌产品与众不同的高贵品质。园内风景秀丽、空气清新、交通便利，地理位置十分优越，在最适宜种植酿酒葡萄的北纬 38°黄金带上。

通过几年的建设，贺东庄园拥有现代化酿酒车间、地下酒窖 3200 m²、葡萄酒文化体验馆及高端会所；公司建有葡萄酒技术研发中心，具备自主研发的能力。公司不仅硬件设施一流，庄园还拥有一支优秀的团队，特聘法国酿酒师吉姆先生作为技术总监。在日常的管理工作中，庄园完全按照绿色有机标准化实施基地管理，实现源头控制、过程控制和终端控制。

图 3.17 宁夏贺东庄园鸟瞰

贺东庄园近几年已经获得包括葡萄酒中的奥斯卡的第 23 届布鲁塞尔国际葡萄酒大赛金奖(2016 年)、2015 Decanter 世界葡萄酒大奖等数十项国际顶级奖项。正是在这样的国际一流的酒庄平台上开启了一款独特的酿酒创业，上弦月与下弦月这款葡萄酒的成功与贺东庄园庄主龚杰先生对年轻人大胆创业、敢于创新的支持是分不开的。

葡萄酒行业是一个古老的行业，庄园酿酒，产业链上其他人都是作为卖酒的角色出现的。作为没有酒庄的酿酒顾问、葡萄酒爱好者能否酿造一款有自己特色的葡萄酒？上弦月与下弦月已经为我们示范了，敢于梦想、大胆尝试、不断创新，在任何行业都有新的机会。上弦月与下弦月从 2016 年 3 月上市，短短两个月的时间已经销售了将近一半(4000 瓶)。孙洁和邓钟翔不仅通过上弦月与下弦月这款酒实现了他们的创业梦想，也收获了他们的幸福婚姻，我们期待他们在贺东庄园的平台上给我们酿造出更多的属于年轻人的葡萄酒！

在这个创新的时代，创业的方式也出现了更多的创新，对于有思想、有技术、有实力的年轻人，可以选择更多的平台来实现创业，不必像以前那样，受资本、设备、硬件条件的限制而无法实现创业梦想。孙洁和邓钟翔的创业故事其实给我们的启示就在于，选择一个好的平台来创业，成功率更高！

推荐阅读

[1] 朱晓明、宋炳颖等著，《数字化时代的十大商业趋势》，上海交通大学出版社，2014。

[2] 腾讯科技频道著，《跨界：开启互联网与传统行业融合的新趋势》，机械工业出版社，2015。

 思考题

1．为什么创业方向很重要？"取势、明道、优术"的含义是什么？

2．你持续感兴趣的事情是什么？在你感兴趣的领域有没有适合创业的项目可以做？

3．如果让你选择一个创业平台开始创业，你会选择什么平台？为什么？

78

第4章

如何组建一支高效有力的创业团队

【学习目标】

➤ 理解为什么创业团队是创业成功的关键；
➤ 了解如何建立一支高效有力的创业团队；
➤ 明确创业团队成员之间如何合作。

4.1　创业团队——创业成功的关键

一、创业失败的根本原因只有一条——团队不行！

对创业公司来说，最重要、最核心的是什么？

是产品、技术、市场、商业模式、管理……？

几乎百分之百的投资者都会说出投资的规则：投资公司最重要的是投资人！这里的人不仅仅是指公司的创始人，是指包括创始人在内的创业团队！

即使产品好、技术高、市场强、管理规范、商业模式合理，但如果团队出了问题，创业必定失败无疑！反之即使公司的产品不是那么好，技术也不是最先进的，但通过创业过程建立了一支高效有战斗力的团队，也很可能取得意想不到的成功。一支高效优秀的团队既能够发现市场中的新机会、又能组织实施完成产品的研发、生产与销售，还可以通过不断地学习与借鉴将企业运营好。

很多优秀的团队能够在不同的领域持续创业并取得成功就是这个道理。

面对种种不确定的因素，政策、市场、消费者需求的变化导致的失败，创业失败者也会为创业失败找各种理由。京东创始人兼 CEO 刘强东回顾自己近二十年的创业路，道出创业失败的真谛："创业失败的根本原因只有一条——团队不行，其他都是借口！"所以团队的培养，团队的选人、用人、激励等，永远是创业公司最重要的事情，任何一家公司的成功一定是因为团队，失败也是因为团队。

如今已经进入了团队合作的时代，一个人包打天下的年代已经过去了，创业是个复杂的系统工程，更需要一个理念一致、精诚合作、执行力强、不断学习的高效团队。

图 4.1　京东创始人兼 CEO 刘强东

有的创业者个人能力很强，但就是聚集不起团队，公司内部的人他看不上，他看上的人不来跟他合作，结果作为老板和创始人非常累，公司上下全靠他一个人在忙活。建立不起正确团队的公司是很难做大的，这样的创业者要么做人有问题，要么是意识和管理有问题。

二、成功团队的典范——腾讯五虎

腾讯公司之所以能够取得今天的巨大成就，除了选择了符合行业发展趋势的互联网方向外，跟腾讯公司早期的五人核心团队(号称腾讯五虎将)以及他们之间良好的合作有很大的关系。1998 年的秋天，马化腾与他的同学张志东"合资"注册了深圳腾讯计算机系统有限公司。之后又吸纳了三位股东：曾李青、许晨晔、陈一丹。马化腾在创立腾讯之初就和四个伙伴约定了基本原则：各展所长、各管一摊。马化腾是 CEO(首席执行官)，张志东是 CTO(首席技术官)，曾李青是 COO(首席运营官)，许晨晔是 CIO(首席信息官)，陈一丹是 CAO(首席行政官)。之所以将腾讯的创业五虎将称之为"难得"，是因为直到 2005 年的时候，这五人的创始团队还基本是保持这样的合作阵形、不离不弃。

图 4.2　腾讯五虎将——自左至右：许晨晔、曾李青、马化腾、张志东、陈一丹

　　从腾讯公司早期的股份构成上来看，5 个人一共凑了 50 万元，其中马化腾出了 23.75 万元，占了 47.5% 的股份；张志东出了 10 万元，占 20% 的股份；曾李青出了 6.25 万元，占 12.5% 的股份；其他两人各出 5 万元，各占 10% 的股份。 虽然主要资金都由马化腾所出，他却自愿把所占的股份降到一半以下：47.5%。"要他们的总和比我多一点点，不要形成一种垄断、独裁的局面。"而同时，他自己又一定要出主要的资金，占大股。"如果没有一个主心骨，股份大家平分，到时候也肯定会出问题，同样完蛋"。

　　保持稳定的另一个关键因素，就在于搭档之间的"合理组合"。据《中国互联网史》作者林军回忆说，"马化腾非常聪明，但非常固执，注重用户体验，愿意从普通用户的角度去看产品。张志东是个脑袋非常活跃、对技术很沉迷的人。马化腾技术上也非常好，但是他的长处是能够把很多事情简单化，而张志东更多的是把一个事情做得完美化。"

　　许晨晔和马化腾、张志东同为深圳大学计算机系的同学，他是一个非常随和而有自己的观点，但不轻易表达的人，是有名的"好好先生"。而陈一丹是马化腾在深圳中学时的同学，后来也就读深圳大学，他十分严谨，同时又是一个非常张扬的人，他能在不同的状态下激起大家的激情。

　　如果说，其他几位合作者都只是"搭档级人物"的话，只有毕业于西安电子科技大学的曾李青是腾讯5个创始人中最好玩、最开放、最具激情和感召力的一个，与温和的马化腾、爱好技术的张志东相比，曾李青是另类的。其大开大合的性格，比马化腾更具备攻击性，更像拿主意的人。不过或许正是这一点，也导致他最早脱离了团队，单独创业，成为知名的天使投资人。

　　后来，马化腾在接受多家媒体的联合采访时承认，他最开始也考虑过和张志东、曾李青三个人均分股份的方法，但最后还是采取了5人创业团队，根据分工占据不同的股份结构的策略。即便是后来有人想加钱、占更大的股份，马化腾说不行，"根据我对你能力的判断，你不适合拿更多的股份"。因为在马化腾看来，未来的潜力要和应有的股份匹配，不匹配就要出问题。如果拿大股的人不干事，干事的人股份又少，矛盾就会发生。

　　可以说，在中国的民营企业中，能够像马化腾这样，既包容又拉拢，选择性格不同、各有特长的人组成一个创业团队，并在成功开拓局面后还能依旧保持着长期默契合作，是很少见的。而马化腾的成功之处，就在于其从一开始就很好地设计了创业团队的责、权、利。能力越大，责任越大，权力越大，收益也就越大。

82

4.2　如何建立一支高效有力的合作团队

一、老大是团队的灵魂

　　创业成功需要团队，团队一定要有老大、有灵魂，同时不仅有"头"，还要有"兵"，有主有辅、各司其职。团队之中，领军人物要担当起领军人物的职责，团队成员要履行团队成员的义务，这样的团队才是有战斗力的、高效的团队。创业公司尤其依赖领军人物，在公司起步阶段，必须有人来承担老大的责任。所有伟大的公司都是和领军人物的名字联系在一起的，例如任正非之于华为、乔布斯之于苹果、张瑞敏之于海尔……

图 4.3　海尔集团创始人首席执行官张瑞敏

　　所以一个好的创业团队必须要有个"老大"，要有个领军人物，组建团队就是老大的首要任务。既然是团队，就必须要有队长、要有核心、要有灵魂，而"老大"就是团队的核心。没有核心和领军人物的团队只能是一盘散沙！

　　老大在团队中起什么作用？主要任务是什么？

　　一个企业最难的三件事：找发展方向、找钱、找合适的人，这三件事主要靠老大自己去做，很难寄希望于别人。

　　老大与团队的关系是必须搞清楚的问题，首次创业者容易产生的一个错误是：要么低估团队的作用，认为自己一个人可以包打天下；要么高估团队的作用，搞成了团队集体领导，投票经营，谁都负责其实就是谁都不负责！

　　《创业 36 条军规》中对领军人物和团队的关系有个比喻：领军人物和团队的关系就是 1 和 0 的关系，领军人物是 1，团队是 0，没有领军人物，再多人的团队也是 0，领军人物越强大，团队的整体实力就越强大。

　　著名管理学家、华夏基石董事长彭剑锋教授在 2015 年 12 月 18 日采访华为公司创始人任正非先生时，任总说自己："我自己什么都不懂，也什么都不会。只能借助比我更专业和更有能力的人。我们不懂管理，就花钱请 IBM 来帮我们做流程和供应链管理，请合益集团(Hay Group)来帮我们做职位评价体系与任职资格体系。我什么都不懂，我就懂一桶浆糊，将这种浆糊倒在华为人身上，将十几万人黏在一起，朝着一个大的方向拼死命地努力。"

　　任总的"浆糊理论"其实说明了作为领军人物的最重要的两个作用：第一，决定方向，朝哪里走；第二，通过浆糊，也就是机制，将团队成员的力量组织在一起，朝着一个方向拼死命地努力！

83

图 4.4　华为技术有限公司创始人兼总裁任正非先生(右)与彭剑锋教授(左)

　　所以创业阶段，要建立高效的团队，第一要务是要有个眼光卓越、善于组织团队的领军人物。对领军人物而言，重要的不是低头拉车，而是要抬头看路，不断提高自己的境界。领军人物一定要站得高、看得远、理得清。

84

　　领军人物重要的是规划企业的发展方向，选定各个领域的责任人，为企业找来各种资源。领军人物的眼界非常重要，只有看得远才能走得远，多出去走走、看看，跳出具体事务，从高一点、远一点的角度审视自己的企业，去展望航线和发现现状中的问题。

二、团队成员是感召来的，是天生就要在一起的!

　　领军人物有了，团队成员从哪里来?

　　创业公司寻找合伙人、建立创业团队是件非常困难的事情，因为初创公司能够提供的工资待遇、发展机会、成就感不可能比成功的大公司高，唯一能够打动合作者的就是公司未来的发展前景和可能的成就、财富。但未来的前景毕竟只是个愿景，是在画饼充饥、望梅止渴，对于大多数不愿冒风险的人来说，更容易看到的是创业失败的风险。

　　作为在校大学生或刚出校门的大学毕业生，交际面本身就有限，认识的人也不多，从哪里找合适的合伙人来建立团队呢?

　　社会招聘和校园招聘这些方法不适合初创企业筛选团队成员，因为对于不了解创始人、也不了解初创公司的人来说，来创业公司的风险太高，创业公司工资不高、待遇一般、机会不多，公司发展是未知数。所以创业公司寻找合伙人、建立团队要从熟人入手。比如从同学、朋友、家人中寻找合适的合伙人，这是大学生创业建立创业团队最直接、成功概率最高的道路，比如腾讯五虎将中有三个人都是马化腾的同学，许晨晔、张志东和马化腾同为深圳大学计算机系的同学，陈一丹是马化腾在深圳中学时的同学，后来也就读深圳大学。

　　关于创业团队，著名投资人徐小平如此来讲："所有的创业团队，所有的最成功的创业团队，都是天然形成的，是你人生资源的总和。合伙人不是找来的，是召唤来的，是感召来的，他们天生是在一起的。"比如马克·扎克伯格在宿舍里面做 Facebook，就是找他的室友，所以 Facebook 有 5 个创始人，包括马克·扎克伯克，都是室友；微软也一样，保罗·艾伦是比尔·盖茨的中学同学，微软的第三号人物是比尔·盖茨的哈佛同学。

　　2007 年 11 月 6 日杭州城里流传着马云、阿里巴巴和十八罗汉的传奇故事，阿里巴巴在香港成功上市，一夜间马云与十八罗汉用真心英雄点起希望之火的故事传遍江湖！

　　在成立阿里巴巴之前马云曾在北京外经贸待过近两年，那时候他在外经贸被称做怪人，因为他的想法总是和别人不一样。领导层认为电子商务网站的定位应该为大企业服务，而马云却认为电子商务的未来在于中小企业，由于与领导层产生了很大的分歧，马云痛苦地决定忍痛割爱，重新回到杭州，赤手空拳打天下。

　　马云做出了决定以后，召集了同来北京的十几个伙伴，一是推荐他们到YAHOO 工作，收入足以让人羡慕；另外一个选择就是跟他一起回杭州打天下，马云不能向他们承诺一个美好的未来，可以承诺的只是每月 500 元的薪水和一起创业的艰辛。马云让大家考虑一个晚上，但大家出去以后，不到五分钟就集体返回，异口同声地说："我们一起回去吧！"

　　离京前的一个晚上，马云和十几个年轻人聚在了北京的一个小酒馆。那天晚上下着很大的雪，众人大碗喝酒，大块吃肉，最后在一起唱起了"真心英雄"。许多人都不记得那天晚上马云到底说了些什么，也不记得明天之后将面对的生活，但是那个晚上，酒是热的，心是热的，歌是热的。大家就记得唱了一个晚上的"真心英雄"。许多年以后，这首歌伴随着阿里人度过了许多危难的时期，比如说第一次互联网低潮，比如说非典。只要阿里人一听到这首歌，每个人的心头都会产生一幕幕的镜头，这首歌也许代表了阿里巴巴的一种精神，在最困难的时候只要一听到这首歌，就会充满了感动、充满了希望。

　　十八罗汉是阿里巴巴最初的创业团队，他们靠着对共同梦想的追求和对马

85

云的信任开始了艰难的创业之旅。

很多人知道阿里巴巴十八罗汉的故事，但不知道在阿里发展过程中至关重要的另一个合伙人，他就是蔡崇信。在世人眼中，提及阿里，必离不开马云、孙正义。而和马云同岁、一起敲钟上市、一起坚持做慈善的蔡崇信，才是阿里至关重要的造血者。他对于阿里的贡献绝对不可轻视，就像马云所说：能有今天的成就，感谢4个人：孙正义、杨致远、金庸、蔡崇信。如果非要选一个最感谢的，那就是蔡崇信！这位海归精英，在阿里发挥了无人可以替代的重要作用。

1999年5月，蔡崇信和马云第一次见面。蔡崇信当时在一家瑞典投资公司 Investor AB 工作，已经年薪百万美元。蔡崇信来到了杭州，发现马云还没有成立自己的公司，只有一个上线刚刚几个月的英文网站，是中国推出的首家互联网英文网站，今日它已是全球最大的 B2B 交易平台——阿里巴巴。

蔡崇信与马云见面的时候，被他的人格魅力深深吸引了。马云一直都在谈论伟大的愿景。他们没有谈商业模式、盈利或者其他业务上的东西。马云说，"我们拥有这些数以百万计的工厂资源。我如何帮助这些内地工厂接触到西方世界呢？它们现在都看不到光明的那一天。" 互联网就是一个均衡器，它能够让商业领域平衡起来。

86

在中国加入世贸组织之前，产品从中国出口到海外，必须通过国有贸易公司，只有国有贸易公司才有相关的许可证。小规模的私营企业必须借道国企，方能出口产品。这些小公司不具备出口商贸的基本技能。当时蔡崇信觉得马云的创意——将这些公司推上线——够得上伟大，却不是什么惊天动地的想法。但蔡崇信欣赏马云的个性。真正打动蔡崇信的地方，不仅仅是马云本人，而是马云与一群追随者患难与共的事实。

第一次相见蔡崇信就被马云独特的人格魅力迷住了，后来他再次约见马云，这一次蔡崇信是带妻子来的，从湖畔花园出来后，他们与马云一起西湖泛舟，其间，他突然对马云说："你要成立公司，要融资，我懂财务及法律，可以加入公司帮你做。"马云听后吓了一大跳，差点把船弄翻了，他赶紧回复蔡崇信："你再想一想，我付不起你那么高的薪水，我这里一个月只开500块钱。"蔡崇信则严肃地说："我已经想好了，我就是想加入创业型的公司，跟一批人一起共事。"就这样，蔡崇信上了马云的"贼船"，一干就是18年！

正是蔡崇信的加入使得阿里开始规范化运作，从第一笔500万美元融资到孙正义巨资入场，到阿里收购雅虎中国。阿里每一次重要跃进的背后，都有蔡崇信的身影。事实证明，投行出身、财技过人的蔡崇信，为阿里赢得了每一次关键战役！

图 4.5　阿里巴巴董事局主席马云和董事局副主席蔡崇信

对于当年的重要抉择，蔡崇信的逻辑是：失败了，大不了再找一份工作，年薪百万并不难，但成功了，肯定不止如此。不到 30 岁，为什么不能冒险搏一把呢？

因此，建立一个高效有力的创业团队要满足以下几个必要条件：

(1) 要有个眼光卓越、善于组织团队的老大；

(2) 有几个团结、合作、包容、执行力超强的合作伙伴；

(3) 有共同的文化与愿景，包括对企业核心价值观、方法论、做事原则的共同认知。因为团队的战斗力来源于领军人物的能力以及团队成员的执行力。

87

4.3　创业团队成员之间如何合作

一、领军人物的权威是创业公司成功的基础

一个团队的战斗力不是由队伍中最能干的那个人决定的，而是由战略的正确性和团队的执行力决定的。因此，当战略确定后，如何保证团队的执行力就成为一件重要的事情。当战略确定后，团队成员之间需要协同作战，协同的前提是有共同的使命、愿景、价值观、方法论以及做事的方法与原则。所以，在创业团队中领军人物要对战略负责，而团队成员要对结果负责。

对于同样的事情，不同的人由于阅历、背景、所处的位置不同，往往有不同的看法，当团队部分成员与领军人物的看法、与公司的战略不一致时怎么办？这是团队工作中非常常见的现象，作为创业团队，人员少、资源少，要做成一件事情其实已经很不容易，如果把大量的时间和精力浪费在成员之间的思想、意识的沟通上，那基本上很难做成事情。

　　有人说贯彻的前提是老大的决策是正确的,这种思想非常危险,因为领导决策正确不正确怎么可以由你来判断?你站的高度、承担的责任、能力都不如领导,你怎么就认为你的判断比领导更正确?这时正确的做法就是主动去理解领导的意图,积极去贯彻领导的意图,这是作为团队成员的基础素质。用军事术语来说就是:领导的指示理解的要执行,不理解的更要执行,在执行中加深理解。实际上,大多数情况我们不是要争论领导的决策对不对,而是要领会和贯彻领导的意图,尤其对于创业公司,很多时候就是需要依靠领军人物的个人能力来决策,团队领会领导意图的能力和执行力更为重要。那些总是执拗于自己思路和做法的人,基本上是团队的阻力,要及时清除。

　　在创业过程中机会稍纵即逝,抓住了就成功了,错过了可能再也没有机会翻板了。所以,既然你选他做了老大,就证明他在很多方面比你厉害,当你想不通时就要相信他。领军人物既是团队的一员,但又不是普通的一员,在创业初期,搞集体领导、投票经营只能把事情搞得一团糟,这个阶段必须维持领军人物的权威。

　　华为的成功是有目共睹的,2018 年华为实现全球销售收入 7212 亿元人民币,净利润 593 亿元人民币,研发投入 1015 亿元人民币,授权专利 87 805 件。

　　华为的成功最根本的是任正非先生率领的华为将士铁血奋战的硕果,但另一方面,探究华为成功的幕后,与任正非大气魄的咨询投入息息相关,而能够做到这点正是任总在公司决策上的权威地位保证的。

　　华为的很多能力,实际上是由全球各个领域顶级咨询公司的辅导,不断内化后形成了华为超强的组织能力。可以说,华为的组织能力建设才是华为应对外部不确定性和不断攻城拔寨的立身之本。

　　企业找顾问谈项目,常常是要求产出多多益善,而付出时则锱铢必较。这种思维能理解,但不能原谅。项目质量的根本保障就是投入项目的时间、质量,如果预算足够,顾问为了解决项目问题,额外投资请外脑也是有决心的。如果预算紧巴巴,自己过生活还寅吃卯粮呢,不减少自己时间投入已是万幸了,如何加大优质资源的投入呢?

　　华为是如何做的呢?1998 年开始的研发管理咨询项目集成产品开发(IPD)一期项目,IBM 报价 4800 万美金。华为负责财务的总裁说,相当于我们一年的利润了,我们砍砍价吧。任老板说,你负责砍价,你能否负责承担项目风险?还有很多高层也不理解花这么大的价钱做咨询项目,值得吗。

　　为保证顾问咨询的成效,当 IBM 顾问进入公司,任老板就发话了:一切听顾问的!不服从、不听话,耍小聪明的,开除出项目组,降职、降薪处理。

最有名的一句话：不管合不合脚，先找一双美国鞋穿上！先固化、再优化！

其实任总远在签订顾问合同之前已完成了对 IBM 的信任程序。在 1998 年参观 IBM 总部，与 IBM 作管理交流时，早已投下了信任票。在回到公司后任总写了一篇文章——《我们向美国人民学习什么》，其实也就是说我们向以 IBM 为代表的世界级公司学习什么。之后不到半年，就把 IBM 顾问请了过来。

IBM 一口价，任老板只问一句话，你们有信心把项目做好吗? IBM 代表沉思片刻，说能! 于是任总拍板!

IBM 华为项目前后实施 10 年，合同价加实施费加 IT 工具费，整个项目前后投入将近二十亿元人民币。一时间华为人上上下下都犯嘀咕，发牢骚说，我们的奖金全都给 IBM 顾问交了学费了。

但是，当 IPD 项目实施到最关键的时刻，IBM 300 位资深顾问入驻华为，这些顾问个个都是在 IBM 作过研发项目的资深经理。IBM 资深项目经理手把手、一对一地教华为年轻的项目经理实施 IPD 流程。

当华为研发高层集体出走危机来临时，IPD 项目因为顾问的大力投入，不但没有中断，反而以体系的力量扛起了运转的重任。又过数年，IPD 实施十年之际的 2008 年，我们看到，华为二十年增长二十倍，研发周期缩短近一半，研发成本降低三成。

华为真正地做到了把竞争力建立在对流程的依赖上，而不是对人才的依赖上。而这，正是 IBM 顾问传授的理念。

正是任总的权威地位，始终坚持要请就请名师、请了老师就要足够尊重、坚信不疑，才使得华为在短短二十年时间在研发、管理、供应链、财务各个领域形成业界领先水平的核心竞争力，成长为一家世界一流公司。请顶级顾问已经成为华为文化的重要部分，每年每个部门都会有一笔充足的预算用来做顾问费。

对于大多数创业阶段的企业，维护老大权威、执行老大决策是重要的一件事! 挑战老大权威、团队分崩离析往往是没落的开始!

二、创业公司能力快速提升的捷径是找到好的导师

对于初创企业如果能够请到高手指导，会少走很多弯路、少吃很多亏、少花很多冤枉钱，可是能够明白这个道理的人不是很多。对于大学生来说，社会经验、职业经验都有限，面对创业过程中出现的各种复杂问题，更需要有导师、前辈的指导，如果能够放下身段，谦虚一点、积极一点、主动一点，多拜师、多学习，创业成功的概率就会大很多。

89

华为请顾问是由老板完成信任考察，而不是文武百官，这就是信任由上。咨询是老板工程，大脑下决心要吃的药，常常是味蕾所拒绝的。怎么可能有令企业上上下下都满意的顾问呢？

任老板不允许在老师请进门后，玩顽童戏师的游戏，因为他知道那是浪费公司资源。更不像一般的企业，先请进来后挑战，华为请顾问是信任在前。要么不请，请进来不信任，还不如不请。拜神不信，一定不灵，而且会亵渎。所以不信就不要拜，拜了就要信。

反观一些企业请顾问，好像请戏班子似的。进门三盘，上堂四考，然后一众七大姑、八大姨斜着眼看你出招。这样一来，搞得顾问也没有专业心态了。大家都是斗鸡心态，动不动就是 PK 挑战，动不动就装神弄鬼。因为客户是怀疑心态，所以顾问想的也就不是如何更客观、如何更专业，而是如何迷惑客户，如何蒙混过关，有时甚至要言过其实。其实，顾问工作的特殊性注定了他不是一个供应商或服务员。顾问，是启智者。如果客户没有了拜师心态，神仙也没法让你改变。杯中不空，如何倒进水呢？

图 4.6 给出了华为在各重要业务领域所请咨询顾问公司的情况。

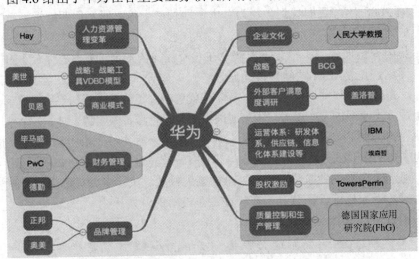

图 4.6　华为在各个业务领域的咨询顾问公司

三、团队成员之间只有我们的事情

团队成员之间的基本原则是分工协作、互相补台，没有什么事分得清楚一定是你的事情或一定是我的事情，只有我们的事情、我们的任务、我们的工作。

面对客户、面对外部我们是一个整体，是统一的形象。

　　华为公司早期由于发展速度太快，客户打给公司的业务电话往往不知道该由哪个业务部门、哪位员工负责，出现了客户电话被转来转去就没人管了的问题。为了第一时间解决这个问题，公司推出了首接电话负责制，谁第一个接到了客户的咨询电话，就要负责帮助客户把问题解决，即使不是你责任内的任务，你也要负责内部协调资源帮助客户解决问题。因为在客户看来，他遇到问题找的只有华为公司，没有部门和个人的区别。

　　作为创业型公司，组织、制度、流程往往不健全，出现没有明确责任人的事情是很正常的，这时面对客户的问题，只有树立整体观念，把所有的事情都当成自己的事情，才有可能赢得客户的信任。小公司切忌犯大公司的毛病，业务技术没有多高水准，官僚毛病已经染上身了，那就必死无疑。

　　团队成员要<u>向上思考、向下执行</u>，每个人都要力争站在自己上级的角度去思考，不能本位主义只考虑自己分管的那点事情，局部利益必须服从整体利益，个体方向必须服从整体方向。

图 4.7　小公司的大官僚

　　要强调<u>团队成员对结果负责</u>，对结果负责就是要明确一点，你负责的事情是需要你来想尽一切办法把它解决掉，而不是找一堆解决不了的理由和借口。在军队中，即使是最基层的指挥官，也要对自己辖区发生的所有事情负责。上级只会安排任务给你，怎么完成是你要思考和做的事情，"这不是我的问题"、"这不是我的错"这种话在军队中是绝对站不住脚的，所以军队是执行力最强的组织。但我们会看到很多企业存在互相推诿、不敢担当的毛病，凡事找借口、找理由，而不是找方法、想解决之道，一个企业一旦形成这样的文化，那将很

91

难有大的发展。

图4.8　互相自责、不敢担当是企业文化的毒瘤

四、建立认同文化是创业公司团队建设的核心

企业文化是在一定的条件下，企业生产经营和管理活动中所创造的具有该企业特色的精神财富和物质形态。企业文化是企业的灵魂，是推动企业发展的不竭动力。它包含着非常丰富的内容，其核心是企业的精神和价值观。这里的价值观不是泛指企业管理中的各种文化现象，而是企业或企业中的员工在从事经营活动中所秉持的价值观念。

华为对于价值理念与文化的重视可谓到了极致，在华为基本法中有"世界上一切资源都可能枯竭，只有一种资源可以生生不息，那就是文化。"

马云认为企业文化是企业发展的DNA，它决定了一个公司的性格和命运。

在管理学者陈春花看来，缔造企业文化是企业的头等大事。企业文化是企业中一整套共享的观念、信念、价值和行为规则的总和，它能促成企业内部形成一种共同的行为模式，这种共同的行为模式便是企业文化最强大的力量之所在。

创业企业要不要建立自己的企业文化？小规模的企业要不要缔造自己的企业文化？答案无疑是肯定的，不管企业规模大小，都是一个组织，都需要有一套全体人员认同、遵守、信任的企业文化，唯有这样这个组织才能成为一个有战斗力的组织。

对于创业团队来说，建立认同文化是团队建设的核心，只有这一点做好了，公司才能团结一致、战斗力强，才能在激烈的市场战斗中取得胜利。如果没有共同的企业文化，面临各种问题和困难时，很容易导致团队分崩离析、创业失败，创业核心团队的稳定是创业成功的关键，创业团队的分裂往往会造成创业失败，而团队分裂的根源往往是理念、意识、做法的不一致，归根结底是没有建立核心团队共同认同的企业文化。

有一个创业企业，在红海竞争激烈的儿童摄影领域脱颖而出，2010 年开店，2013 年被全国儿童年会评选为"全国儿童摄影百强名店"，2014 年已经有 5 家直营店，成为了儿童摄影行业的一颗耀眼新星。而将儿童摄影做得如此风生水起的却是一位女流之辈，她就是宝贝驾到国际儿童摄影连锁机构的创始人——董芳女士，宝贝驾到国际儿童摄影隶属于河南瞬间文化传播有限公司，公司成立于 2010 年 11 月，立足于郑州，定位高端儿童摄影。

图 4.9　宝贝驾到国际儿童摄影连锁机构创始人董芳

董芳选择儿童摄影创业是源于一个美好情结和家庭的一个传统。在她的童年记忆里，每到生日，爸爸妈妈都会带她去照相馆拍照留影，每当拿到自己照片的时候，别提多开心了，尤其是亲朋好友的一番夸奖，更是让人喜不自禁、心里美滋滋的。从那个时候起，她认为拍照是天下最幸福的事。结婚的时候，当家人把 0 到 26 岁的成套照片作为嫁妆陪送时，她感动极了，抱着丈夫喜极而泣。每当翻看这些照片的时候，她心里都会有一股暖流和冲动。为何不自己也开一家照相馆,让更多的孩子记录幸福呢?几经商议,她决定从事儿童摄影。

目标定下来了,说干就干。一向雷厉风行的董芳很快就创办了宝贝驾到儿童摄影店。但是现实和理想总会有很大差距,尽管事先也做了充分准备,但实际经营过程中还是走了不少弯路,仅摄影棚一年就改动了 5 次,浪费了太多的精力。经营实践千头万绪,让她无处下手。为学管理,她找全国最好的培训老师;为学实操,她到全国最好的儿童影楼实践;为学技术,她请全国最好的样片研发团队;为学网络,她与最先进的网络公司联营合作。

功夫不负有心人,经过一年多的不懈努力,宝贝驾到公司整体水平得到了很大提高。知名度大了,美誉度高了,拍照的顾客纷沓而来。

但是企业的规模大了,需要更多的人才支撑。作为领航者,董芳无时无刻都重视着这个问题。宝贝驾到采取了一系列的措施推动公司的快速发展,比如请业界精英组成智囊团,制定公司的标准化管理;建立领导成长机制,把培训作为常态,不断提高员工综合素质;工作中,自己以身作则,用无限激情的正能量感染和带动自己身边的人。团队的凝聚力强了,干劲足了,很多问题都迎刃而解。短短几年,宝贝驾到在激烈的市场大竞争中脱颖而出,在全国都有相当的影响力。

94

企业要长远稳定发展,离不开企业文化的缔造,在企业文化建设方面,宝贝驾到也做得非常认真,除了公司的文化墙和日常文化建立,公司每年都会举办年会,一个个自编自演的节目出神入化,公司员工都参与其中,每个节目不仅感动别人也感动自己。公司每年雷打不动的军训,使参加者群情激昂,迸发出无穷力量。管理高层每年的探险穿越,提升了战胜困难的必胜信念。强大的公司文化,潜移默化地影响着所有员工,汇集成团结的力量。为解决基层员工问题,宝贝集团开设了员工问题解决通道,公司内无论是谁,有什么想不开的随时可以找领导反映,领导必须无条件给予解决。这样一来,员工的心情好了,就会很愉快地服务顾客,还能主动解决工作中的问题。正是这样的企业文化氛围的营造,使得宝贝驾到的核心团队从创业开始一直保持相当稳定,核心成员没有一人离职,保持了公司核心团队的稳定、进步,为公司快速发展奠定了基础。

企业文化可简单可复杂,对于创业公司来说,缔造自己的企业文化就是让大家树立共同的目标、坚守共同的原则、规范一致的做法,从而达到创业的一步步胜利。

【案例分享】

"红孩子"怎么从资本的宠儿变成了失败的弃儿?

一个"好孩子",曾是人人夸赞的"优等生",短短几年之间,竟蜕变成前途渺茫的"落后生",以至于在 8 岁时就遭到遗弃。

它就是"红孩子"。从 2004 年开始,凭借 DM(目录销售)直销母婴用品业务,它迅速蹿红,后来向互联网转型,产品线横向扩张至化妆品、食品等家庭消费品,却从此举步维艰。

一、成功创业

2003 年,一位叫王爽的母亲在北京开了一家母婴用品零售店,很快就实现了盈利。这让王爽格外惊喜。她开始与丈夫李阳分享起做"目录销售"的想法,后者是军人出身,那时正在经营一家广告公司。2004 年春节刚过,李阳就完成了"目录直销母婴用品"的市场调查和商业计划书的撰写,3 月份,他就关掉了自己的广告公司,与三个朋友一起成立了"红孩子"公司。

先被李阳找来一起创业的是杨涛,他们各向"红孩子"投入 60 万元,后来他们又引入了另外两名伙伴——郭涛和徐沛欣,二人分别投入了 40 万元,因此,他们四人在"红孩子"的持股比例为 3∶3∶2∶2。最初,只有李阳和杨涛在参与公司运营,徐沛欣及郭涛更多地扮演了"财务投资人"的角色。

让他们喜出望外的是,"红孩子"靠着一本琳琅满目的产品手册,迅速蹿升为母婴市场的新星,第一年就实现营收 600 万元,第二年 4000 万元,第三年 1.2 亿元,第四年 4 亿元。

可以说,"红孩子"赶上了 DM 在中国市场的最后辉煌。那时候,虽然当当网、贝塔斯曼在线、卓越网和 eBay 已经让"电子商务"成为了一个热门词汇,但通过互联网购买商品,对于中国绝大多数消费者来说,依然是一个陌生的方式。正因为如此,日后几乎被电子商务全面替代的目录销售,当时依然拥有巨大的市场。

"红孩子"的确创造过多个第一。它是母婴 B2C 领域第一个拿到风投投资的,2005 年底,"红孩子"出让 30% 股权,获得北极光和 NEA 300 万美元投资。它也是国内第一个多城市扩张和自建物流的母婴 B2C,2008 年时,"红孩子"已经在全国有 16 个分公司,配送队伍人数近 2000 人。那一年,"红孩

95

子"营收首次突破 10 亿元，亏损不超过 3%，其中，母婴品类营收 7 亿元，盈利 1000 万元，化妆品、家居、保健品和 3C 业务则略有亏损。

那时候，"红孩子"仍是一个成功的创业公司。

二、团队分歧，创始人被迫离开

2008 年 10 月底，李阳和王爽夫妇去了趟西藏——他们认为那是洗涤心灵的圣地。就在那之前不久的 10 月 6 日，"红孩子"刚刚经历一场"政变"，结果是，李阳夫妇被要求立即离开自己一手创办的红孩子，这是董事会的决定。

矛盾的另一方，是公司的另一创始人徐沛欣。徐沛欣真正介入"红孩子"的运营是在 2006 年 9 月。2006 年，"红孩子"完成第二轮融资，北极光和 NEA 又投入了 300 万美元，持股比例也由 30% 上升至 50%。失去控制权的李阳和杨涛，感觉与资本打交道吃了亏，于是，他们邀请徐沛欣担任公司 CEO，负责与投资人及外界沟通，李阳和杨涛则任执行总经理，负责不同业务。

在这之前，徐沛欣已是基金投资人，"想法很多"是他留给外界的印象。加入"红孩子"后，徐沛欣曾受到歌厅点歌器的启发，想开发一种新型的购物界面，把液晶屏免费安装到消费者家中，不仅可供消费者在这个界面上搜索商品，还可以播放广告，徐沛欣为此还在公司里成立了研发小组。但这一项目很快被董事会叫停。"我一听这事，谈都不想谈。"李阳回忆说，在公司会议上，徐沛欣的创意常常被他打击。

在徐沛欣出任 CEO 之后，其与李阳在公司发展战略上的分歧日渐凸显。矛盾主要集中在四个方面：其一，李阳坚持做强，每扩张一个品类，他考虑的关键是能否挣钱，并且，他特别坚持要做精母婴业务，他还找人代工贴牌生产"红孩子"自有产品来提高毛利。但徐沛欣则坚持先做大。2008 年，"红孩子"与银行合作，推出分期付款商城，银行信用卡持有人在商城购物后，可根据信用卡账单进行分期付款，"红孩子"希望以此切入 3C。"这是老徐管的业务，一个月能有上亿的销售，但卖的都是电脑、手机类的产品，都是赔钱的业务，我根本不愿意上。"李阳直言。其二，徐沛欣曾提出"四大马车"战略，即"红孩子"向多元化发展，除了零售，还将进入物流、传媒、金融三大领域，但李阳则坚持只做零售。其三，徐沛欣坚持要上 SAP 信息化系统，对公司进行 IT 改造，对此，李阳并不认同。其四，李阳坚持创业文化，徐则希望推行职业经理人文化。

分歧，导致了激烈的对抗。虽然徐沛欣贵为 CEO，但李阳亦实力不俗。

96

彼时，他本人主管"红孩子"百货、健康、母婴三个事业部以及全国 16 个分公司，其妻王爽则负责母婴事业部的采购。也就是说，李阳夫妇掌控着"红孩子"80%的业务。所以，李、徐二人当时"谁也不能说服谁，关系闹得很僵"。

2008 年 10 月 4 日，徐沛欣找李阳谈话，内容大致是，他和他妻子王爽必须有一人离开，但这次谈话最终无果。2 天后，就发生了 VC 代表董事会通知李阳离开的那一幕。

"这是一个 2∶1 的选择。""红孩子"投资方、北极光创投创始人兼董事总经理邓锋解释称，当时，公司的另外一个创始人杨涛，也选择了支持徐沛欣。就"让李阳离开"的决定，他们还征求了其他高管的意见，"这毕竟是巨大的变动"。

李阳的离开，被一些员工视为"红孩子"由"以业务为核心"输给"以资本为核心"的转折点。李阳反思说，此前几年自己与投资方沟通不足，由此埋下了严重隐患。"红孩子"的几位创始人在历史上形成的分工是，李阳和杨涛负责业务，融资以及与股东的沟通则完全交给了徐沛欣。当时李阳甚至没有意识到，自己与徐沛欣的矛盾和分歧已经激烈到这种程度。

三、战略失误痛失转型机遇

在创业团队内讧发生之时的 2008 年年底，"红孩子"已经走到了一个十字路口。

当时，"红孩子"绝大部分营收来自 DM，但这种模式正受到互联网的猛烈冲击。它的竞争对手"爱婴室"，已经开始将业务重心转向线下门店，而当时国内最大的目录销售巨头麦考林，也在试图向互联网转型。"红孩子"必须作出选择。

在"红孩子"的一个 VC 股东看来，"红孩子"向互联网转型势在必行。而这一判断，也最终影响了他在"更看重效益的李阳"和"更看重规模的徐沛欣"之间作出的选择。"在零售导向的电子商务生意里，最重要的是规模，我不介意公司短期内没有盈利。"他说，"既然双方立场不能调和，VC 总得表个态、选一方吧。"

很难判断这个选择的对与错。据称，当时得知李阳、王爽离开"红孩子"的消息，它在北京最大的竞争对手，内部"弹冠相庆"，庆幸"从此无忧了"。

而对于那些与"红孩子"长期合作的供应商来说，这显然不是个好消息。在"红孩子"成立不久后，骆启迪就成为它的供应商。2008 年时，他的供货

97

额已经在"红孩子"占有相当比重，并且，他与李阳、王爽的私交不错。之前，"红孩子"哪怕有再大的困难，只要和李阳、王爽说一下，他们都会用一些特殊方法，保证骆的货款。但二人离开之后，"完全是公对公的标准来做了"。

骆启迪称，"红孩子"团队变动后，包括他在内的不少供应商都有了心理落差。"特别是大的供应商，如果配合的好，比如，提供更多促销资源，就能改善它的库存管理效率；中国奶粉每年都涨价，如果我提前让它囤货，对它的毛利就有很大帮助，'有交情'和'公对公'是完全不同的结果，送货及时性和货源保证性，各方面都会有不同"。2010年之后，骆启迪已经停止了对"红孩子"的供货。

李阳离开后，至2009年，"红孩子"与供应商的关系已经处在"有史以来最紧张的时期"。"红孩子"一位分公司负责人在写给董事会的信中提到，当时，在全国范围内，仍然有大量供应商没有和"红孩子"签订2009年的供货合同，"我们单方面延长了账期，从短期内来看，我们可以获取良好的现金流贡献，但我个人不认为这是一件特别值得骄傲的事情"。

在"红孩子"的老员工看来，李阳夫妇的离开，是人心涣散的开始。王红军(化名)从2004年就跟着李阳一起创业，但2010年6月他离职了。"以前一直跟着他们(李阳、王爽)干，我们一两年不加工资，多跟他们沟通一下，我们就干劲十足了，但他们离开以后，感觉干得再好也没用了。"

2011年初，曾经默许徐沛欣驱逐李阳的"红孩子"执行总经理杨涛，亦以"长期休假"的方式离开"红孩子"，四位创始人中，只剩下徐沛欣一人。

李阳的离开，给了徐沛欣大展拳脚的机会。在他领导下，"红孩子"在零售、传媒、物流和金融四大领域加速扩张，并在公司内部进行了大刀阔斧的改革。但今天回头看，或许正因为"红孩子"走了这些弯路，才在电商大潮迅猛崛起之时，贻误了战机。

2007年，"红孩子"旗下的红品传媒推出了一本高端杂志《insider社交商圈》，徐沛欣任出品人，这是一本专门介绍当今中国上流社会生活品位的高端杂志，"红孩子"的投资人，包括邓锋，都曾出现在杂志的封面报道中。"红孩子"创办这本杂志的最终目的是，进入奢侈品领域。但在亏损了几千万元后，这本杂志被剥离到徐沛欣自己拥有的一家公司名下。

2009年，"红孩子"将自己的物流部门独立出来，成立宏品物流，不仅承接"红孩子"的订单，也承接第三方业务，目标是打造一家能与顺丰、宅急送等一争高下的大型物流公司。但2011年，"红孩子"又裁撤了各地的物流公司，将这块业务重新纳入公司内部。"红孩子"物流部门一个离职员工称，宏品物流也让"红孩子"亏损不少。

而所谓的"金融",则是指"红孩子"与银行合作的"信用卡分期付款商城"。徐沛欣希望借此发展新用户,切入 3C 业务。但结果,这一业务同样以亏损收场,2010 年底,"红孩子"将商城和目录服务一起并入网站中统一管理。

在一系列并不成功的尝试之后,"红孩子"最终回到了正途:重新聚焦零售,并真正发力互联网。但这个时间,已经是 2010 年第三季度。

2011 年 2 月,"红孩子"大幅缩减了广州、深圳、大连和西安的目录业务;同期,"红孩子"旗下的缤购网上商城正式上线,"红孩子"在线上开始了两条腿并行的时代:"红孩子"网站主营母婴用品,缤购则定位于化妆品、食品、保健品等。对于线上零售业务,"红孩子"的定位是,一个基于女性的、以互联网为主要渠道,辅之以电话中心、手机客户端乃至平面媒体的"立体化一站式购物平台"。

徐沛欣公开称,"红孩子"用了两年时间"从目录完全转向互联网",至 2012 年 6 月,"红孩子"互联网销售占全国销售总量的近 80%。但"互联网涨一块,目录上砍一块",此消彼长,"红孩子"的总营收依然停滞不前。

2010 年第三季度,在两年的蹉跎之后,当"红孩子"真正发力互联网时,这个江湖已经大大不同了。

99

四、江湖巨变

2010 年 7 月,京东推出母婴频道,当年 11 月销售额破千万元,2012 年 3 月,其已成为中国 B2C"首家母婴业务月销售额超亿元"的企业。

2011 年 11 月,当当网 CEO 李国庆透露,当当的母婴产品增长率超过 300%,月销量达 3000 万元,已超越"红孩子"。与此同时,天猫、1 号店的母婴业务也在迅速增长。"这意味着,用户在向这些平台转移,包括'红孩子'的用户。"骆启迪认为。

但"红孩子"最大的对手还是它自己。"(2008 年之后)'红孩子'增长缓慢的一个很重要的原因是,电子商务到来的时候,目录受到巨大冲击,'红孩子'要迎接市场变化,而团队没有电子商务的 DNA。"邓锋分析说。

早在 2008 年,徐沛欣就请求董事会给他两年时间,在"红孩子"内部进行 IT 改造和企业文化再造。在他看来,"每个公司都会经历类似的阶段,只是看他们选择什么时候而已,如果当你销售额上去了、规模上去了之后再做这件事,风险系数也就不一样了"。

为实现向电商转型，徐沛欣就四处找人，不惜高薪聘请职业经理人，在这场被徐沛欣称为"职业化进程"的变革中，"红孩子"先后有几十个中高层被替换。

但包括李阳在内的不少人质疑，那个阶段的"红孩子"，是否需要聘请年薪百万的职业经理人？这个过程中，招到的人是否合适？在前述离职员工王红军看来，职业经理人与老员工之间的磨合，让"红孩子"付出了代价，他就举例说，"红孩子"曾引入一个总监管理南方物流，他到位时带来一批部下，但当这位总监离职时，他的部下也都很快离开。"而且，新来的高管上任后通常会对一些规则和方法进行调整，如果他因某种原因离职，后来的人又要重新调整。"王红军认为，"这对公司的伤害是比较大的。"

至于 IT 改造，徐沛欣这样解释当时的原委：2008 年，红孩子的财务怎么都算不清楚账，无奈之下，请会计事务所德勤来审计，但最后，他被德勤的人告知，"老徐，你别审了，你的 IT 系统有问题"。IT 改造，得到了 VC 的支持。邓锋认为，"红孩子"2008 年之前高速发展时积累的问题，到了必须要改的时候，"要把企业做大，有些基础的东西你不建行吗？"不过，"红孩子"是否一定要上耗资几千万元的 SAP 系统？毕竟，它在中国的成功率只有 35%。李阳在任时，始终极力反对上 SAP，杨涛也曾评价说，"此物(SAP)甚好，电商慎用"。

但在徐沛欣的力主下，"红孩子"终于引入了 SAP 系统。他希望，"建立一套可以承载公司更大发展的流程，完成公司的职业化、法制化的转型"。不过，"红孩子"巨资引入的 SAP 系统，并未有机会发挥其潜力。虽然 2008 年销售额已突破 10 亿元大关，但之后几年，"红孩子"的增长却几乎停滞，2010 年至 2012 年，红孩子公开的营收数据分别是 15 亿元(与 2009 年持平)、10 亿元、10.5 亿元。

"老徐代表的是一种投资人的文化，思维也非常跳跃，我们公司的中层聚会时说，'红孩子'最后是死在了 CEO 的梦想实验上。"李阳称。而在复盘"红孩子"从红极一时到迅速衰落的过程时，邓锋认为，"'红孩子'最大的问题是执行的问题，比如招人是否招得到，或者招到了人但后来发现此人并不合适，而你的时间就已经过去了"。

在前述 VC 股东看来，对于需要从 DM 转型到互联网的"红孩子"而言，迈出"从 0 到 1"的那一步，并在短时间内累积起自己的实力，是大是大非，在此期间，走一些弯路是必然的。"但你要问我，'红孩子'一路过来，在招人方面是否可以招得更好，在组织大家干活方面，是否可以做得更好？我的答案都是 Yes。"

2011 年下半年，陈非供职的保健品公司开始在"红孩子"销售产品，同时它也给京东、当当等供货。不同的是，"红孩子"每月销售额在几千到一万元之间徘徊，而京东、当当每月的规模可达 30 多万元。

在陈非看来，红孩子虽然定位为 B2F(Family)，但它对消费者在母婴产品之外的需求挖掘还不够，并且，"我个人认为，'红孩子'的营销做得不够好，没有支撑到它所做的那些东西。比如，京东每引入一个新品类，都有各种营销，包括噱头炒作，让人知道京东不只是卖 3C 的，而且，让很多人认为京东的东西便宜，但其实未必，不过它给人的感觉就是这样。"陈非说。

五、资本弃儿

从 2010 年起，曾经的供应商骆启迪便停止了与"红孩子"的合作，却开始向京东、1 号店等平台供货，他的理由很简单，"在百分之十几的增长、百分之几百的增长，和原地踏步甚至是倒退之间，你会选哪一个？"

甚至，在竞争对手的脑海中，"红孩子"已经开始被淡忘了。一位竞争对手称："大家都不重视它，不带它玩了，它爱走哪儿走哪儿。"

在增长停滞的同时，对这家 VC 控股的创业公司来说，更致命的是，它的财务状况在不断恶化。李阳提供的数据是，2008 年"红孩子"营收 10 亿元，亏损 1000 万元；但 2009 至 2011 年，它的规模没有增长，亏损额却分别达到 8000 万元、1 亿元和 1.2 亿元。

而过去几年，红孩子共完成四轮融资，总额仅为 8000 万美元。相比京东的融资额，这几乎是个微不足道的数字。据公开数据，京东累计融资额已达 15 亿美元。

2010 年春节过后，"红孩子"曾有过一丝再次获得"输血"的希望。当时，老虎基金给国内三家电商公司开出投资意向书，包括"红孩子"、京东和凡客。但尽职调查之后，"老虎"选择了另外两家。"VC 投的是高速成长。"李阳认为，而那时候的"红孩子"，已经增长停滞甚至是开始衰退。

之后，徐沛欣一直在寻求新的融资，但这并不容易。在苏宁宣布接手"红孩子"之前，有传言称"'红孩子'账上已经没钱了"，所以又进行了一轮"流血融资"，估值只有几百万美元。邓锋能证实的是，"红孩子"在被并购前的确引入新一轮私募，北极光、NEA、凯旋创投以及徐沛欣个人都有参与，另外还有一个新的投资人，但股权比例变动不大。在这轮融资的投资条款中，"内容还涉及如果将来公司卖掉怎样分钱"。

101

卖掉"红孩子",或许早已是共识。前述"红孩子"VC 股东表示,中国现在的电子商务"完全看不见前景,而且需要很大的资金去养,必须做到一个相当大的规模,才可能出现所谓的规模效应"。从这个角度判断,他们认为,"红孩子"与一家大公司合并是更好的选择。邓锋也曾坦言:"目前整个电商烧钱很厉害,'红孩子'已经融了 8000 万美元,如果再往里补,要补多少?再补 8000 万?关键是,烧了钱还不知道结果会怎样,我觉得'红孩子'不能这样做。"

颇为戏剧性的是,让"红孩子"和苏宁结缘的,竟是徐沛欣力挺的、对"红孩子"来说"大而无当"的 SAP 系统。2012 年 7 月,苏宁易购宣布打造开放平台时,就曾找到"红孩子"谈合作,契合点之一就是,双方都用 SAP 系统。当然,双方最终业务合作未成,却打开了股权合作的大门。

在"红孩子"被苏宁收购之后,徐沛欣说,"我们两家还是挺有缘的","我们上 SAP 时还去苏宁学习过"。

六、分析点评

"红孩子"用了四年时间成为行业冠军,同样用了四年时间,"红孩子"成为了资本的弃儿。关于"红孩子"的没落,有人充满疑问:身处高成长的风口,还有资本的扶持,更有理想的团队,为什么落得个销声匿迹的结局?

有人归结为资本过多的干预,风头绑架了"红孩子",表面看来,这种猜测合情合理,毕竟投资人占到"红孩子"60%以上的股份,在"红孩子"董事会的 5 人中,投资代表占到 3 人。

但是,深究"红孩子"的败落,投资人的影响也只是起到了推波助澜的作用,并不意味着投资人可以决定"红孩子"的命运。

最致命的问题出在自 2007 年开始,"红孩子"创业团队走向了分崩离析,先是 2007 年郭涛离职,而后 2008 年李阳、王爽离开,2011 年杨涛离开。

特别是主要创始人李阳夫妇的离开,在"红孩子"内部引发更大的震动。李阳是"红孩子"的发起人,"红孩子"脱胎于李阳和王爽夫妇的母婴用品店。在夫妻俩经营商店时,李阳就建立了对母婴产品的理解,他是公司业务的灵魂。

而有投资经历的徐沛欣,视野比较开阔,擅长资本运作,如果与李阳能够强强联手,"红孩子"会有不一样的结局,"红孩子"发展之初也验证了这一点。

但当 2006 年"红孩子"完成第二轮融资后,徐沛欣担任 CEO,介入公司运营,在公司发展战略与文化上与李阳产生了重大分歧。

表面上看是意见分歧,本质上是徐沛欣已经不认李阳这个老大了,要自己

102

做老大。最终在资本的推动下，将李阳夫妇逐出公司。创业团队的瓦解往往是创业公司走向没落的开始！在公司发展过程中团队的合作团结比对错更重要，即使某项战略错了，执行过程中发现了，及时改正，还有机会。如果双方执拗于对错，把团队搞瓦解了，人心散了、队伍乱了，基本上公司就完了。

成也团队、败也团队，创业团队是创业公司的灵魂，创业失败的根本原因只有一条——团队不行！

推荐阅读

[1]　孙陶然，《创业36条军规》，中信出版社，2015年。
[2]　电影《中国合伙人》。

思考题

1. 为什么创业初期组建创业团队是创始人最重要的事情？
2. 创始人与创业团队成员以及团队成员之间的合作要遵循哪些基本原则？
3. 如果要组建一个创业团队，请列出您认为可以成为您团队成员的人有哪些，并分析他们在团队中各自适合的角色。

103

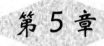

创业企业产品创新四步法

+ +

【学习目标】

➢ 掌握创业企业产品创新的四步法：需求挖掘、产品定位、技术创新、从样品走向量产；

➢ 掌握质量功能展开 QFD 方法的核心思想与流程方法；

➢ 了解颠覆性创新的四个特点和三种打法；

➢ 了解技术创新系统理论 TRIZ 的思想；

➢ 理解新产品从样品走向量产的路径。

104

+ +

5.1 抓住刚性需求是创业成功的不二法宝

创业过程就是抓住客户的刚性需求、潜在需求、强需求、真实需求、重复消费需求来开展工作，通过创业的产品与服务高质量地满足客户需求，从而实现创意到产品的商业化。

围绕客户需求开展创业产品的设计、制造、销售，客户的真实需求是一切创业产品与服务的起点。

2016 年 2 月 23 日，在巴塞罗那举行的一个小型恳谈会上，华为创始人任正非先生以最简单的语言概括华为逻辑："爹还是那个爹，娘还是那个娘。做企业就是要对得起客户，你给他们满意的产品，他们付钱养活你。华为走到今天，就是靠着对客户需求宗教般的信仰和敬畏，坚持把对客户的诚信做到极致。"

关于小公司的管理，任总更是简单明了："不要把管理复杂化了，小公司只有一条，就是诚信，没有其他。就是你对待客户要有宗教般的虔诚，就是把豆腐要好好磨，终有一天你会得到大家的认同。中小企业还想有方法、商道、思想，我说没有，你不要想得太复杂了。你就盯着客户，就有希望。就是要诚信，品牌的根本核心就是诚信。你只要诚信，终有一天客户会理解你的。"

任总道出了华为成功的重要秘诀：对客户需求宗教般的信仰和敬畏！

一、决定公司成败的是市场，决定产品成败的是需求

什么是需求？用户愿意花钱买的需要就是需求。需求的强弱、需求的频率决定了市场的大小，也决定了成功的概率，需求越强、需求频率越高的产品市场越大，产品成功的概率越高。

抓住客户需求，就是要思考清楚什么人在什么情况下要用我们的产品做什么，就是要抓住大多数人在大多数情况下都非用不可的需要，只有这样的需要才能成为刚性需求。

决定公司经营成败的是市场份额；而根本上决定市场份额的，不是营销而是产品；决定产品成败的是需求。

滴滴打车抓住了大城市出行问题这个高频次刚性需求开展创业产品的设计。首先在大城市出行问题是刚性需求，人人都要面对；其次，在打车平台出现之前，高峰时期打不到出租车是大家的长期痛点，而打出租车价格高是第二个痛点，因此滴滴打车围绕出行领域这个刚性需求的解决，完成了自己产品的设计。

滴滴打车软件拥有三大特点，一是无需拨打人工电话，打开手机就能看到周围行驶的出租车，对着手机说出所在位置及目的地就可以叫来出租车；二是可以即时看到要接你的司机的车牌、电话；三是组织大量社会车辆加入滴滴运行，在不增加出租车的情况下，盘活了社会资源，解决了仅仅依赖出租车造成的交通资源短缺问题。

滴滴打车 APP 改变了传统打车方式，建立了移动互联网时代下用户现代化的出行方式。相比传统电话召车与路边扬手招车来说，滴滴打车的诞生更是改变了传统打车市场的格局，颠覆了路边拦车的概念，利用移动互联网特点，把线上与线下相融合，从打车初始阶段到下车线上支付车费，画出一个乘客与司机紧密相连的 O2O 完美闭环，最大限度地优化了乘客打车体验，改变了传统出租车司机的等客方式，让司机师傅根据乘客目的地按意愿"接单"，节约司机与乘客沟通的成本，降低空驶率，最大化节省司乘双方的资源与时间。

从 2012 年 6 月 6 日北京小桔科技有限公司成立，经过 3 个月的准备与司机端的推广，9 月 9 日在北京上线；到 2014 年 3 月底，滴滴打车在全国已经突破 1 亿用户，日均订单量也突破了 521.83 万个，覆盖了包括北、上、广、

105

深等超过 178 个一二线城市，加入滴滴打车的司机也超过了 90 万人。2015 年 2 月 14 日，滴滴打车与快的打车联合发布声明，宣布两家实现战略合并，奠定了本土打车平台的霸主地位。滴滴能够在短短的三年时间实现从零到百亿美金估值的独角兽蜕变，其最核心的就是滴滴的产品满足了客户出行的需求与痛点，这个需求是刚性需求、真实需求、强需求、高频次需求，而之前出行领域的这个顽疾已经让大家倍感痛苦，大家对此造成的不便深恶痛绝，当滴滴用创新的产品、创新的思路、跨界整合的方式解决了这个问题时，大家义无反顾地选择了尝试，从尝试到信任，从信任到离不开，当滴滴已经成为了很多人出行生活的一部分时，这样的公司想不成功都难，正如滴滴广告词里所说：滴滴一下，马上出发。滴滴已经成为了新的出行方式的代名词。

二、创业者研发产品时要弄清楚的四个问题

对于创业者，当开始产品的研发时，自己要弄清楚几个问题：

(1) 哪些人需要我们的产品？也就是明确我们的客户是谁，客户对象越明确，产品成功的概率就越高，如果说地球人都需要你的产品，估计很难设计出靠谱的产品来。

(2) 客户用我们的产品干什么？也就是产品的使用状况、场景与目的，使用场景与状况越清楚，目标越明确，越能挖掘出产品设计的特点，产品获得客户认可的概率就越高。

(3) 我们的产品是否足够好？我们的产品在同行中处于什么位置？是领先者、跟随者还是创新型产品？知己知彼，才能百战不殆，不懂全球、全国、地区、行业的行情、现状，怎么能设计出满足客户需求的产品？

(4) 我们产品的价格客户是否可以接受？客户的需要变成需求，潜在需求变成刚性需求，刚性需求变成为高频次消费需求，产品的价格是很重要的决定性因素。因为每个客户群体的消费能力是由其收入水平决定的，当滴滴快车的价格远远低于出租车的价格，大部分的职场白领能够消费得起，便利程度又足够高时，滴滴就成为了很多职场白领的出行方式了。

如果以上四个问题我们都想清楚、弄明白了，那我们的产品应该没有问题了。剩下的就是营销的问题，是否能够找到一种方法把产品源源不断地卖出去。作为首次创业者，我们往往会对产品的研发重视，而对销售关注不够，认为自己的产品只要好，客户一定会买单，其实这种想法是错的。在如今一切商品皆

106

过剩的时代，酒香不怕巷子深的观念已经过时了，再好的产品找不到不可复制的营销方法同样不可能成功。

不论是做产品还是服务，其实服务也是一种无形的产品，我们都需要时刻明确我们的客户是谁。如果我们的产品是少数人偶尔才会用到的产品，趁早别做，因为这样的创业机会看似是机会，实则是陷阱。由于客户的这类需求是非刚性需求，客户本身对产品的期许也是不明确的，也不愿意在产品上花费太多的投入，会导致怎么做这个产品客户都不满意，怎么做都有人说出不同的意见，其实根本原因就是客户自己对这类非刚性需求也没有明确的概念。但是初次创业者最容易犯的一个错误就是对这类需求把握不准，把自己认为的需求当成客户的刚性需求来开发产品，导致创业失败。

三、"明黄一代"错在哪里

在互联网行业，一家公司的诞生和死去很难引起人们的注意，但这家公司无疑是个例外：它是曾经的新贵，高调诞生；它又一事无成，落魄到连域名都被拍卖。

1999 年，第一次互联网泡沫破灭的前夕，刚刚获得哈佛商学院 MBA 的唐海松创建了亿唐公司，其"梦幻团队"是由 5 个哈佛 MBA 和 2 个芝加哥大学 MBA 组成的。就在当年的 7 月 12 日，中华网在纳斯达克首发上市，这是在美国纳斯达克第一个上市的中国概念网络公司股。这个消息让很多在互联网黑夜里摸索前行的企业看到了一丝希望。而横空出世的亿唐和他梦幻般的团队似乎从一开始就藐视了这种暗夜潜行。

唐海松信奉的人才理念是"找人一定要高标准，考虑到机会成本和招人效率，应该只在名校找人"。因此，在发展初期，亿唐的员工有一半来自哈佛、芝加哥、匹兹堡、麻省、普林斯顿、复旦、清华等名牌院校，拥有在麦肯锡、普华永道、博雅等全球著名公司的工作经历。当时像亿唐这样聚合了众多从世界名校学成归来的精英的网络公司，国内找不出第二家。

有一篇文章曾这样形容亿唐的理想："当亿唐队的球迷们从睡梦中醒来，拧开亿唐牌的牙膏，用亿唐牌的牙刷刷完牙，倒上一杯亿唐牌的牛奶，走上亿唐网站，先看今天的亿唐新闻，再到亿唐本地指南中为晚上的聚会订好亿唐晚餐，然后穿上亿唐牌的牛仔服，蹬上亿唐牌的旅游鞋，骑着亿唐牌的自行车匆匆上路……" 这种在今天看来极度夸张、过于美好、略带嘲讽的描述，在当

107

时竟然的的确确是唐海松的创业理想。

1974 年出生的唐海松年仅 15 岁时即获得复旦大学激光物理学学士学位。从大学出来，因为不想继续搞物理专业，他当起了导游。这一段经历锻炼了他的口才。

唐海松创业方案中所描述的商业理想是：亿唐网不仅是一个网站，而且是一个辐射网上网下的强大品牌——它为被称为"明黄一代"的 18～35 岁之间的年轻人提供各种网上服务和网下的生活用品，是"通往中产阶级的一道门"。

"看到红色，人们会想到可口可乐；看到山德士上校，人们会想起肯德基。我希望几年之后，只要看到黄色，大家就会想起我们——亿唐。我们的宗旨在于把积极的生活态度、优雅的生活方式和紧密的社区精神带给新一代的中国人。"

这是唐海松曾经的豪言壮语。"明黄一代"成为中国互联网一个曾经最激动人心的梦想，使唐海松自己和众多亿唐人激动不已。

凭借诱人的创业梦想，唐海松 1999 年 5 月做商业计划，6 月即获得第一笔风险投资，7 月在上海开始筹备。到 11 月 1 日，拥有 2000 多个网页的亿唐网站就已经正式开通了。

接着，亿唐从两家著名美国风险投资 DFJ、SevinRosen 手中拿到两期共 5000 万美元左右的融资。直到今天，这也还是中国互联网领域数额最大的私募融资案例之一。与其他公司不同的是，由于起点高，资金充足，亿唐不必像许多小网站那样从二三十人做起，而是从一开始就很大气。这一度引得国内众多为钱发愁的网络公司的羡慕嫉妒恨。

108

如此，整个团队的优势、投资人的优势、出色的管理经验和技术上的强势使亿唐人深信成功就在不远处。

1999 年创立伊始，财大气粗的亿唐就开始在全国范围内快速"烧钱"。除了在北京、广州、深圳三地建立分公司外，亿唐还广招人手，在各地进行规模浩大的宣传造势活动。

2000 年，亿唐先后发起了"E 时代冲浪，送出十万年薪"、"亿唐漂流瓶"、"寻找 E 唐大使"、"E 时代情人节大派对"等一系列活动。与此同时，"今天你有否亿唐"的品牌广告语也迅速占领了全国各地的路牌和中央电视台的多个频道。

1999 年到 2000 年，亿唐仅在宣传方面的投入就高达 300 万美元，约合 2000 万元人民币。在那段疯狂烧钱的岁月里，唐海松及其领导的亿唐从网站到手表全都做，甚至投资 250 万元参与拍摄了 20 集电视连续剧《真情告白》的续集。更有传闻称亿唐在两个月里，就"烧"掉了 1 亿元人民币。

"那时候的想法是，先依靠网站做出品牌，然后利用品牌知名度发展时装、手表等时尚消费品，这些消费品反过来又会支持网站的发展，建立良性循环。"亿唐 COO 常东升在接受媒体采访时如是说。

很快，钱就不够烧了。当时，无论疯狂烧钱还是开源节流都被看作一种存在即合理。诸多互联网企业，谁也不知道谁玩的会更加契合互联网时代的游戏规则，心里难免发虚。但大多数玩家认可了一句口号，即"内容为王"。

但唐海松的心思并不在网站内容方面。他几乎把 80% 的精力放在"亿唐卡"身上——这种提供亿唐特约商户优惠的 VIP 购物卡，其实在当时并没有多少市场。

亿唐网内容贪大求全，毫无特色，几乎门户有的东西，亿唐当时都有。作为一个综合性网站，亿唐拥有亿唐主题、新闻报道、蝶女性网、亿唐校园、亿唐卡、职业直通车、财经纵横、亿唐房屋八个纵深频道。但除了邮箱等少数服务外，没有一样真正拿得出手的，互联网"一白遮百丑"的规则被视而不见。而就在当时，新浪的新闻、网易的聊天室、搜狐的搜索引擎都已形成不错的口碑。

残酷已经悄无声息地到来。

2000 年 4 月，纳斯达克股指暴跌，中国互联网业到了一个必须重新审视的阶段。2000 年底，无法赢利的亿唐开始恐慌——钱烧光了大半，第三笔融资几无可能。

2001 年 6 月，亿唐两度大规模裁员后，员工数从 120 人跌至 30 人，各个分公司也逐一解散。同时，亿唐网也放弃了黄灿灿的背景色调，改为绿色——黄色之前一直是亿唐的标志，象征着向上的"明黄一代"。这一举动也被视为亿唐人自身定位的全面动摇。

亿唐之后的发展几乎可以看作是垂死挣扎。2001 年到 2003 年，亿唐不断通过与专业公司合作，推出了手包、背包、安全套、内衣等生活用品，在线上线下同时发售，悄然尝试手机无线业务，帮网游"仙境"做官网，后来又转型做"一度"SNS Hompy，甚至有模有样地经营起一家模特经纪公司"火石"，在此期间还投资拍了一个校园电影《我的太阳》。诸如此类不断尝试，盲目拓展。

此后两年，依靠 SP 业务苟延残喘的亿唐，唯一能给网民留下印象的就是成为 CET 考试官方消息站，但由此而来的巨大人气并没有给亿唐带来好处。每年考试成绩公布之后，亿唐频频瘫痪的服务器总是引起网民一片怒骂。

1999 年至 2005 年，亿唐经历了不计其数的痛苦改版。从最早的包罗一切的门户"胃口"，到后来的全面收缩阵线，再到无数次的转移和失败，每一次变化都意味着公司内部的调整，而频繁调整的结果还是一事无成。大多数老员工早已黯然离去，剩下的年轻人则在苦熬青春，昔日的梦想早已磨灭殆尽。

亿唐经过 6 年的挣扎终于累了。到了 2006 年，在搜狐、百度、腾讯等大佬的荣光下，亿唐曾经花费重金打造的品牌几乎已被忘却，所剩下的东西已经十分有限，甚至只是躯壳。

2006 年 2 月 8 日，周鸿祎旗下的奇虎网收购了亿唐网。奇虎看中亿唐网的重要原因是亿唐网具有互联网站的各种资质，包括新闻转发证、ICP 和 SP 牌照等，而这些牌照是进入内容、SP 市场必须跨越的门槛。收购之后，奇虎网理所当然地获得了包括全网 SP 牌照在内的全部牌照。

2009 年 5 月，亿唐域名因不续费被拍卖，最终以 35 603 美元的价格成交。

一家曾经坐拥近 5000 万美元融资、品牌覆盖全国的互联网贵族，堕落至斯，实在让人匪夷所思。

亿唐错在何处?

首先，亿唐将客户定位在"明黄一代"是否合理? 这个"明黄一代"是创始人自己造出来的一个概念，在中国，这样的人数还没有形成一个棱角分明的阶层，面目模糊。

当时的中国，本身并不富裕，年轻人还没有进入到更高的收入阶层。这是美国与中国的一个不同之处，以美国为参照来看待中国，只能说明亿唐的投资方缺乏对中国应有的了解，唐海松本身缺乏对中国青年层应有的深入分析。这一阶层因正处于个性化最强时期而在需求上差异性很大，当客户对自身需求都不明晰时，实际是很难提供与这个群体契合的产品与资源的。

其次，作为创业公司的亿唐根本没有明确针对特定客户"明黄一代"提供什么类型的产品与服务，甚至没有分析过"明黄一代"当下最痛苦的是什么、他们最需要什么? 而是希望为"明黄一代"的 18~35 岁之间的年轻人提供各种网上服务和网下的生活用品，公司这个泛泛的定位就注定了无法为客户提供满足需求的产品与服务。

如果亿唐能够在锁定这个群体后，深入挖掘这个群体当下最突出的痛点与需求，比如就业需求、婚恋需求，因为 18~35 岁这个年龄段正是就业、变换职业最频繁，解决婚恋问题最突出的年龄段，如果能够选准这个群体的某一个需求深入做下去，也许亿唐真的可以成功。同时期在上海创业的针对就业服务的"前程无忧"(51job)，以及 2003 年成立的针对婚恋的"世纪佳缘"都获得了巨大的成功，其实"前程无忧"和"世纪佳缘"的客户群体与亿唐定位的客户群体的重合度是非常高的。

"前程无忧"(51job)与亿唐成立时间同为 1999 年，前程无忧的客户群体大部分也是 18~35 岁这个年龄段，由于其锁定在就业这个垂直领域，而就业是这个群体的刚性消费，再加上"前程无忧"集合了传统媒体、网络媒体及先进的信息技术，以及一支经验丰富的专业顾问队伍，2004 年 9 月，"前程无忧"成为第一个在美国纳斯达克上市的中国人力资源服务企业，是中国最具影响力的人力资源服务供应商之一。

　　2003 年 10 月 8 日，复旦大学新闻学院研二女生龚海燕看到身边很多高学历的同学、朋友由于工作学习忙，而没有找到理想的爱人，因此创办了"世纪佳缘"。截至 2011 年 4 月，"世纪佳缘"拥有会员 4000 多万。同时"世纪佳缘"也是新浪交友、MSN 佳缘交友的合作伙伴，创始人龚海燕也被网民誉为"网络红娘第一人"。2011 年 5 月 11 日，"世纪佳缘"(Nasdaq：DATE)在美国纳斯达克挂牌上市，最高融资 8520 万美元，成为国内婚恋网站的上市首例，同时也是在纳斯达克上市的全球首个婚恋网站。

图 5.1　"世纪佳缘"创始人龚海燕

　　所以，创业过程就是抓住客户的刚性需求、潜在需求、强需求、真实需求、重复消费需求开展工作，通过创业的产品与服务来高质量地满足客户需求，从而实现创意到产品的商业化过程。这个过程一定要做到从客户的需求出发，而不是从创业者自己臆想的需求出发！

5.2　客户需求驱动的产品开发与定位方法——QFD

　　产品开发的实现是基于客户需求的，而不是研发者自己想象的。对于初创型公司有没有一套简单而又系统的流程方法来保证产品的开发是基于客户需求的?

其实业界已经有了这样一套将客户需求转化成产品特性的理论与方法,那就是起源于日本的 QFD 方法,QFD(Quality Function Deployment)称为质量功能展开,也称质量功能配置、质量机能展开。质量功能展开是一种在设计阶段应用的系统方法,它采用一定的流程与方法,保证将来自顾客或市场的需求准确无误地转化到产品生命周期的每个阶段的技术和措施中去。

一、什么是质量功能展开(QFD)

质量功能展开(QFD)是从保证产品质量的角度出发,通过一定的市场调查方法获取客户需求,并采用矩阵图解法,将顾客需求的实现过程分解到产品开发的各个过程和各职能部门中去,通过协调各部门的工作以保证最终产品的质量,使得设计与制造的产品能够真正满足客户需求。因此质量功能展开的整个开发过程是以满足客户需求为出发点,各个阶段的质量屋的输入和输出都是客户需求驱动的,以此最大限度地保证满足客户需求。

质量功能展开(QFD)由赤尾洋二和水野滋两位日本教授于上个世纪七十年代作为一项质量管理系统提出来的,目的是为了设计、生产出充分满足顾客需求的产品和服务。在产品或服务的开发过程中,公司要聆听"顾客的声音"。赤尾洋二、水野滋以及其他一些日本质量管理专家已经开发了一系列 QFD 配套管理工具,使之成为质量管理和保证顾客满意度的综合系统。

QFD 方法体现了以市场为导向,以客户需求为产品开发唯一依据的指导思想。在健壮设计的方法体系中,质量功能展开技术占有举足轻重的地位,它是开展质量策划的先导步骤,可以确定产品研制的关键环节、关键的零部件和关键工艺,从而为稳健性优化设计的具体实施指出了方向,确定了对象。它使产品的全部研制活动与满足顾客的要求紧密联系,从而增强了产品的市场竞争能力,保证产品开发一次成功。

质量功能展开(QFD)是一种系统性的决策技术,在设计阶段,它可保证将顾客的要求准确无误地转换成产品定义(具有的功能、实现功能的机构和零件的形状、尺寸、公差等);在生产准备阶段,它可以保证将反映顾客要求的产品定义准确无误地转换为产品制造工艺过程;在生产加工阶段,它可以保证制造出的产品完全满足顾客的需求。在正确应用的前提下,质量功能展开技术可以保证在整个产品寿命周期中,顾客的要求不会被曲解,也可以避免出现不必要的冗余功能,还可以使产品的工程修改减至最少,也可以减少使用过程中的维修和运行消耗,

112

追求零件的均衡寿命和再生回收。正是由于这些特点,质量功能展开真正可以使制造者以最短的时间、最低的成本生产出功能上满足顾客要求的高质量产品。

二、QFD 的主要作用体现在哪些方面

(一) QFD 有助于企业正确把握顾客的需求

QFD 是一种简单的、合乎逻辑的方法,它包含一套矩阵,这些矩阵有助于确定顾客的需求特征,以便于更好地满足和开拓市场,也有助于决定公司是否有力量成功地开拓这些市场。

(二) QFD 有助于优选方案

在实施 QFD 的整个阶段,人人都能按照顾客的要求评价方案。即使在生产加工阶段,包括生产设备的选用,所有的决定都是以最大程度地满足顾客要求为基础的。当作出一个决定后,该决定必须是有利于顾客的,而不是工程技术部门或生产部门,顾客的观点是置于各部门的偏爱之上的。QFD 方法是建立在产品和服务应该按照顾客要求进行设计的观念基础之上的,所以顾客是整个过程中最重要的环节。

(三) QFD 有利于打破组织机构中部门间的功能障碍

QFD 主要是由不同专业,不同观点的人来实施的,所以它是解决复杂、多方面业务问题的最好方法。但是实施 QFD 要求有献身和勤奋精神,要有坚强的领导集体和一心一意的成员,QFD 要求并勉励使用具有多种专业知识的小组,从而为打破功能障碍、改善相互交流提供了合理的方法。

(四) QFD 容易激发员工们的工作热情

实施 QFD,打破了不同部门间的隔阂,会使员工感到心满意足,因为他们更愿意在和谐的气氛中工作,而不是在矛盾的气氛中工作。另外,当他们看到成功和高质量的产品后,他们会感到自豪并愿意献身于公司。

(五) QFD 能够更有效地开发产品,提高产品质量和可信度,更大程度地满足顾客要求

实施质量功能展开后,企业收到的效益是巨大的。日本丰田公司应用质量功能展开技术后,从 1979 年 10 月到 1984 年 4 月间,开发新的集装箱车辆费

113

用累积降低 61%，产品开发周期减少 1/3，而质量有较大的提高。采用 QFD 的日本本田公司和丰田公司已经能够以每三年半时间投放一项新产品。与此相比，美国汽车公司却需要 5 年时间才能够把一项新产品推向市场。

三、QFD 方法的核心——质量屋(House of Quality)

QFD 是一种并行开发的思想，是产品开发和质量保证的一种方法论。QFD 通过应用一系列的图表和矩阵来完成，矩阵展开图表的形状如一座房屋。这座房屋的建造将使顾客得到最满意的产品及服务，称之为质量屋(The House of Quality)。质量屋是建立 QFD 系统的基础核心工具，是 QFD 方法的精髓。

典型的质量屋构成的框架形式和分析求解方法不仅可以用于新产品的开发过程，而且可以灵活运用于工程实际的局部过程，例如可以单独应用于产品的规划设计或生产工艺设计等。采用 QFD 方法将客户需求转换成产品特性的过程，就是围绕客户需求构建质量屋的过程。

质量屋的结构图如图 5.2 所示，主要组成部分为：顾客需求、产品工程特性、顾客需求与产品工程特性关系矩阵、工程特性关系矩阵、顾客需求重要度、计划矩阵、目标值。质量屋结构的项目多少和复杂程度应根据实际情况进行增减。

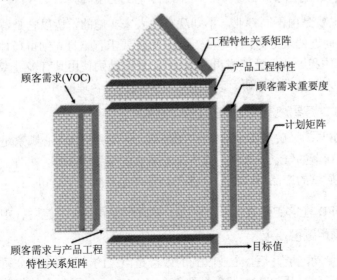

图 5.2　QFD 的核心质量屋(The House of Quality)

(一) 顾客需求

为满足顾客需求这一目标，必须分析出顾客需求的各项特性要求，并以顾客需求的重要度对各项需求特性进行定量的描述。应对顾客的需求根据实际情况进行尽可能详细的分析研究，对顾客需求"什么"的细化，有利于在工程中定量地确定"如何"满足顾客需求。

顾客需求可分为四个等级，以汽车车门操作性能良好这个需求为例，顾客需求的分层情况如图 5.3 所示。一级是总体的要求，二级是一级的细化，三级是二级的细化，四级是三级的细化。顾客需求的分层数量的多少应根据具体情况而确定。顾客的需求不仅指最终使用者或消费者，也包括中间用户，如下一道工序是上一道工序的用户，装配部门是制造部门的用户等。总之，需方就是供方的用户。

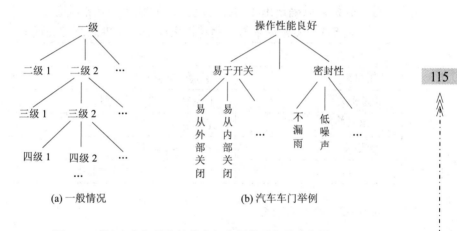

(a) 一般情况　　　　　　　(b) 汽车车门举例

图 5.3　以汽车车门操作性能良好为例的顾客需求分层

(二) 产品工程特性

应将顾客需求转化为定量的工程特性。工程特性必须用工程的语言，也就是用生产过程中有关人员都懂的、明确的、无二义性的方法来描述产品的特性，这些方法可以是图、表、技术说明等。

工程特性应由专业人员根据专业知识确定。工程特性应尽可能详细，工程特性的细化对保证工作的顺利进行有帮助。工程特性可分为四个等级，工程特性分层数量及细化程度应根据具体情况而确定，如图 5.4 所示。

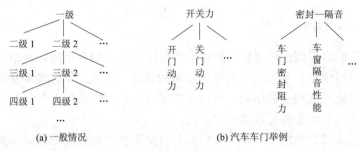

图 5.4　工程特性分层

(三) 顾客需求与产品工程特性关系矩阵

关系矩阵是用来表明顾客需求和工程特性之间的关系的。顾客需要"什么",工程技术"如何"保证,就是由关系矩阵将二者联系起来并对其中的影响程度进行分析,以确定出相关的程度。相关程度判定准则见表 5-1 所示。

表 5-1　顾客需求与工程特性之间的相关性质及相关程度

相关性质	符号	相 关 程 度
正相关	○	相互叠加的作用
强正相关	◎	很强的相互叠加的作用
空		无关系
负相关	×	相互削弱的作用
强负相关	#	很强的相互削弱和抵消的作用

(四) 工程特性关系矩阵

图 5.2 中屋顶所示的三角形相关矩阵表示工程特性之间的相互关系,其判定依据是专业理论及经验。相关矩阵包含了许多对工程设计有重要影响的信息,因为在设计时,应考虑各工程特性对满足顾客需求的影响的程度大小,以确定合理的设计方案。相关判定参见表 5-1。

通过相关矩阵可识别特性间的相互关系,以便在优化设计时考虑和权衡,达到多指标同时优化的目的。

(五) 顾客需求重要度

顾客需求重要度可根据实际情况安排适当的等级,表 5-2 所示的是一种确定顾客需求重要度的方法。

表 5-2　顾客需求重要度

顾客需求性质	顾客需求重要度
不影响功能实现的需求	1
不影响主要功能实现的需求	2
比较重要的影响功能实现的需求	3
重要的影响功能实现的需求	4
基本的、涉及安全的、特别重要的需求	5

(六) 目标值(工程特性指标及重要度)

质量屋的地板表示各项工程特性所应达到的具体指标,及各项工程特性的重要程度。工程特性的重要程度应按顾客需求的重要度及与工程特性的相关程度而确定。

(七) 市场竞争能力评估

市场竞争能力评估用来分析本产品与竞争对手的 A 产品、B 产品等的竞争能力。分别按不同产品对顾客需求的满足程度,并以市场竞争能力指数表示竞争对手之间的相对位置与差距,为公司的质量决策提供依据。市场竞争能力评估的资料来源于市场调查及其他方法所得到的一切有关信息。分析产品的市场竞争能力情况,是为了更好地了解市场的竞争情况,调整本公司的产品,以更强的竞争力进入市场。评价准则可根据实际情况进行调整和变更,可参见表 5-3。

表 5-3　市场竞争能力评价准则

市场竞争能力	市场竞争情况分析
5	可参与国际市场竞争,并可占有一定的国际市场份额
4	在国内市场占有优势
3	在国内市场竞争能力一般
2	在国内市场竞争力不强,市场占有率呈下降趋势
1	产品滞销

通过对比本公司的市场竞争能力与对手的市场竞争能力,了解本公司产品的竞争实力,采取适当的措施,以增强产品在市场上的竞争能力。

(八) 技术竞争能力评估

技术竞争能力评估表明本产品以及竞争对手的 A 产品、B 产品等在产品技

117

术水平上的差距，并以技术竞争能力指数表明与竞争对手之间的技术水平的相对位置及差距，为本公司的技术分析及技术决策提供依据。评估资料来源于各种试验、检测数据、评审结果及其他与之有关的所有信息。

评估方法如下：确定每一工程特性的技术水平并进行评价，评价准则可参照表 5-4。分析计算所得的有关数据，分析本产品的技术竞争能力的情况，以利于更好地提高产品的竞争能力。

表 5-4　技术能力评价准则

技术竞争能力	技术能力情况分析
5	国际先进水平
4	国内先进水平
3	行业先进水平
2	技术水平一般
1	技术水平很低

基于 QFD 的产品研发方法是一套系统的工程方法，大家可以根据本章推荐的阅读书目全面学习、掌握。图 5.5 所示为按照 QFD 方法完成的冰箱产品质量规划质量屋。

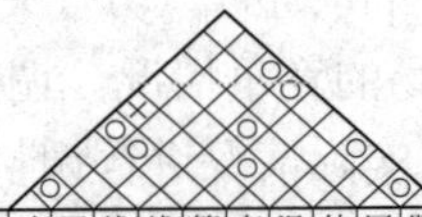

技术需求 / 顾客需求	功耗	压缩机性能	线管材质	线管排布	箱体绝热性	有效容积	温控器	外形	网络覆盖率	服务响应时间	重要度	本公司竞争性	A公司竞争性	B公司竞争性	C公司竞争性	计划质量	水平上升率	产品特征点	绝对重要度	相对重要度
省电	◎	◎	○		○						3	4	4	4	4	4	1		3	3.7
噪音低		◎		△							4	4	3	5	4	5	1.3	○	10.4	12.9
容积大						◎					4	3	4	5	3	5	1.7	◎	20.4	25.4
杀菌能力强			◎								3	3	3	4	4	4	1.3	○	7.8	9.7
调温精确		◎	○				◎				3	4	4	4	4	4	1		3	3.7
制冷快	△	◎			○						3	4	4	4	3	4	1		3	3.7
安全		◎	◎	○			△				4	4	4	4	4	4	1		4	5.0
寿命长		◎	◎	◎			○				2	4	4	4	5	5	1.3	○	5.2	6.5
可靠		◎	◎	◎			◎		△		4	4	4	4	4	4	1		4	5.0
外形美观								◎			3	4	4	5	5	5	1.3	○	7.8	9.7
清洗容易			○	◎							4	4	3	4	4	4	1		4	5.0
维修方便									◎	○	3	3	3	3	3	4	1.3	○	7.8	9.7
技术需求重要度	14.8	121.5	107	72.4	14.8	76.2	44.1	29.1	34.1	19.4										
本公司技术评估	4	3	4	3	5	3	3	4	3	3										
A公司技术评估	4	3	4	3	4	4	4	4	3	3										
B公司技术评估	4	4	4	3	5	5	3	5	3	3										
C公司技术评估	5	3	4	3	4	3	3	5	3	3										
质量设计目标值	改良	改良	不变	不变	不变	300L	改良	改良	提高	迅速										

图 5.5　冰箱产品质量规划质量屋

5.3　创新是创业公司的生存之道

世界上没有一个伟大的公司可以依靠模仿、抄袭别人成功，即使是初创企业也很难通过模仿获得成功，创新才是创业公司的生存之道。很多创业者认为要等到公司大了再创新，小公司生存压力很大，应先通过模仿或者抄袭活下来再说，其实错了。因为模仿或者抄袭并不能帮助你生存下来，除非你去做假冒伪劣。

大的公司有用户基础、有品牌知名度、有资金实力，作为后来者如果靠抄袭或模仿已有的产品，用户凭什么相信你？但大公司规模大、层级多，对市场的反应速度慢，对新的需求反应不敏感，俗话说船大难掉头。而创业型公司就像小舢板，反应机敏、动作灵活、决策流程短，可以大胆创新，快速响应市场，因此创新是创业公司的生存之道，创新是上天留给小公司的"撒手锏"。作为后来者，只有创新才能生存、超越别人。

福特公司创始人亨利·福特曾经说过："不创新，就灭亡"。

企业创新横跨在技术和经济两个领域之中，创新包括引入新产品、提供产品的新质量、采用新的生产方法、开辟新的市场、获得一种原料或半成品的新的供给来源、实现新的商业模式、组织形式变革等。

119

一、聆听是 vivo Smart 创新的核心

2016 年 5 月 10 日市场调研公司 Strategy Analytics 发布最新数据，2016 年的首个季度，中国智能手机发货量约为 1.049 亿部，占到了第一季度全球智能手机销量 3.346 亿部的 1/3。有意思的是，中国手机市场前五名多数都是国产手机，排名第一的是华为，出货量为 1660 万部；第二为 OPPO，出货量为 1320 万部；小米和 vivo 分居第三、第四，和第二的 OPPO 相比差距不大；而苹果则下滑到了第五，出货量为 1150 万部。一个低调的公司 vivo 进入了大家的视野，vivo 是谁？

2014 年 12 月 10 日，vivo 在深圳举行过一场题为"坚守本分，勿忘初心"2014 品牌分享会，vivo 创始人、总裁兼首席执行官沈炜、高级副总裁兼首席运营官胡柏山、副总裁兼首席市场官冯磊、副总裁兼首席销售官倪旭东、副总裁兼首席技术官施玉坚等五位高管，首次共同分享了 vivo 的企业文化和价值

观，以及 vivo 健康发展背后的商业逻辑。

图 5.6　vivo 公司的五位创始人

自 2011 年发布第一款产品，vivo 在 Hi-Fi&Smart 的差异化道路上发展出一套独特的"vivo 模式"。

vivo 创始人、总裁兼首席执行官沈炜说，vivo 的成功归因于 vivo 言行一致地践行"本分"的企业文化和价值观。所谓"本分"，即平常心(抛开事物表面的干扰，如困难、压力、诱惑等，尤其是在需要付出代价的时候)，坚持凡事回归事物本原的思考，坚持做正确的事和力求把事情做正确。

对于 vivo，兼顾处理好消费者、员工、商业合作伙伴和股东四大利益相关者的关系，是企业健康长久的基石。企业与企业的不同，归根到底就是企业文化和价值观的不同。对于未来，他认为，vivo 将继续坚持本分的企业文化，坚持"敢于追求极致，持续创造惊喜"的品牌精神，努力将 vivo 打造成为一个伟大的品牌和健康长久的世界一流企业。

回顾历程，vivo 在创立之初经过大量的消费者洞察，发现年轻消费者在手机使用上，听音乐是其重要的使用行为，而当时安卓系统鲜有对高品质音乐的解决方案，因此 vivo 决定围绕年轻群体这一需求，以 Hi-Fi&Smart 的差异化进入市场，专注于 Hi-Fi 差异化市场，从这个看似"小而美"的差异化细分市场切入，在手机行业开辟出一个新领域。

关于品牌，冯磊还提到"目标消费者在哪里，vivo 的沟通就要到哪里"。面对年轻的互联网新生代，特别是追求乐趣、活力、时尚的 85 后、90 后，vivo 拥有一支有敏锐嗅觉的团队，倾听他们的声音，把握他们的变化。vivo 在聚焦、整合的沟通和媒介组合中，始终坚持以产品为核心，专注目标消费群所关注的热点和内容，聚焦整合，和年轻人迅速拉近距离，乐享极智。

在渠道销售上，vivo 则把"本分"的价值观归纳为在"为消费者提供一致服务和体验"的本质层面进行思考，竭力打造与消费者全方位无缝对接的"O2O全渠道体系"。在 vivo 看来，在移动互联网时代，很多消费、体验场景已经分不清楚线上和线下，可以在全渠道交叉进行。购买交易只是渠道建设的一个出发点，品牌更需要思考如何"和消费者建立信任关系"。

"不做独立电商品牌，并不意味着 vivo 不全面拥抱电商。"早在 2012 年，vivo 已经成立专门电商团队，近年来也是探索电商营销新手段最积极的手机厂商之一，例如 2014 年大热的微信支付，vivo 是手机界中第二家拿到微信微支付权限的品牌，并在微信平台上进行了 Xplay 3S 的首销，成为微信支付的一个里程碑事件。

为了达到互联网与消费者无缝对接效果，vivo 通过 O2O 团队和 SCRM(基于社交的用户关系管理体系)等，把 vivo 的线上渠道、社会渠道、服务中心、大型体验中心、专卖店等整合为以消费者为核心的全渠道体系。

vivo 高管指出，vivo 的发展成果是把"本分"落实到产品研发与供应链管理的最直接体现。如首席运营官胡柏山讲述，较强研发和趋势判断能力，让vivo 在成立之初成功地"把 Hi-Fi 这一小众需求转化为大众的市场"。

"完整强大的供应链体系和研发能力，今天已经成为 vivo 发展的核心优势之一"，如与供应商合作伙伴的互利共赢，对供应商严格准时的付款原则等，vivo 都站在"本分"的角度去思考，赢得了众多供应商伙伴的认同与支持。vivo在供应链的布局，配合自有的工业生产与制造系统，保证了 vivo 不断增长的市场需求。

首席技术官施玉坚强调，一切设计都要"随时聆听消费者的需求"。如今，用户量已经接近 3000 万的 Fun-touch OS，是由众多工程师、设计师与大量用户粉丝反复打磨出来的精品，一切"回归本质，从轻出发"，为用户带来简约、乐趣、智慧的交互体验。

vivo 的 Smart 是指让科技理解人，让人机交互充满惊喜和愉悦的用户体验。vivo 首创了众多智能体感功能，包括双击亮屏、SmartWake、单手模式、访客模式等；又如极致拍摄方面的 OIS 光学防抖、F1.8 大光圈、急速对焦的闭环马达等，解决了消费者在暗环境、快速对焦以及抖动等痛点。

"聆听是 vivo Smart 创新的核心"，施玉坚表示，vivo 拥有专门的消费者洞察和调研团队，捕捉消费者核心需求。同时，vivo 还通过微信、微博、论坛等官方沟通平台，以及手机中定制的反馈系统，从用户反馈意见中摘取建议和

121

意见，持续改善。

回顾 vivo 的成长之路，不难看出，vivo 的团队在以一颗平常心做好产品的同时，围绕年轻的互联网新生代，特别是追求乐趣、活力、时尚的 85 后、90 后对智能手机的独特需求，从差异化设计作为产品创新的切入点，在品牌建设、渠道销售、研发与供应链上全面创新，不忘产品的本质和创业的初心，一步一个脚印快步走向了智能手机行业的前列。正如首席技术官施玉坚强调，"聆听是 vivo Smart 创新的核心"，而围绕产品的系统的创新则是 vivo 作为智能手机领域的后来者能够成功的必由之路。

二、用最新的技术解决最传统行业的新痛点

中国饮茶的历史非常悠久，茶圣陆羽根据《神农食经》"茶茗久服，令人有力悦志"的记载，认为饮茶始于神农时代，"茶之为饮，发乎神农氏"（《茶经·六之饮》）。然而《神农食经》据今人考证成书在汉代以后，茶饮用始于上古原始社会只是传说，不是信史。

中国饮茶始于西汉有史可据，但在西汉时期，中国只有四川一带饮茶，西汉对茶作过记录的司马相如、王褒、杨雄均是四川人。两汉时期，茶作为四川的特产，通过进贡的渠道，首先传到京都长安，并逐渐向当时的政治、经济、文化中心陕西、河南等北方地区传播；另一方面，四川的饮茶风尚沿水路顺长江而传播到长江中下游地区。从西汉直到三国时期，在巴蜀之外，茶是供上层社会享用的珍稀之品，饮茶限于王公朝士，民间可能很少饮茶。

宋承唐代饮茶之风，日益普及。宋吴自牧《梦粱录》卷十六"鲞铺"载："盖人家每日不可阙者，柴米油盐酱醋茶"。自宋代始，茶就成为"开门七件事"之一。宋徽宗赵佶《大观茶论》序云：缙绅之士，韦布之流，沐浴膏泽，薰陶德化，盛以雅尚相推，从事茗饮。顾近岁以来，采择之精，制作之工，品第之胜，烹点之妙，莫不盛早其极。

20 世纪 80 年代，随着经济发展和人民生活水平的不断提高，饮茶变得越来越普及，追求高档、讲究养生、关注健康成为越来越多茶人的追求。普洱熟茶就是在这样的背景下成为了茶叶圈里的"新宠"。因为普洱熟茶性情温和、祛湿养胃、滋味纯厚，具有较显著的保健功效，近年来越来越多的茶人喜欢上了普洱熟茶。

追溯其发展历史，其实普洱熟茶也是顺应市场需求创新发展的产物。说到

122

普洱熟茶，就不得不提到普洱茶人工后发酵技术的发明者——(原)中国茶叶公司广东分公司，(今)广东茶叶进出口公司。它是中华人民共和国建国后出口普洱茶、红茶到海外市场的唯一指定口岸公司。在长达半个多世纪的岁月沉淀中，其不仅积累了纯熟的制茶工艺，更以其普洱茶人工后发酵技术(即普洱茶熟茶制茶工艺)这一创举在世界茶史上书写下了浓墨重彩的一笔。

1949 年新中国诞生了，刚刚饱受战争洗礼的中华大地百废待兴，各行各业的发展都离不开基础建设、离不开机器设备，对于工业基础几乎为零的新中国，国家建设需要的机械设备需要大量进口。急需外汇成了国家发展之需。茶叶，自然而然地走进了党和国家领导人的视野中：用茶叶出口换取外汇支持新中国的建设。1950 年成立了中国茶叶公司。1952 年，担当着历史责任、受命于危难之际的广东茶叶进出口公司的前身"中国茶叶公司广东分公司"在南粤大地广州诞生了。

早在上世纪五十年代，随着出口业务的发展与壮大，普洱茶海外市场产生的需求颇为强劲：由于普洱茶属于大叶种晒青绿茶，有其独特的后陈化特质，当生茶放置足够年份后，在陈化(氧化)作用下，茶性寒，苦涩减弱，滋味醇和，具有较显著的养胃促消化的功效，别有风味，因此深受港澳台以及东南亚华人的喜爱。为了满足港澳台地区及东南亚各国普洱茶爱好者的喜好，为了进一步扩大出口市场，于是在 1955 年，广东茶叶进出口公司的前身中国茶叶公司广东分公司组织技术精英，成立普洱茶后发酵技术攻关小组进行加速普洱茶陈化的新工艺技术研究。

中国茶叶公司广东分公司的前辈们通过对晒青毛茶润水、渥堆等一系列新工艺试验，使普洱茶加快后发酵，缩短其熟化醇化时间，研究、试验、确定了渥堆的温度、湿度、时间等工艺参数，经过两年时间的无数次反复试验与验证，终于于 1957 年成功研制出一项完整的"人工加速普洱茶后发酵加工工艺技术"(此项技术在当时曾被列入国家二级保密技术)，并生产出第一批人工加速后发酵的普洱茶，即普洱熟茶，并于 1958 年开始批量生产，出口行销至港澳地区以及东南亚市场。

至此标志着：中国普洱茶开创了一个新的历史时代——普洱茶熟茶时代，同时也奠定了在世界茶史中的普洱茶人工后发酵加工工艺(即普洱茶熟茶制茶工艺)的始创地位。也因此，使钟情于普洱茶的消费者得以及时品饮到陈香味醇的普洱熟茶。

目前在普洱茶老茶市场上众所周知、广为追捧的"五八广云贡饼"就是这一历史的见证(图 5.7)。

123

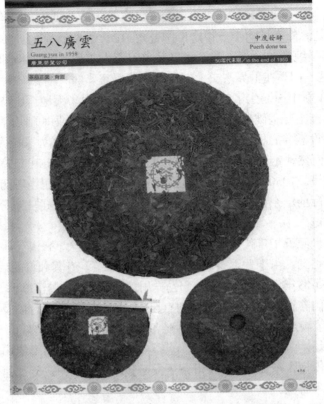

图 5.7　中国普洱茶熟茶的活化石"五八广云贡"

　　近十多年来，随着普洱茶消费在国内市场的飞速发展，越来越多的茶友钟情于普洱茶的历史，偏好普洱茶在岁月中后陈化的口感与功效。"广云贡饼"老茶因为市场稀缺而受到追捧，在海内外的拍卖行中屡次出现"广云贡饼"的身影，价格也逐年攀升、屡创新高。例如，2010 年在杭州西泠印社的老茶拍卖会上，广云贡饼曾创造过套饼(50～90 年代广云贡饼共计有 5 饼样品)价格超十万人民币的成交记录；而在 2016 年 12 月杭州西泠印社的老茶拍卖会上 60 年代出品的"广云贡饼"单饼成交价格为 41400 元。类似案例举不胜举，也正是因此，越来越多的普洱茶茶人对"广云贡饼"这个名字耳熟能详，同时也对它的身世和背景产生了浓厚的兴趣，引起各界猜测与传闻。

　　从尊重历史、还原历史的严格意义上来讲，传说中的"广云贡饼"是指：从 20 世纪 50 年代末起至 90 年代末止，从广东茶叶进出口有限公司的前身即中国茶叶公司广东分公司以及中国土产畜产进出口公司广东省分公司出口的普洱茶茶品的统一称呼。起初，这是普洱茶消费者对广茶所出品的普洱茶茶品的一种爱称与赞誉。

如果说普洱茶能喝出历史的沧桑，那么毋庸置疑应该提及的是广东茶叶进出口公司出品的"广云贡饼"，但如果只是让其停留在人们口头的传说中，而非现实中所见所品，那么长久以往，广式普洱"广云贡饼"只能成为历史文献，停留在教科书上、停留在历史中，随着岁月的流逝，渐渐被茶人所遗忘。

此时的广东茶叶金帆发展有限公司作为广云贡品牌的所有人和技术传承者，有了一种前所未有的紧迫感与历史使命感，怎样面对"广云贡饼"的历史与未来？怎样让历史与现代结合、创新？这一课题摆在了金帆人的面前。

面对公司多年以来的历史传承与技术积累，金帆人有压力；面对国内众多爱茶人的殷殷期盼，金帆人又有动力。从 2005 年起至 2016 年的 11 年的寒来暑往中，"金帆人"夜以继日、不负历史重托地开展了其广云贡新的创业历程，开启了新历史时期下的"广云贡饼"的继承与创新征程。

他们多次研发历史产品，保留其所原有的风格与韵味，结合国内市场对产品品质的要求，对原料选用及工艺技术在传统的基础上大幅提升，从而非常完美地承袭了传统风格与韵味，但又在原有的品质基础上，对用料进行了飞跃性的提升，从而形成今天我们所体会到的"广云贡饼"所特有的滑度、厚度、劲度、体感，以及其独具的"广韵陈香"味，不愧为十年磨一剑的工匠精神的具体体现！

125

图 5.8　重新复牌后的"广云贡"牌广云贡饼

广云贡虽然做出来了，但是一个新的难题摆在了金帆人的面前，随着近几年市场对普洱茶的追捧，各种以次充好、假冒伪劣的老茶、天价茶充斥市场，由于广大消费者没有专业知识，无法靠自己的观察准确判断茶叶的真假，也无法知晓茶叶的来源信息，假冒伪劣的茶叶严重伤害了茶人的健康，也损害了品牌茶商的利益，损害了整个茶叶界的声誉，使茶叶食品安全陷入了危机。因此要保证广云贡这一高端品牌产品不被假茶冒充，就需要建立一个可靠的茶叶防伪追溯系统，为每一饼广云贡装上"身份证"，让做假者无处遁逃。

金帆人在顾问老师的指导下，与国内从事物联网创新产品研发的深圳市凯利华物联科技有限公司的技术人员就广云贡的防伪溯源这一课题进行了多次深入的探讨与交流，制定了多种设计方案，最后确定了以标签物理防伪、RFID芯片防伪和编码厂家数据库查询组成的三级综合防伪系统，其中芯片防伪验证可以采用 NFC 手机读取，方便消费者随时随地进行验证，也可以用扫枪读取，方便厂家和代理商的库存管理。

应用 RFID 及物联网最新技术解决最传统行业的新痛点是传统与现代的结合，溯源系统的建立，可实现广云贡饼从生产、物流、配送到储存、交易等各环节全程信息的跟踪管理，保证市场上的每一饼广云贡都有唯一的标识。广云贡饼一直是茶叶收藏市场的宠儿，有了唯一的身份证，茶叶收藏、交易过程可以随时随地查询、鉴别广云贡的真伪，从而解决了高端收藏普洱茶防伪的痛点。

126

图 5.9　广云贡饼 RFID 防伪标签

深圳市凯利华物联科技有限公司是 2017 年成立的一家高新技术创业公司，公司聚焦在物联网技术的创新应用上，解决了众多行业的痛点问题，除了针对茶行业的防伪溯源产品，他们响应国家对冷链物流信息化和智能化发展的需求，研发推出了全球首款全流程记录的具备 NFC 通讯功能的超薄温感标签，该款超薄温感标签具备精度高、记录准确、数据量大、操作方便、轻薄易携带的特点。该温感标签以温度数据记载、存储、监控为目的，可广泛适用于疫苗、血浆、试剂、冷鲜食品、乳品、低温药品等各行各业的不同需求，为解决困扰冷链行业温度记录"断链"的行业难题提供了解决方案；独特的 NFC 数据读取功能，操作极为方便，一卡在手，断链无忧。2018 年该产品获得了深圳市电子商会第三届蓝点奖创新产品奖和第二十届中国国际高新技术成果交易会(高交会)优秀产品奖。下一步深圳市凯利华物联科技有限公司正在针对普洱茶、黑茶等收藏类茶叶仓储过程的温湿度全程监控进行研发，不仅让每一饼茶有身份证，还要保证在长期仓储过程的温湿度处于最佳状态，因为对于普洱茶、黑茶来说良好的仓储是产品生产的最后一道工序，也是保证茶叶后陈化效果的必要条件。

如今新技术层出不穷，最新的前沿技术与传统行业应用的结合则是要抓住行业的痛点问题，提供简洁、高效、低成本的应用方案。随着物联网、人工智能、区块链、5G 通讯等各种新技术的出现，需要更多跨行业的技术与应用，这时打破原有行业思维的综合创新就显得更加重要，同时这也是新型科技创业公司的机会所在。

三、产品创新除了科技，更要有人文精神

现代社会充斥了太多的科技创新，但绝大部分公司忽视了人本身的复杂性，如情绪、对美的追求等。人到底要什么？人性要什么？有说法认为人性需要四样东西。

第一样东西是享乐。每个人都有苦乐反应，都有权利追求感官刺激，比如买名牌包、买跑车等。感官美学很重要，现在大量的 App 创新应用，比如美图，其功能都是满足人类基本的需要，所以有很大的市场。

第二样东西是我们界定的世俗的成功：财富、名誉和权利等。这些是能够给人带来自尊心和价值感的东西。这些东西在现实世界中由于很多人无法满足，于是追求在虚拟世界中去获得满足感，为什么很多人沉迷游戏，就是利用

了人性的这个特点。

第三样东西，人心成熟了，人心变大了，由一心索取、一心要赢，变为尽一己之力、做好分内之事，换来自尊和他人的感激及尊重。富翁们为什么要做慈善，为什么要捐出财富，其实就是人们在财富极大丰富后，由索取变为奉献。

第四样东西，就是精神的最高层面——解脱，找到真正的存在感。

所以当我们在进行科技创新的时候，也要从人本主义上进行思索。不要让你的产品充满了"理工味、技术范"，多些人类学家的思考。

1981 年美洲航空推出一种全新的类似会员卡的服务——常旅客计划。在30 年前，这是项了不起的发明。因为常旅客计划，重要的乘客和频繁的旅行人士可以从心理上得到一种认同感和满足感。服务人员提前知道他们的名字，为他们提供各种有针对性的升级服务。这样的创新服务满足了人内心渴望得到关注和重视的需求，极大地保留了大客户的忠诚度，为企业带来的利润很可能高于新飞机的技术革命。

最近，斯坦福大学的研究人员发布了一项重要的研究成果，他们发明了一种全新的 GPS，这种 GPS 能在驾驶员的不同情绪下，用不同的导航语调为驾驶员导航——或高兴或有激情或平淡的语调。最后他们发现，当 GPS 的语调和驾驶员的情绪紧张度匹配的时候，驾驶员犯错误的概率要比无语气时降低两到三成。显然，他们将关注点从 GPS 导航产品本身转移到对驾驶员心情、紧张度这种人本主义的关怀起到了卓越的效果。

每次打开微信的时候，一个孤独的小人，面对巨大的地球站在那里，这就是微信的启动画面(图 5.10)，许多人对此非常熟悉，您是否不知不觉中在心里与这张启动画面有种莫名的共鸣？似乎这张图片表达了微信这款产品和用户的心灵关联——倾诉的渴望！

图 5.10　微信启动画面

当大家都在追求产品技术特性时，这些技术特性之外的人文主义更能打动客户，微信就是一个很好的例子，苹果也是很好的例子。没有人文主义精神的产品是没有灵魂的产品，<u>是否有灵魂是一个伟大的产品和一个功能产品的根本区别</u>。

5.4　创业公司最该做的事——颠覆性创新

当我们把客户需求深入挖掘出来，形成了基于客户需求的产品需求后，就会面临另外一个问题，即在产品开发中，如何开发出受客户欢迎的产品，这就需要创新的方法。每一个成功的创业企业都是自觉或不自觉地在实施创新。

一、什么是颠覆性创新

在创新方法上常见的有持续性创新和颠覆性创新。所谓持续性创新，是指通过技术的不断改进，让产品和服务的性能超过主流市场目前看重的性能。而颠覆性创新，则通过引进新产品或服务，打开了崭新的市场；而它们提供的性能，如果按主流客户最初的评判标准，可能还不如原来的产品或服务。比如早期的个人计算机相对于大型计算机和小型计算机，就属于颠覆性创新——个人计算机在刚问世时，并没有能力运行当时的计算机应用程序。

颠覆性创新理论是由 Innosight 公司的创始人，哈佛大学商学院的商业管理教授，创新大师——克莱顿·克里斯坦森在哈佛所做的研究工作而总结提出的理论。克里斯坦森的颠覆性创新理论旨在描述新技术(革命性变革)对公司存在的影响。1997 年，克里斯坦森在《创新者的困境：当新技术使大公司破产》一书中，首次提出了"颠覆性技术(Disruptive Technologies)"一词。

129

图 5.11　颠覆性创新理论创始人克莱顿·克里斯坦森教授

颠覆性创新不同于行业原有的技术改善，颠覆性创新具有以下四个特点：

(1) 颠覆性创新往往从一种变革技术出发，产生一些新的产品或服务。比如数码技术，它完全不同于原来的胶卷技术。再比如 3D 打印、基因技术、大数据、人工智能等，这些新技术的产生会推动更多的颠覆性创新的产生。

(2) 颠覆性创新的第二个特点是这样的技术往往推动行业的成本结构发生巨变。比如数码相片和胶卷相片的成本结构不一样，当数码相机拍照的数量无限多时，每张照片的成本几乎为零，而胶片式相片每张照片都有固定的胶片成本。这样不同的成本结构决定了不同的盈利模式，谁的盈利模式代表趋势，谁就有可能打赢战争。

(3) 颠覆性创新的第三个特点是新的颠覆对手往往是跨界而来，这样的对手往往来自于行业以外。大家都知道广播电台勉强生存的频道是交通频道，因为还有出租车司机在听交通频道，交通台还可以勉强维持生存。但是，随着滴滴打车等打车软件出现后，司机们都在用打车软件抢单了，根本没人听广播节目了，广播电台做梦也想不到自己会败给打车软件。

(4) 颠覆性创新的第四个特点是能够快速满足原有主流市场的需求，甚至重新圈定一个市场。比如神州专车锁定高端商务人士出行市场，通过批量采购高端车辆、聘用专职司机、管理严格、服务规范，很快在高端商务市场和公务车市场打开了局面，以前这个需求一直存在，但没有形成一个独立的市场。

二、为什么说颠覆性创新是创业公司最该做的事

克里斯坦森通过曲线(如图 5.12)来描述颠覆性技术的出现对传统成功企业的挑战。中间两条简单的需求平行线(虚线)代表市场的平均需求，上边一条虚线代表高于平均的性能需求，下面一条虚线代表低一点的性能需求，两条虚线就是产业中的高端市场和低端市场。主流的产品原来在行业里做的特别好的，在第一条需求曲线上不断地改良自己的产品，这就是改良式创新。所有传统领先者都有一个自然而然的规律，就是不知不觉地向东北角移动。东北角意味着是高利润市场，往往也是高端客户群，需要很长时间建立一个高性能的壁垒，这样就像深深地挖了一条护城河，守住了东北角就可以在行业里过得比较舒服。

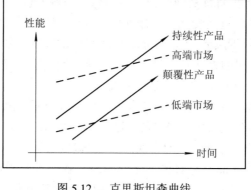

图 5.12　克里斯坦森曲线

　　克里斯坦森是这样描绘颠覆性创新怎么去撬动这个护城河的：很可能在左下角(西南角)产生一种技术，这个西南角有三低的特点。第一个低是指它的性能可能是低的，这个技术一开始并不耀眼。第二个低是指一开始它会满足一小部分客户，这部分客户也许是低端客户或者叫愿意尝试新东西的客户。第三个低是指它的定价是低的，甚至是免费的。这就意味着处于西南角的企业它的成本也是低的，甚至它的盈利结构与传统的企业是完全不一样的。

　　特别是今天随着技术进步的加速、互联网和移动互联网的普及、资本市场的推动，给创新型企业提供了更快的颠覆速度；而行业的领导者由于越来越集中，导致他们规模越来越大，管理越来越官僚化，受到的竞争和挑战越来越少，他们进行改良的动力和压力也越来越小，导致他们为了维持自身的高端优势、利润优势，往往改良的速度也越来越缓慢。这种趋势可以用修正的克里斯坦森曲线(图 5.13)来解释。这也是为什么越来越多的大公司在新技术革命中纷纷快速落马的原因。

131

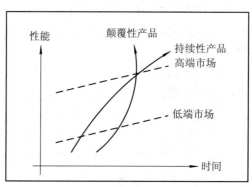

图 5.13　修正的克里斯坦森曲线

为什么说颠覆性创新是创业公司最该做的事呢？因为成功型公司习惯适应所在市场发生的渐进式变化，进行持续性、改良性创新。成功型公司也只专注于他们认为该做的事情，如服务于最有利可图的顾客，聚焦边际利润最诱人的产品项目，大公司的领导者一直在走一条持续创新的道路，而恰是这一经营路线，为颠覆性新技术埋葬他们敞开了大门。

这一悲剧之所以发生，是因为现有大公司的资源配置流程的设计总是以可持续创新、实现利润最大化为导向的，这一设计思想最为关注的是现有顾客以及被证明了的市场。然而，一旦颠覆性创新出现(它是市场上现有产品更为便宜、更为方便的替代品，它直接锁定低端消费者或者产生全然一新的消费群体)，现有企业便立马瘫痪。为此，他们采取的应对措施往往是转向高端市场，而不是积极防御这些新技术、固守低端市场。然而，随着颠覆性创新不断发展进步，一步步蚕食传统企业的市场份额，最终有可能取代传统产品的统治地位。克里斯坦森说，反复的事实让我们看到，那些由于新的消费供给方式的出现而"死亡"的公司企业，本应该对颠覆性技术有所预见，但他们无动于衷，直至为时已晚。而创业公司由于在传统技术上没有优势、在传统市场上也没有客户优势，为了生存的需要对低端客户的需求也比较在意，所以它们可以大胆使用新技术、尝试新模式，从而从边缘、低端起家，进而杀入主流市场，当行业的主流大公司发现他们时，往往已经没有还手之力了。

132

三、颠覆性创新的三种打法

克里斯坦森在提出著名的颠覆性创新理论之后，又在《创新者的解答》中对这个概念作了补充。随着技术曲线拐点的出现，各个行业中的领导者被突如其来者颠覆的案例越来越多，颠覆者的打法也慢慢有规律可循。下边简述颠覆性创新常见的典型打法。

打法一：低端杀入，伺机颠覆。

最近几年，这样的案例比比皆是，克里斯坦森在《创新者的窘境》中对此战法有过描述，即从三低区域杀入。三低指低性能的产品(相对传统成熟的技术而言)、低成本(甚至是免费的)和初步占领低端客户。这种战法的要诀在于低+快：开始利用新的技术，虽然性能不高甚至不稳定，但是能快速获取一批低端客户。随着技术周期快速更新迭代，甚至在今天的互联网时代可以由开始的用户来驱动创新，不停地迭代，快速、成熟进入主流市场，从而颠覆传统行业。

在今天移动互联网技术不断成熟而且大规模资本不断进入创新领域的时代，这种路径越来越成熟，逐步成为颠覆性战法的主流，比如 360 颠覆杀毒软件、余额宝颠覆银行、滴滴打车颠覆出租车等，都属于这种类型。

打法二：高性能产品直接夺取主流用户，又称"霸道的高富帅"。

能够玩得起这种战法的绝对不是一般人。和第一种战法的发动者不同，这种战法的高富帅们毫不扭扭捏捏，他们自信狂妄，霸道十足，毫不留情。这样的代表公司如苹果和特斯拉，代表人物如乔布斯和马斯克。能够发动这样战法的进攻方都是生活的宠儿，他们拥有绝对领先的技术，拥有过硬的产品甚至让人眼前一亮的营销方式，甚至还有在用户眼里神一般的创始人。当乔布斯在所有眼睛睁得很大的媒体记者面前，挂着淡定而略显狂妄的微笑，一次又一次从那个魔法般的口袋里掏出 iPad、iPhone 这样改变世界的产品的时候；当帅气的埃隆·马斯克在诸多的媒体面前，完成一个优雅的停车，如电影明星般走下已经被渲染成神话般的特斯拉汽车踏上红地毯时，你不得不感叹，生活有时候真的偏心。面对乔布斯、埃隆·马斯克这样的人物，曾经辉煌的手机厂商、传统的汽车巨头们，确实不得不面对险些退出历史舞台的尴尬时刻。这种路径的战法在于"三高辐射"。三高是高性能、高定价、快速占领高端客户。苹果和特斯拉没有再犯当年铱星手机的错误。他们利用技术建立起极难短期复制的高空优势，同时利用高端客户在今天互联网营销时代的影响力，辐射市场，不再高高在上，而是快速凌空而下，以迅雷不及掩耳的势头占领主流市场。苹果手机在很短的时间内覆盖大众市场就是最好的例证。

打法三：创造新市场、新客户，同时快速吸入主流市场用户，又称"吸星大法"。

这样的战役发动者往往是出其不意的跨界高手，当年的 iPad 就是一个经典产品，活生生地开拓了一个 PAD 市场，而后大批的传统家用 PC 用户放弃了使用 PC 的习惯，开始使用这个产品。近来互联网金融大潮催生的 P2P 互联网金融产品也有这样的特点。其用户很多并不是传统银行的理财用户，但是都是手机控和最早的互联网用户，他们很愿意尝试新的东西。很多"80后"、"90 后"逐步成为这类产品的用户，随着他们的成熟，银行的理财产品必将会大规模失手，这也是很多传统银行非常紧张、奋起直追的原因。这样的战法是"不走寻常路"。由于创造的是新市场，他们完全不按照原来的市场规则出牌，而是重新教育消费者，让他们接受行业标准和对产品性能判断的理念。

今天，颠覆大战刚刚开幕，相信会有更精彩的战法呈现，让我们拭目以待。

133

5.5 技术创新的系统方法论——TRIZ

在产品技术创新的过程中，不可避免地会遇到技术难题以及技术创新如何解决的问题。传统的创新方法，比如试错法、头脑风暴法等，其好的创新解决方案的获得更多依赖人的经验、智慧甚至灵光乍现，把创新方案的获得看成是偶然和随机的事件。这些传统的创新方法注定了技术创新实施的不可复现、不可持续，进而导致大家认为技术创新是少数天才人物和专家才可以做的事情。

创新有没有规律可循？有没有系统的理论方法支持开展技术创新？答案是肯定的。这样的创新方法其实已经出现，只是以前由于保密的缘故，没有得到广泛的传播。这套系统的技术创新方法就是 TRIZ(发明问题解决理论)。

创新从最通俗的意义上讲就是创造性地发现问题和创造性地解决问题的过程，TRIZ(萃智)理论的强大作用正在于它为人们创造性地发现问题和解决问题提供了系统的理论和方法工具。

134

一、TRIZ 的起源

TRIZ 理论是前苏联发明家阿奇舒勒 (G. S. Altshuller)在 1946 年创立的，阿奇舒勒也被尊称为 TRIZ 之父。1946 年，阿奇舒勒开始了发明问题解决理论的研究工作。当时他在前苏联里海海军的专利局工作，在处理世界各国著名的发明专利的过程中，他总是思考：当人们进行发明创造、解决技术难题时，是否有可遵循的科学方法和法则，从而能迅速地实现新的发明创造或解决技术难题呢？

阿奇舒勒坚信这样的发明创造方法一定存在。在发现从心理学角度不能很好地揭示发明创造的客观规律之后，他逐渐

图 5.14　TRIZ 理论之父阿奇舒勒

认识到发明的实质就是技术系统发生根本性变化，他因此将注意力转移到专利

文献的分析研究上。他从来自于世界各地的 20 多万项专利中挑选了 4 万已产生发明成就的专利开始进行严格分析。这一工作成果铸就了 TRIZ 的理论基础，也为日后将要开发的发明问题解决工具奠定了基础。图 5.15 为 TRIZ 所总结的规律。

图 5.15　TRIZ——数百万发明专利的规律总结

二、TRIZ 的理论体系

阿奇舒勒在研究过程中发现任何领域的产品改进、技术的变革、创新，和生物系统一样，都存在产生、生长、成熟、衰老、灭亡的过程，都是有规律可循的。人们一旦掌握这些规律，能动地进行产品设计并预测产品的未来发展趋势便成为可能。以后数十年中，阿奇舒勒穷其毕生的精力致力于 TRIZ 理论的研究和完善。在他的组织参与下，前苏联的数十家研究机构、大学、企业组成了 TRIZ 的研究团体，分析研究了世界 200 万份发明专利。经过多年努力，阿奇舒勒及其团队总结出各种技术发展进化遵循的规律模式，以及解决各种技术矛盾和物理矛盾的创新原理和法则，建立起一个由解决技术问题，实现创新开发的各种方法、算法组成的综合理论体系，并综合多学科领域的原理和法则，建立起 TRIZ 理论体系。TRIZ 理论体系如图 5.16 所示。

阿奇舒勒指出，解决发明问题过程中所寻求的科学原理和法则是客观存在的，大量发明面临的基本问题和矛盾(技术矛盾和物理矛盾)也是相同的，同样的技术创新原理和相应的解决问题方案，会在后来的一次次发明创新中被反复应用，只是被使用的技术领域不同而已。因此，将那些已有的知识进行提炼和重组，形成一套系统化的理论，就可以用来指导后来的发明创造、创新和开发。正是基于这一思想，在阿奇舒勒的带领下，前苏联的专家们一起，潜心研究多年，经过对数以百万计的专利文献加以搜集、研究、整理、归纳、提炼，建立起一整套体系化的、实用的解决发明创新问题的理论方法体系——TRIZ(发明问题解决理论)。

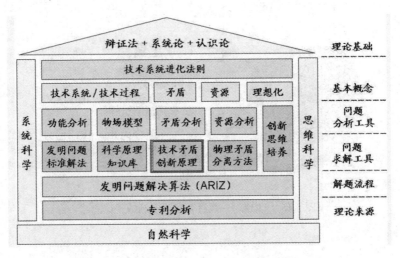

图 5.16　TRIZ 的理论体系

相对于传统的创新方法，比如试错法，头脑风暴法等，TRIZ 理论具有鲜明的特点和优势。它成功地揭示了创造发明的内在规律和原理，着力于澄清和强调系统中存在的矛盾，而不是逃避矛盾，其目标是完全解决矛盾，获得最终的理想解，而不是采取折中或者妥协的做法，而且它是基于技术的发展演化规律研究整个设计与开发过程，已不再是随机的行为。实践证明，运用 TRIZ 理论，可大大加快人们创造发明的进程而且能得到高质量的创新产品。它能够帮助我们系统地分析问题情境，快速发现问题本质或者矛盾，它能够准确确定问题探索方向，不会错过各种可能，而且它能够帮助我们突破思维障碍，打破思维定势，以新的视角分析问题，进行逻辑性和非逻辑性的系统思维，还能根据技术进化规律预测未来发展趋势，帮助我们开发富有竞争力的新产品。

在苏联解体前，其大多数有工程专业的高等学府，都长期为学生提供 TRIZ 理论课程。TRIZ 同时也广泛应用于苏联的工程领域中。苏联解体后，随着大批 TRIZ 理论研究者移居美国等西方国家，TRIZ 也在西方迅速流传开，并受到极大重视，而 TRIZ 的研究与实践随之得以普及和发展。之后不久，西北欧、美国、日本、中国台湾等地出现了以 TRIZ 为基础的研究、咨询机构和公司，一些大学将 TRIZ 列为工程设计方法学课程。经过半个多世纪的发展，如今 TRIZ 理论和方法已经发展成为一套解决新产品开发实际问题的成熟的理论和方法体系。经过无数实践检验的 TRIZ 理论具有工程实用性强等显著特征，如今正在被全世界广泛应用，创造出成千上万项重大发明，为众多知名企业取得了重大的经济效益和社会效益。

TRIZ 理论进入中国是在上世纪 70～80 年代，但对其深入研究和应用则是近 10 年的事情。近年来，TRIZ 理论已经逐渐得到国内诸多科研机构、公司和专家的重视。

三、TRIZ 理论的主要内容

TRIZ 理论体系目前主要包括以下几个方面的内容：

1. 创新思维方法与问题分析方法

TRIZ 理论中提供了如何系统分析问题的科学方法，如多屏幕法。而对于复杂问题的分析，它包含了科学的问题分析建模方法——物场分析法，可以帮助人们快速确认核心问题，发现根本矛盾所在。

2. 技术系统进化法则

针对技术系统进化演变规律，在大量专利分析的基础上，TRIZ 理论总结提炼出八个基本进化法则。利用这些进化法则可以分析确认当前产品的技术状态，并预测未来发展趋势，开发富有竞争力的新产品。

3. 工程矛盾解决原理

不同的发明创造往往遵循共同的规律。TRIZ 理论将这些共同的规律归纳成 40 个发明原理，针对具体的矛盾，可以基于这些创新原理寻求具体解决方案。

4. 发明问题标准解法

针对具体问题物场模型的不同特征，分别对应有标准的模型处理方法，包括模型的修整、转换、物质与场的添加等。

5. 发明问题解决算法 ARIZ

ARIZ 主要针对问题情境复杂、矛盾及其相关部件不明确的技术系统，是一个对初始问题进行一系列变形及再定义等非计算性的逻辑过程，实现对问题的逐步深入分析、问题转化，直到问题解决。图 5.17 给出了 TRIZ 理论的算法、工具、术语。

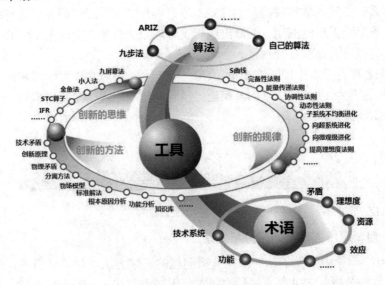

图 5.17　TRIZ 理论的算法、工具、术语

四、TRIZ 的解题模式

使用 TRIZ 解决问题的流程大致分为三步：首先将待解决的实际问题转化为 TRIZ 中的某种通用问题模型，然后利用 TRIZ 中相应的中间工具，得到 TRIZ 的解决方案模型。整个过程的流程如图 5.18 所示。

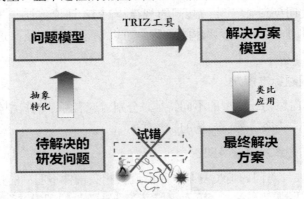

图 5.18　TRIZ 解题模式

5.6　从样品走向量产——产品成功的必由之路

创业公司往往是从一款产品的研发开始创业之路的，作为首次创业者以及大学生创业者，在产品开发方面的经验往往不足，在产品研发上常犯的错误之一就是把样品或样机当成了商业化的产品。如何将一款样品或样机打造成满足市场和客户需要的真正的商品，如何从样品走向量产，则是考验创业公司能否成功的重要一环。

在研发阶段产品功能验证的初期，研发人员往往注意力集中在产品的功能实现上，更多地关注产品的功能是否实现、能否达到指标要求，而对产品的质量、可靠性、工艺性、成本、测试性、材料可获得性等工程特性缺乏认识和关注。其实对产品工程特性重要性的认识不仅创业企业认识不足，我们国内很多有一定规模的企业在这方面也是空白，主要原因在于国内大学在产品工程教育上的缺失，所以绝大部分的工程学科的学生根本没有产品工程的概念，而大多数企业也在工程管理方面缺乏经验和流程体系的支撑，导致我们国家的很多企业的产品质量问题非常突出。

产品在批量生产和销售之后如果出现严重质量问题，对于企业来说不啻是一场噩梦。因为严重的质量问题不仅会使公司面临巨额的赔偿、召回，还会严重影响公司的声誉，对于创业公司来说，一旦出现这样的问题，往往是企业的灭顶之灾。

2016年3月，美国消费品安全委员会(CPSC)于官方网站发布消息称，格力电器方面已经同意支付创纪录的1545万美元(约1亿元人民币)的民事罚款。此外，美国消费品安全委员会还透露，格力已经同意实施一项计划，确保消费品安全法案合规(CPSA)和相关的内部控制制度和程序。

2016年格力电器最抢人眼球的事情就是格力被美国罚款1545万美元(约1亿元人民币)！这还得从除湿机说起。据公开资料显示，2012年7月，有消费者投诉格力电器通过Soleus出售的低容量除湿机容易着火。而Soleus向格力警告过这种产品缺陷，并通过测试发现，该产品确实存在设计缺陷。同时，Soleus还发现，格力在2010年到2012年间生产的产品使用了不合格的材料。因此，Soleus在2012年把该产品撤出了市场。

2013年6月，Soleus公司向加州联邦法庭状告格力电器，索赔1.5亿美元，理由是格力电器向其出售易着火的除湿器，且在Soleus向美国政府报告了品质

139

缺陷后遭到格力电器报复。2013 年 9 月中旬，格力电器发布公告，称公司出口到美国和加拿大的部分除湿机产品可能会过热、冒烟和起火，在美国消费品安全委员会(CPSC)和加拿大卫生部监督、批准下，公司决定自愿召回这些除湿机产品。

但 CPSC 在不久后表示，该产品已经导致 46 起火灾事故，这些事故始于2012 年 7 月，在美国共造成近 450 万美元的财产损失。格力向美国全国范围内制造、出口和销售超过 250 万套除湿机，产品召回工作一直延续到 2014 年5 月。

时隔三年之后，格力在美国因为除湿机问题引发的政府调查、合作伙伴诉讼等问题，终于告一段落。以格力方面同意支付 1545 万美元罚款了事。但是，格力发生的这件事情却值得国内家电企业反思和总结。近些年中国家电制造企业在自主研发和技术创新方面有了突破性进展，但在产品质量和可靠性方面却还存在诸多问题和隐患。格力的问题并不仅仅是它自己的问题，也会是其他企业未来可能会面临的问题，需要企业谨慎对待和思考。

作为一家千亿规模的家电企业还会出现量产过程中的严重质量问题，更何况创业型的小企业呢？

140

在新产品开发工作结束之前，在新产品投入批量生产和销售之前，必须尽可能消除新产品中存在和潜在的质量问题，这也是从样品到量产必须要完成的事情。

如何顺利实现新产品的开发从样品到量产呢？如何消除新产品的质量问题呢？对于创业型企业往往没有完善的工程设计与管理部门，首先要做的就是公司上下要树立工程商人的概念，所谓工程商人就是产品只有被客户认可、只有卖得出去、只有质量好才是好的产品，因此在产品研发和生产中就不能只关注产品的性能，更要关注质量、可靠性、成本。大学生创业中很多人会讲，我们的产品性能、指标很先进，我们的产品用的最先进的技术，等等，但是如果你的产品质量不合格、性能不稳定、价格很高，客户会买单吗？没有客户的认可，所有的新产品都只能留在公司的仓库。

其次，即使很小的创业型公司，也要从组织上充分保证产品质量，即要设置专门的人员或部门来保证产品质量管理的实施。比如华为公司在早期通过设立中试部来负责产品的质量，中试部的主要工作目标，就是在新产品的开发过程中，做好与产品质量相关的技术和工程设计工作，以保证产品的设计、制造、使用和维护等各方面的质量。

华为中试业务的发展经历的第一个阶段是认识到"质量是测试出来的"，

因此中试的主要工作就是测试，把不合格产品筛出来，在当时的阶段，中试的筛子功能保证了发货出去的产品都是质量合格的，避免了市场上出现严重的质量问题。

　　华为中试业务的发展经历的第二个阶段就是认识到"质量是测试和制造出来的"，因为经历过第一阶段的测试工作后，发现依然有原材料和零部件的批次性质量问题，在加工、装配、测试等工艺环节人工操作导致的批次性质量问题等，因此通过增设工艺设计、物料技术认证、生产测试装备开发等部门，初步形成华为中试业务的体系。图 5.19 为华为中试发展第二阶段的中试部组织结构。

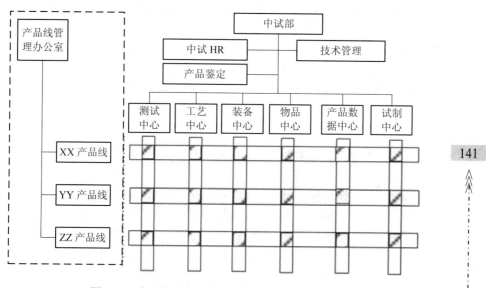

图 5.19　华为中试发展第二阶段的中试部组织结构

　　华为中试业务的发展经历的第三个阶段就是认识到"产品质量是设计出来的"，经过中试前两个阶段的发展，华为发现与国际巨头相比，华为的质量控制依然属于"事后控制"模式，是在产品设计基本定型之后才开展中试工作的，为了改变中试工作"事后控制"的不足，华为的中试发展进入第三个阶段——"产品质量是设计出来的"，通过集成产品开发 IPD(解释见本章小贴士)的全面实施，将工程设计全面融入研发流程，实现了产品质量的"事前、事中、事后"的全过程控制。

　　华为的中试业务发展水平目前已经达到国际领先水平，华为中试的发展历程基本上也体现出了产品如何从样品到量产实施的进化过程，对于各类公司的新产品开发都有借鉴意义。

5.7　本章总结

创业过程的本质就是抓住客户的需求开展工作，通过创业的产品与服务来高质量地满足客户需求，从而实现创意到产品的商业化的过程。围绕客户需求开展创业产品的设计、制造、销售是创业最核心的内容。

本章围绕创业企业产品创新的四步法：需求挖掘、产品定位、技术创新、从样品走向量产开展论述，并介绍了需求挖掘和产品定位的系统方法——质量功能展开法(QFD)，以及技术创新的系统方法 TRIZ，希望给大学生创业者在进行创业产品研发与创新的过程中提供系统的思路与流程指导，而不再是完全凭感性和感觉来做产品。

对创业公司来说，首个产品的成功往往奠定了公司的发展，而首个产品的失败可能就意味着创业的失败，因此在创业产品的研发中一定要学会借鉴业界成熟、有效的研发管理方法，以达到事半功倍的效果。

142

【小贴士】　集成产品开发 IPD

集成产品开发(Integrated Product Development，IPD)是一套产品开发的模式、理念与方法。IPD 的关键要素包括：跨部门的团队、结构化的流程、一流的子流程(如项目计划与监控、数据管理、共用模块、技术管理、管道管理等)、基于平衡记分卡的考核体系、IT 支持等。它的核心思想主要有：

(1) *新产品开发是一项投资决策*。IPD 强调要对产品开发进行有效的投资组合分析，并在开发过程设置检查点，通过阶段性评审来决定项目是继续、暂停、终止还是改变方向。

(2) *基于市场的开发*。IPD 强调产品创新一定是基于市场需求和竞争分析的创新。为此，IPD 把正确定义产品概念、市场需求作为流程的第一步，一开始就把事情做正确。

(3) *跨部门、跨系统的协同*。采用跨部门的产品开发团队 (Product Development Team，PDT)，通过有效的沟通、协调以及决策，达到尽快将产品推向市场的目的。

(4) *异步开发模式，也称并行工程*。就是通过严密的计划、准确的接口设计，把原来的许多后续活动提前进行，这样可以缩短产品上市时间。

(5) 重用性。采用公用构建模块(Common Building Block，CBB)提高产品开发的效率。

(6) 结构化的流程。产品开发项目的相对不确定性，要求开发流程在非结构化与过于结构化之间找到平衡。

IPD 框架是 IPD 的精髓，它集成了代表业界最佳实践的诸多要素。

最先将 IPD 付诸实践的是 IBM 公司，1992 年 IBM 在激烈的市场竞争下，遭遇到了严重的财政困难，公司销售收入停止增长，利润急剧下降。经过分析，IBM 发现他们在研发费用、研发损失费用和产品上市时间等几个方面远远落后于业界最佳。为了重新获得市场竞争优势，IBM 提出了将产品上市时间压缩一半，在不影响产品开发结果的情况下，将研发费用减少一半的目标。为了达到这个目标，IBM 公司率先应用了集成产品开发(IPD)的方法，在综合了许多业界最佳实践要素的框架指导下，从流程重整和产品重整两个方面来达到缩短产品上市时间、提高产品利润、有效地进行产品开发、为顾客和股东提供更大价值的目标。

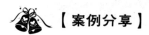【案例分享】

143

厉行创新成就国内体外诊断行业翘楚

——郑州安图生物工程股份有限公司的创新发展之路

一、起家于免疫检测的 IVD 翘楚

起家于免疫检测，凭借化学发光业务在国内 IVD (In Vitro Diagnosis，体外诊断)行业崭露头角；发轫于试剂，在试剂与仪器领域不断积累、创新、整合，终于推出了本土企业首条医学检测自动化磁悬浮流水线，抢占了行业制高点。从 1998 年创业至今，郑州安图生物工程股份有限公司(以下简称安图生物)在中原腹地郑州成长为国内体外诊断重量级企业。

2016 年 9 月 1 日，安图生物在上海证券交易所上市，成为中国 IVD 行业第一家在上海主板挂牌上市的生产型企业。上市之后，安图生物插上了资本的翅膀，利用资本市场优势进行了一系列的并购整合，取得了当时的东芝生化仪(后被佳能收购又称佳能生化仪)在中国的总代理权，同时收购了北京百奥泰康75%的股权，该公司是国内生化检测试剂品种最多的公司之一。这样通过收购

一个国际顶级品牌的生化仪的中国总代理权，又整合了中国生化试剂品种较多的企业，安图生物迅速打造起了生化诊断产品战略。至此，安图生物在临床检验的免疫、生化和微生物三大领域里，都有了扎实的积累。此后，安图生物又推出了医学实验室磁悬浮全自动流水线，这是中国第一条磁悬浮流水线系统。

图 5.20　安图生物上市当日管理团队合影

144

安图生物是如何从一个创业公司成长为本土 IVD 行业的领袖型企业？安图有哪些核心竞争力？备受关注的首条医学实验室磁悬浮流水线有什么特点？

过去，国内的免疫、生化检测只是做一些低端的产品，如今，安图生物逐渐进入一些高端领域，安图生物的磁微粒化学发光免疫检测产品大概有40%进入中国的三级医院。但是当他们刚刚迈入高端领域，国际大公司就做了另外一项工作，他们推出了医学实验室检测流水线产品，在这条流水线上，可以把免疫和生化检测项目全部放在上面进行检测，一旦一条流水线装到医院里，基本上可以把医院的免疫、生化检测全部承包下来，这就像护城河一样，其他公司就再也没有机会进去了。

安图生物发现这些国际大公司除了拥有免疫和生化检测试剂与仪器之外，还有一个流水线的线体，里面有离心的自动化、传输的自动化、贴签乃至样本的自动冷藏保存等整个过程，而线体方面大部分是和日本企业合作。安图生物迅速在日本找到一家公司，进行了艰难的谈判，最后达成了 OEM 合作。现在，安图生物已经搭起了本土第一条全自动的检测流水线，保证了公司可以和国际大公司在同样层次上竞争。

　　搭建磁悬浮流水线系统是安图生物发展过程中的跨越式创新，安图的每一步发展、每一个台阶都是在围绕客户需求、行业技术发展趋势，审时度势不断创新的结果。创新说起来容易，做起来很难，要做好、做成功则是难上加难。在安图生物的发展过程中经历了从产品的微创新、技术的颠覆式创新、跨越式创新到整合式创新等各种不同做法，正是靠着这些创新奠定了安图生物今天在 IVD 行业的翘楚地位。

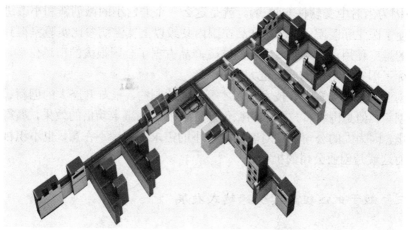

145

图 5.21　安图生物医学实验室磁悬浮全自动流水线 Autolas A-1 Series

二、创业初期通过微创新快速赢得客户

　　1998 年，在国有企事业单位改革的浪潮中，苗拥军带领十几个人的安图生物年轻创业团队，脱离体制，"下海"创业。

　　刚"下海"的时候，他们手里并没有什么特殊的技术。研究所里跟着他们出来的只有一个生产部门的技术人员，其他均为销售人员。"下海"之后，第一件事就是要找到可以代理的产品，发挥这些营销人员的优势，挣到第一桶金。

　　1998 年，苗拥军到美国参加 AACC(美国临床化学年会暨临床实验室医疗设备博览会)。在展会上看到奥地利 Anthos 公司的产品时他产生了兴趣。之前，他们在研究所做的免疫诊断，用的是酶联免疫诊断技术，而分析仪器大部分都是国外产品。他们经过与 Anthos 公司的谈判，拿到了产品代理权。当时，国际产品中国区的代理权大部分在香港、台湾公司手里，中国大陆企业，尤其是河南的企业很少能拿到国际产品代理权的。

　　拿到产品代理权之后，他们却发现这款产品技术并不领先。当时，来自欧洲和北美的产品在技术指标上明显优于这款产品。这款产品原产地为奥地利，生产成本非常高，销售价格也不低，使得产品的营销产生了巨大的困难。

这时，他们认真研究了市场需求，发现国外这款仪器只配备了非常小的电子屏幕，操作起来非常麻烦，而且出来的化验单还需要再次誊写。他们就想出一个创新的办法，为这款仪器配备一个外置电脑，然后为这款仪器开发了一款应用软件，能够自己定义化验单、非常便捷地进行页面操作，再把这个软件中文化(因为当时中文软件非常少)。就是这么一个非常小的微创新和小改进，由于方便了医生和医院，使这款产品在国内县级以上艾滋病参比实验室得到了大规模的推广使用，后来安图生物的这款产品占据了全国很大的市场份额，并相继中标了国家卫生部的多个重大项目。

创业初期，受资金、技术、人才等方面的制约，很难开展大的创新、突破性的创新，但是围绕客户需求的微创新往往能起到事半功倍的效果，赢得客户和市场，因为大的公司往往对客户一些小的需求和不满不在意，也不积极去改进，而这就是创业公司的机会。

三、敢于抓住机会实现跨越式发展

146

安图生物起步之后，始终重视技术积累，在关键的时候敢于实现跨越式发展。2003 年对于安图生物来说是非常重要的发展阶段，这一年国家医药管理局对行业的管理逐步升级，作坊式的生产已经不符合国家管理规定，需要有规范的 GMP 厂房。这时候，郑州经济技术开发区有一个郑州绿科公司，他们有 GMP 厂房，还有七八个产品文号，如乙肝、丙肝、艾滋等，虽然技术是非常传统的酶联免疫技术，却特别符合当时的市场需求。

安图生物想收购绿科公司，在当时可谓是蛇吞象。经过近两个月艰难的谈判，终于把合同签下来了。但是当第一批款项支付完后，第二笔款项就没了着落。为了第二笔款，苗拥军做了一个商业计划书，跑到全国各地去找投资，深创投、上海、杭州、包括河南创投都跑过，有些投资已经处于签合同的前期，却最终没签下来。当时，为了收购绿科公司，实现跨越式发展，公司管理团队每个人都借了巨额的贷款。非常庆幸的是，最后在和一个实业集团接触的过程中，达成了投资意向，但他们要求控股，而苗拥军和他的团队坚持拥有控股权，在原则问题上决不让步。僵持之际，这个集团的一个总代理看了安图生物的项目，答应给安图投资，经过三天谈判，签订了合同，给安图投了 700 多万元。收购完绿科公司之后，安图的生产状态就从小规模的作坊式生产跨越到了批量化生产的状态,整个生产条件也处于国内前列,这是一个非常大的跨越式发展。

四、持续技术积累和创新,走向行业前沿

　　持续重视技术积累与创新,是安图公司不断发展的重要原因。最早的时候,安图生物使用的是非常传统的酶联免疫技术。在参加美国 AACC 展会期间,一方面安图生物拿到了奥地利 Anthos 公司酶标仪中国区的总代理,另外一方面,与一些华人科学家一起参观了一些国际上的 IVD 企业。在华盛顿特区参观国际企业实验室的时候,发现了实验室里有一种白色不透明的微孔板。安图生物的酶联免疫试剂也是在微孔板上进行抗体的包被,但却是透明的微孔板。当时苗拥军就问华人科学家,为什么是白色不透明板子(因为如果是吸光的话,光线是穿不过去的)? 那位华人科学家告诉他,这不是吸光技术,是发光技术,反应的结果是发出光子,而不是显示颜色,在捕获光子的过程中,能让整个实验的灵敏度和线性范围大幅度提升。

　　这个技术和安图的酶联免疫技术之间差异非常小,安图标记的是辣根酶,是把抗体包被在聚苯乙烯板上,要实现发光,只需要更换一下底物就行。一个底物的更换就让安图生物的这项技术跨越到一个新的台阶,这让苗拥军非常兴奋,那天晚上跟科学家聊到凌晨四五点钟。回国后,安图生物马上从郑州大学招了个学化学的研究生,做化学发光底物的开发,之后,这个成果通过了河南省科学院的鉴定,再之后安图就迈向了化学发光技术的发展平台。

　　但是国际上基于微孔板的化学发光技术平台只是一个过渡性的技术平台,真正领先的技术平台是把单纯抗体包被在外面有一层聚苯乙烯覆盖的磁珠上,这样反应更加均相,效率更高。2006 年,安图生物开始做磁微粒化学发光的开发,在传统的板式发光的基础上又迈向了磁微粒化学发光。

　　磁微粒化学发光试剂需要在技术上做大量的研究,安图生物在这个项目上投入了大概 200 多个科研人员。同时,在仪器的自动化方面下了很大的工夫。安图生物的管理团队把中国所有能生产自动化仪器的企业都考察了一遍,却没有一个企业能满足他们的要求。因此,他们去日本考察,将近两年的时间里,经历了一次又一次谈判,中间也经历了诸多的磨难。其中,有个公司谈判都已经到了最后阶段,但却在知识产权方面谈不拢。只好再寻找,再谈判。安图生物的磁微粒化学发光平台历经八年的研发,终于推向了市场,安图生物是中国第一家单个随机检测达到 200 检测/小时的磁微粒化学平台的推出者,在技术上实现了真正的跨越与创新,走向了行业技术的前沿。

147

五、加强科研协作、实现协同创新

在企业发展与创新过程中需要加强科研协作，不能自我封闭、闭门造车，要善于利用社会、科研机构、高校等社会资源。安图生物的几款产品，如酶标仪和发光仪，是由奥地利的研发团队研发的。这款仪器隶属于美国一个大公司，他们看到这个技术已经不先进了，想要卖掉。而当时，这款仪器占安图生物销售额的 3/4，可以说是安图生物的生命线，因为自主产品还未上市，安图生物还需要靠这样一个代理产品获取利润。于是安图生物就想收购这家公司，可前前后后谈判一年多时间，他们却把这个公司卖给了英国某公司。原公司的研发团队解散后找到安图生物，通过技术合作成功研发出了产品，直到现在安图生物还在生产、销售，这是安图生物在科研合作上走国际化道路的第一例。

磁微粒化学发光测定仪则是安图生物和日本企业合作开发的。他们在日本寻找合作方，花费了将近两年的时间，再加上研发时间，也是通过四五年的时间才推出了产品。现在这款仪器已经自主消化吸收，并推出新产品，这款仪器的市场份额在我国名列前茅。研发过程的科研协作，特别是与代表国际先进水平的国外企业、国际团队的协作，是非常重要的，能够快速开发出具有国际水准的产品。

148

六、高新技术企业要善用国家支持，赢得企业发展

国家对高新技术企业有很多的政策支持和优惠，因此高新技术企业在创新发展过程中要善用国家支持，赢得企业发展。在安图生物刚刚起步的时候，开发微孔板化学发光已经是在跨一个大台阶了。当时，研发过程投入越来越大，靠企业自身的资金和实力已经无力支撑。安图生物申请了国家科技部的中小企业创新基金，获得国家第一笔资金支持；微孔板化学发光开发出来之后还需要产业化，需要化学发光仪和四十多种系列试剂的开发，在这个过程中，又得到了国家发改委重大产业示范工程项目的支持；磁微粒化学发光开始研发的时候，安图生物申报了河南省重大科技攻关项目，之后又申报了国家科技部的国际合作项目；当磁微粒化学发光需要产业化的时候，安图生物又拿到了国家四部委的产业化示范工程项目的支持。安图生物的化学发光产品从微孔板化学发光到磁微粒化学发光，从研发到产业化，获得了国家一次又一次的政策资金支持。善用国家对高新技术企业的政策支持，对企业发展非常有利，当前国家对

产业支持力度越来越大，企业要主动抓住这些机会。苗拥军一直非常感谢这个时代、感谢国家给安图生物提供的发展机会。

苗拥军说：不管是脚踏实地，从能干的事情做起，还是进入到新的阶段，都需要去跨越、创新和整合，对于每一个人和每一个组织的发展，首先都需要抱着一个非常卓越的目标不放弃，其次是要坚韧不拔地去做。其实每个创业团队、每个组织一开始都有目标，走着走着就放弃了，或者取了一个更低的目标，那么对卓越的追求也就放弃了。所以，所有的创业和个人的发展都离不开这样一种精神：追求卓越，坚韧不拔。

推荐阅读

[1]　[美] 克莱顿·克里斯坦森(Clayton M. Christensen)著，胡建桥译，《创新者的窘境(全新修订版)》，中信出版社，2014 年。

[2]　熊伟著. 《质量功能展开——从理论到实践》，科学出版社，2009 年。

[3]　赵敏，史晓凌，段海波编著. 《TRIZ 入门及实践》，科学出版社，2009 年。

[4]　电影《私人定制》。

149

思考题

1. 创业者研发产品时要弄清楚的四个问题是什么？
2. 创业企业产品创新的四步法是什么？
3. 质量功能展开 QFD 核心思想是什么？
4. 颠覆性创新的特点有哪些？
5. TRIZ 的解题流程是怎样的？
6. 如果请你在大学校园针对在校大学生做个创业项目，你会选择做什么？用产品创新的四步法详细论述该创业方案。

创业企业的经营管理

【学习目标】

➢ 树立企业经营的核心是走正道的意识；
➢ 理解创业企业的管理要以业务开展为中心，切忌犯大企业病；
➢ 掌握创业企业管理的三个要素：建班子、定战略、带队伍；
➢ 理解执行力是创业企业成功的关键，掌握执行力四部曲；
➢ 掌握管理者有效授权的方法。

150

6.1 企业经营的核心是走正道

企业经营的核心是走正道，诚信做人、诚信做事，任何投机取巧的行为最终结果都会搬起石头砸自己的脚。对于大学生创业者，由于社会经验不足、社会阅历不多，在创业过程中更要坚持走正道，一旦受了诱惑、走上邪道，失去了诚信，失败的不仅是一个项目，很可能把自己一生的信誉都会毁掉，再也没有机会翻身。相反，如果坚持走正道，即使项目失败了，自身能力得到了锻炼，在行业里、圈子里树立了口碑，还会有机会再次创业，取得成功。这样的例子很多。

做企业和做人是一个道理，我们可以选择做一个什么样的人，也可以选择做一个什么样的企业。如果说成功有捷径的话，从长期来看，走正道是捷径，而且是唯一的捷径。选择做一个好企业应成为大学生创业者的正确选择。什么是好企业呢？好的企业应该具备以下特征：

✦ 公司所提供的产品或服务对社会和人的作用是有正向价值的。
✦ 公司奉行善的、正义的价值观。

✦ 公司的治理结构符合现代企业制度。

✦ 公司运转健康，可持续发展。

✦ 员工对公司的认同度和满意度较高。

<u>走正道，就是要恪守道德底线</u>。稻盛和夫曾提出"敬天爱人"的经营理念。所谓"敬天"，就是企业的经营必须遵循"天理"、"天道"。我们要相信，这个世界上存在普遍的公理，存在公认的道德底线。一个企业不管处在哪个行业，生产何种产品，都应该遵循基本的公理和道德底线。

走正道，就是要按照客观规律去经营。就是要货真价实，真诚服务，不欺诈，按部就班地发展。

走正道，就是要履行社会责任。对于小企业而言，经营好自己就是履行社会责任，一旦你有幸成为老大，就要担负起老大的社会责任和义务，你必须为整个行业、整个产业链的健康考虑，你必须意识到你的一言一行不仅仅代表你自己，还代表整个行业，有时候你需要牺牲一些本企业的小利益来为这个行业做些事情。

中国文化讲"达则兼济天下，穷则独善其身"，我们在不是行业老大的时候，要学习好的榜样让自己不断进步，而在成为行业老大的时候，就应该感觉到身上有更重的责任了，就应该主动用更高的标准要求自己，让自己的言行作为能够代表这个行业的顶级水平。如果你有幸进入精英阶层，你就必须要关注自己的使命，对自己提出比一般人更高的要求。

宁做英雄，不做枭雄。何谓英雄？何谓枭雄？所谓英雄就是为了坚持原则宁肯接受失败的结果；所谓枭雄就是为达目的不择手段。做企业要做英雄不能做枭雄，走正道可能让你成为悲情英雄，但从长远看也是值得的，因为可以收获尊重和更多的机会，相反如果为了一时利益不择手段，即使取得了一时的成功，也不可能长久。特别在当今社会有些人过分崇尚金钱的风气下，作为大学生创业者要有自己的底线和操守，不能做唯利是图的商人，要走正道，做有责任、敢担当、有情怀的创业者。

她曾经是万众瞩目的明星创始人，她的公司独创的血滴代替抽血检查的技术一度被认为将会颠覆美国 760 亿美元的血检产业。她就是被称为女"乔布斯"的伊丽莎白·霍尔姆斯，在她 30 岁那年首次登上福布斯全球 400 最年轻女富翁行列。

2003 年，作为一名大二学生的她从美国斯坦福大学退学，并用大学期间积攒的钱创办了一家名为 Theranos 的血液测试公司。

Theranos 宣称只需要一个针眼和一滴血，就可以以廉价的检查费做上百种

151

不同的身体化验，相比传统方式，动辄需要抽一小瓶血且花费昂贵的费用来进行单一化验，她的创新方法更具商业前景，此外这种创新血液检测方法出结果更快更准确。随后在媒体和风险资本以及众多名流的吹捧下，Theranos 公司募集到 4 亿美元的风投资金，公司的市值也应声上涨到 90 亿美元，而霍尔姆斯持有其中的一半股份，其个人资产也上升到 45 亿美元，登上了福布斯全球 400 最年轻女富翁行列。

2015 年 10 月，《华尔街日报》的记者 John Carreyrou 曾报道过 Theranos 公司岌岌可危，没想到这篇报道点燃了这家公司从裂纹到轰然倒塌的导火索。19 岁的斯坦福辍学生伊丽莎白·霍尔姆斯曾经是闪耀的创业模范，但几乎一夜之间就被拉下神坛。

图 6.1　曾经登上福布斯杂志封面的霍尔姆斯

如果你想知道用什么方法可以迅速毁掉一个品牌，吹破 90 亿美元的估值，那你真应该看看霍尔姆斯团队是如何做到的，从 2015 年 10 月 16 日起，半年多时间毁掉一家公司，他们成功了。

就在 2016 年 4 月份，《华尔街日报》曝光联邦监管局已经介入调查，Theranos 实验室很可能被吊销医疗行业从业资格，霍尔姆斯以及公司主席 Sunny Balwani 可能会被处以两年禁业的惩罚。

他们当然可以申诉，但希望渺茫。该公司号称的突破性新技术，其实一点用都没有。Theranos 公司和管理团队一直以来都在慢性自杀。

问题在于，这家曾轰动一时，号称从手指头采样几滴血，就能替代传统抽血检验的高科技，怎么就是一场骗局，曾信誓旦旦要颠覆 760 亿美元血检行业的明星公司，怎么这么快就灰飞烟灭？

当时来自华尔街时报的调查记者联系到 Theranos 公司，表示掌握许多可信的材料，可以证明公司内部出了岔子，希望联系到公司管理层进行采访。对此，霍尔姆斯团队只是付之一笑，先是表面上不以为然，然后暗地里阻拦采访。

当记者的文章最终被曝光，并且是以头版头条的形式，严厉质疑公司技术的有效性和准确度时，公司管理层依然坚决否认，宣称报道都是"误导和诽谤"，指责调查报道"都毫无根据，信息源都来自有过节的前员工以及竞争对手。"

Theranos 公司在自己网站发表长篇大论，否认报道的所有事实，坚称调查记者完全错了，即便报道作者曾两次获得普利策新闻奖。即便自己的结论没有任何数据支撑，也没有任何第三方的认证，Theranos 公司也要否定别人的一切，认为只有自己的才是对的。

Theranos 公司不仅要在官网上全盘否认所有指责，还要上电视表达被诽谤的愤怒。言之凿凿："如果你想做点伟大的事业，总有人站出来阻挠你。一开始人家会认为你疯了，之后他们会与你对抗。但是最终，你还是会改变世界。"同时他们还要扮演出无辜、震惊又失望的样子："这家知名报纸竟然会刊登这样的稿件……"

即便公司内部研发流程对外完全保密，但是面对公众要坚持"无与伦比的透明度"。对于公司做过的试验，他们夸大其词，夸张临床志愿者的数量，夸张试验数据的厚度，一定要在真实数据后面多加几个 0，但对于实验结果的准确性，他们只字不提。

Theranos 公司还威胁公司前首席科学家的遗孀，威胁她不准告诉媒体，不准曝光她的丈夫生前曾花了 8 年时间，在 23 名志愿者身上试验这种新的血液检测技术，但是没有一个是靠谱的。不准这名遗孀告诉媒体她丈夫在自杀之前不断重复地说"没有一个是有效的"。他们威胁她，如果再和媒体联系，就采取法律手段。

Theranos 公司暗示自己正在申请 FDA 认证，因为 FDA 是当前最严格的医药标准。当公司的医疗设备未能通过，当公司提供的 240 个血液样例中只有一个检测结果正确时，他们只是依然表现得胸有成竹，说这些都是产品研发步骤的必经阶段。

Theranos 公司要保证投资人千万不能成为公司董事会成员。即便他们已经投了超过 7.5 亿美元。相反，Theranos 公司要在董事会安插知情人或者是退休的知名学者和政治家，他们与公司没有任何利益关联，所以对于公司内部的运作漠不关心。

Theranos 公司宣称自己的研究成果已经提交给同行审阅，提交给第三方验证机构核查，但对于细节，一定不能公开，要像保护传家宝那样，保护自己的技术专利。到了要拿出结果的紧要关头，能拖延就一定要拖延，想出各种理由和借口，但就是不公开结果。

Theranos 公司假装自己的合作伙伴都是大牌公司，比如 Cleveland Clinic 以及旧金山的 Dignity，至于有无真正实质性的合作，都无关紧要。

当 Safeway 放弃协助公司在全美 800 家超市推广理疗中心；当 Walgrenn 连忙撤开与 Theranos 的合作关系，只是默不作声，即便已经花了千万美元的起始资金；当即便十多年的研发毫无进展，他们也一定要雇佣上千的员工，烧掉不计其数的现金！霍尔姆斯就像个演员，在大众面前无所顾忌地表演，而当媒体开始质疑，就闪烁其词，乃至全盘否定。好在甚少有人知道背后的真相。

终于，天网恢恢，疏而不漏，真的就是真的，假的也许可以蒙蔽一时，但永远成不了真的，霍尔姆斯神话的破灭再次证明创业者要走正道才有出路、有前景，靠忽悠、欺骗、表演只能一时得逞。从 90 亿美元估值到灰飞烟灭，Theranos 公司只用了半年！触目惊心！所以大学生创业者要明白企业经营的核心是走正道！

154　6.2　创业企业的管理要以业务开展为中心

创业初始，公司在资金、人才和实力等方面往往都不会具备优势，特别是大学生创业者，基本没有任何管理经验，这时处于被大量不确定性事务驱动和疲于应付的状态在所难免，但公司的管理工作又是件大事，是公司能否持续发展的重要保证。因此创业阶段公司的管理也非常重要，管得好就可以快速发展，管不好，再好的项目可能也会面临关门的风险。

公司发展的不同阶段主要矛盾各不相同，创业期公司的主要矛盾是业务问题或者说订单问题，只有有订单、有现金流、有利润，公司才能活下去。因此，创业期公司的管理要围绕业务这个中心来开展。

因此创业公司要先抓开源而非节流，先抓业务的突破而非管理的规范化。要解决的主要矛盾是验证商业模式是否成立，能否把产品规模化地卖出去。不少创业初期的公司往往花很多精力去省钱和抓管理规范化，这一点是错误的。创业期公司一切并未定型，管理上人性化一些、随机一些，出不了大问题。反过来，如果解决了开源的问题，再去解决如何节流的问题那就是轻而易举的。

创业公司常犯的一个错误是小公司染上了大公司的病，小公司的管理就应该有自己的特点，而不应该陷入到大企业的管理模式不能自拔，比如常见的管理问题，一是管理过头；二是流程繁琐复杂。

创业公司，生存第一，发展第二：首先要保证自己能够生存下来，有生存下来的资本，而不是像大企业一样，强调管理、组织架构等。对于大企业来说，管理出效益是没有错的，但中小型公司不能照搬大企业的管理运作模式，比如让营销人员每天都填写各种报表，参加各种培训考试，使得营销人员根本没有任何时间、精力、心情去从事真正的营销工作，最后到了月底，业绩惨淡得要命！再比如：让研发人员天天早晚开例会，随时参加各种探讨会或者交流会，沟通学习心得、体会或者管理经验，最后将我们的研发人员变成"办公室主任"，天天在办公室看报纸，学习最新管理经验。诸如此类，皆是小公司"管理过头"的表现。表面上看，这是小公司在虚心学习大企业的"成熟管理模式"，实质上是自己害了自己。小公司需要的是适合自己现阶段发展所需的管理模式，而不是千篇一律照搬大企业的管理模式。对创业企业，管理要简单化，而不是复杂化，过分管理比没有管理更可怕！

小公司常犯的另一个管理问题是流程繁琐。小公司最大的缺陷是"小"，没有足够强大的实力和资本；小公司最大的优势也是"小"，"船小好调头"，反应迅速、响应及时，这是大企业难以做到的。

但是很多创业小公司违背、抛弃了自己"小"的优势，而是"以己之短、攻人之长"，以自己最不擅长、最不应该做的繁琐复杂的流程来经营公司、应对市场。这是最可惜又可悲的事情，然而却在很多小公司身上演绎得淋漓尽致。

曾经有家小公司，为了显得自己管理规范，有流程有制度，公司基本上每天都在下发最新的流程、制度、文件，而且要求员工学习、考核；公司半年下来，累计的流程类文件达到 200 多个，厚度达 500 页(A4 纸)。最后，员工也不知道该如何"遵守"公司的制度了，因为实在是制度太多了，而且没有突出任何重点！

对于创业公司来说，一旦管理和流程繁琐复杂起来了，就意味着小公司丧失了市场竞争的最大优势，公司员工的大部分时间都将消耗在这些"内部流程"中，而不是做出好产品、赢得市场、赢得回报！

小公司流程繁琐复杂其实还隐含另外一层意义：那就是公司平台人员太多，不赚钱的员工太多，"人浮于事"；这些不赚钱的员工太多了，为了体现自己的价值，就必然要拟制这样那样的规章制度。所以创业公司的管理要多务实、少务虚，管理岗位的设置也要注意尽量减少务虚的岗位。

155

不赚钱的员工太多

图 6.2 创业公司切忌务虚的员工太多、不赚钱的员工太多

6.3 创业企业管理的三个要素

管理是一门专业也是一门艺术，不掌握管理的科学，管理达不到 80 分，不掌握管理的艺术，管理达不到 100 分。没有人生来就懂如何管理，需要专门学习才能掌握，创业者不能死记硬背管理教条或生搬硬套别人的管理经验，要去构建自己的经营思维模型，设计自己的管理工具，进而建立起自己公司的管理系统。

企业发展阶段不同管理要点也不同，大公司和小公司的管理差别也很大，有些原则甚至是截然相反。简单地说，小公司的管理者应将注意力放在业务上，亲自抓业务。创业期的小公司其管理的核心是业务，不管黑猫白猫捉到耗子就是好猫。小公司业务突破了才能生存下来，才知道力量向哪个方向使。大企业必须以管理为核心，通过文化管人，通过管人来管事。

联想集团创始人柳传志先生提出的管理三要素：建班子、定战略、带队伍，虽然只有 9 个字，但直达管理的核心精髓，既简单明了，又有非常强的实战性，是创业企业可以学习、又容易实践的管理方法。

不论传统企业还是互联网企业，一把手永远是决定企业成败最关键的因素。怎么判断一把手的素质呢？有三条：一是得有高远的目标，拼命往上奔；二是要有坚忍不拔的意志，咬定青山不放松；三是得有较强的学习能力，能跟得上时代，学习能力本身包括了人的胸怀、情商。

因此建班子的主要内容是：一把手是有战斗力的班子的核心，一把手应该具备什么条件，应该如何进行自身修养；一把手应该如何选择班子的其他成员，其他成员不合标准怎么办；班子的成员如何进行考核。没有一个意志统一的、

156

有战斗力的班子，什么定战略，带队伍都做不出来。宗派是影响班子团结的绝症，要杜绝一切可能产生宗派的因素。

图 6.3　联想集团创始人、董事局主席柳传志先生

柳总以联想为例，讲出了联想的战略：联想想要做百年老店，我自己反思，办企业到底为什么？联想存在的意义有四点：第一，以产业报国为己任；第二，要做一个受人尊敬、值得信赖的企业，就是先不管做多大，努力去带动一批企业讲诚信；第三，就是希望在多个领域内都能有自己的领先企业；最后，就是在全球有一定的商业地位。因此定战略的主要内容是：① 确定长远目标；② 大致分几个阶段实现目标；③ 当前的目标是什么；④ 选什么道路达到目标；⑤ 行进中要不要调整方向。

所谓带队伍，就是练兵，就是要把一群散兵游勇、性格各异的人捏合成一支具有共同价值观，令行禁止、进退有据的队伍，以便带领这支队伍攻无不克、战无不胜。带队伍要达成三个目标：一是让队伍有共同的目标；二是让队伍有基本的纪律，能够令行禁止；三是让队伍学会打仗、掌握各种战斗技能。因此带队伍的主要内容是："兵会打仗吗？兵有积极性吗？要让他们学会炸碉堡。事业部体制、舰队模式是不是能调动人的积极性？规章制度定得是不是合理？另外包括激励方式、培训和发现人才、企业文化等。"

正如企业管理是一个千头万绪的工作，越有经验的管理者越有可能陷入一种混乱：因为有太多要管理的事务让自己抓不住重点，以及太多的管理方法让自己的管理顾此失彼，围绕管理三要素来展开工作，就会头脑清晰、目标明确，用价值观来建班子，用行业认知来定战略，用企业文化来带队伍。

创业大潮鼓舞了一群人的理想，资本寒冬浇灭了一群人的希望。对这两者都深有感触的，当属微微拼车的创始人王永。他的项目赶上了创业最好的时光，

157

产品上线短短几个月就受到了投资人的热烈追捧，有人甚至对其公司估值 10 亿元人民币；他的项目也赶上了创业最坏的时光，没有多久形势急转直下，最终因融资不顺倒在了资本寒冬里。

"我们用 3 个月的时间，从 30 人增长到 300 人，又用 3 个月的时间，从 300 人裁员到 30 人。"王永对网易科技记者说："如今回头看，当初的一切都很疯狂。"

2014 年，各种拼车软件层出不穷的时候，王永心动了。因为热衷公益，王永一直关注并推动着公益顺风车事业的发展，当他看到商业版本的顺风车如此受市场欢迎之时，便决定卷起袖管自己干。于是，2014 年 4 月，王永筹备成立了北京微卡科技有限公司；10 月，微微拼车正式上线。微微拼车希望搭建一个拼车平台，方便车主和乘客互助出行。

2014 年 10 月，微微拼车只有不到 30 名员工，公司账上的资金也不到 400 万。但凭借王永在顺风车领域的号召力，以及全国各地的合作资源，微微拼车在多个城市迅速打开了市场。

资本接踵而至。2014 年 12 月，微微拼车拿到了 400 万元人民币的首笔投资，投资方叫中新圆梦，对微微拼车给出的估值是 8000 万元人民币；2015 年 1 月，微微拼车拿到了 750 万元人民币的第二笔投资，投资方叫茂信合利，他们给出的微微公司估值是 1.5 亿元人民币。

这两笔投资的进入，让王永的胆子大了起来，微微拼车随即进入人员和业务的"大跃进"状态。在 2015 年的 1 月以后，王永对微微拼车是行业第一这个事实深信不疑。当时微微拼车的业务覆盖了国内 180 多个城市，注册用户数已经超过百万，日均订单在 3 万单左右。不断入职的新员工挤满了位于中关村南大街的铸诚大厦 16 层。

"我们上了《新闻联播》，我主演的电影《顺风车》也启动了，预热。"王永回忆说，当时一切看起来都欣欣向荣。包括中信资本、盛大资本在内的一大波投资机构络绎不绝地来登门拜访。他们给微微拼车的估值也从 1.5 亿元变成 3 亿元，又从 3 亿元变成 5 亿元、8 亿元，直到 10 亿元人民币。王永在微微拼车大约持股 70%，按照 10 亿元估值一算，他的身价已为 7 亿元人民币。

"当时觉得自己马上就要成功了，非常亢奋，每天几乎十六个小时都在工作。"王永甚至开始谋划上市，谋划全球化，谋划一个规模更大的私家车共享经济平台。

中新圆梦、茂信合利都希望能投出更多的资金，但被王永以不愿出让更多股份、希望小步快跑为理由拒绝了。当投资人给微微拼车估值 1.5 亿元、3 亿元、5亿元的时候，如果王永拍板，钱也许很快就会到账。但王永希望听到更高的出价。

终于，中信资本喊出了10亿元的报价，王永开始心动。为此，他甚至还拒绝了一家A股公司10亿元人民币收购微微拼车的请求。但很快，他就为自己的贪婪和犹豫付出了代价。

在微微拼车最受资本追捧的日子里，有一位知名投资机构的负责人约了三次才见到王永。骄傲和贪婪加在一起，让王永在犹犹豫豫的状态下拒绝掉了很多急于入局的资本，而把未来孤注一掷在出价最高的中信资本身上。就在中信资本做完尽职调查、准备召开投决会之前，故事发生了致命转折——滴滴来了。

2015年2月14日，滴滴打车和快的打车宣布合并。合并后没过多久，就传出滴滴将要推出拼车产品"滴滴顺风车"的消息，这对微微拼车这些拼车行业的创业公司来说，是非常致命的一击，滴滴把投资人都吓跑了。

王永显然没有预测到这样的结果。滴滴把中信资本吓跑以后，微微拼车并没有马上到走投无路的地步。那时候，微微拼车每天要烧掉100万人民币，账上的钱所剩无几，但如果放低估值去融资还是有一定机会的。

果然，盛大资本来了，他们给微微拼车的估值是4亿元人民币，愿意投出1亿元人民币换取25%的股份。与盛大的谈判非常漫长，而微微拼车账上的钱已经快要花光了。为了维持仅存的一点希望，王永个人先后拿出2000多万元投入公司。

159

现在回想起来，王永说，那时候自己就是赌博心态。而结果是，他赌输了。2015年6月，股市暴跌，在这样的背景下，盛大资本在投决会上决定不会投资微微拼车。而王永转身去找其他投资人时，发现没有任何人有丝毫接盘的意愿，无论估值可以降到多低。

自知大势已去，王永加大了裁员的力度，"从30人到300人很容易，但从300人到30人，过程中的痛苦可想而知"。

融资失败结束了微微拼车的创业之旅，但这只是表象，真正杀死这家公司的，是其在战略、团队、管理等方面的一系列问题。

王永说，对于失败他自己要承担起80%的责任。作为董事长，王永最初主导公司的战略和外部事务，但在融资、招人、技术和管理等宏观层面，他的判断力都明显不足。

微微拼车的一位前员工告诉记者，王永对于互联网不甚了解，前期他在融资方面太过乐观和傲慢，后期则没有做到当机立断。公司在用人上也没有形成规范，王永独断的现象时有发生。王永在全国各地有很多合作伙伴，这些人给微微拼车初期的扩张工作带来很大帮助，但后来他们用尽各种手段掏空了这家公司的资金。

如果王永手下有一支称职的高管团队，微微拼车或许也不至于失败得那么突然。但问题是，没有。

如今王永对微微拼车前高管们的评价是——"简历都很牛"，不少人在华为、金山、摩托罗拉、百度等大型 IT 公司供职过，但对于互联网产品的开发和运营却不甚了解，也基本没有带领上百人团队的经验。比如在产品方面，微微拼车 App 的用户体验很差，有一段时间每天要宕机三四次。

但最致命的问题出在资金上。微微拼车从开始到最后一共花出去 4000 多万元人民币，王永认为其中至少有一半"被浪费了"。首先，在市场补贴方面，微微拼车做得不够精细。有一段时间，微微拼车每天要补贴掉 100 万元，最多的一天则为 150 万元。

"我们没有把钱补给真正需要补贴的人"，王永说，"补贴是一种自残行为，短期内看起来好像有点繁荣，但实际上并没有培养起任何的用户忠诚度。反而招来大量的职业刷单者，在我们的后台，刷单比例至少占到 30%。"

但补贴并不是微微拼车烧钱的唯一出口。在推广费用上，这家公司的内控问题相当严重。"有三分之一的城市出现了这种状况，比如通过合同造假的方式侵吞推广费，比如一顿饭上万元的应酬费。"王永说，"甚至有些地方，几十万的推广费花完了，下面员工竟然说没有见过这些钱。"

"高管每个月工资 3 万多，媒介总监 2 万，总监的助理都要 1 万 5。"王永做企业 20 多年，本来他有自己的经验和判断，但当高管们用"互联网要信任、透明、快节奏"等理念来游说他的时候，他动摇了、相信了，"他们告诉我，我们要学硅谷，每天穿个大裤衩、穿双拖鞋来上班，每天要有水果、酸奶，要好吃好喝。有一个月我看账目，买水果、买酸奶的开销都好几万。"

当王永发现这些问题的时候，公司账上已经没有钱了，他把自己的积蓄全部拿了出来，甚至还找朋友借了不少钱，用于裁员、收拾微微拼车剩下的摊子。

微微拼车给王永带来很多教训，比如：创业要避免烧钱、避开巨头，否则命运不在自己手中；融资不能贪婪，要及时拿钱，出价最高的不一定最可靠；团队里要有同舟共济的合伙人，打工心态的职业经理人往往靠不住；内控和管理工作一刻不可松懈，否则公司会死在内耗上。

当然，如果再创业，王永说一定不会选择类似拼车这样通过疯狂补贴来竞争的行业。"生意总归要赚钱，要有利润。O2O 补贴大战，其实都是自欺欺人。"王永说，"互联网是一种工具，我们不能把互联网当饭吃，真正的发动机还是

160

商业本身。"

表面上看，微微拼车快速失败的直接原因是竞争环境变了，滴滴加入了拼车队伍，把投资人吓跑了，融不到资了。如果我们深入分析微微拼车的失败原因，可以发现它违反了创业公司最忌讳的两点：第一点，作为一家创业公司，管理要以业务开展为中心，要有订单、有盈利，这是基本的商业规则，只有这样公司才能活下来，而不能没有业务和利润，靠融资来过生活，一个企业自身没有造血能力，完全靠输血生活，随时会死掉；第二点，公司管理上的问题和混乱必然导致微微拼车会死掉，即使能融到钱，这样管理水平的公司也不可能取得商业上的成功。

我们可以用管理的三要素来分析一下微微拼车的管理问题：第一，微微拼车没有形成一个有力的班子，公司所有的一切管理，决策基本上靠王永一个人，作为一家企业没有一个有力的团队是不可能成功的；第二，看战略，微微拼车的长远目标是什么，分几个阶段来实现，如何达成目标，没有一个清晰的路径和计划，基本没有战略，目标随意性很强；第三，没有目标一致、同舟共济的队伍，结果就是内耗、浪费，在创业公司摆着大公司的谱，没有人去思考公司怎么发展下去，公司一旦出了问题、有风吹草动，就树倒猢狲散。所以，微微拼车的失败更多的原因是管理问题导致的失败，因此再好的创业项目、再有前途的创业方向，如果公司基础管理做不好，也很难成功。哈佛商学院教授、《创始人的困境》一书的作者诺姆·沃瑟曼2015年的研究发现，65%的初创公司因为管理团队内部的问题而遭遇失败。

6.4 执行力是创业企业成功的关键

创业企业要成功，战略与执行力缺一不可。所谓企业的团队执行力，学术界的理解是将战略与决策转化为实施结果的能力；通用公司前任总裁韦尔奇认为：执行力就是"企业奖惩制度的严格实施"；柳传志先生则解释为执行力就是用合适的人干合适的事。

执行力是指有效利用资源、保质保量达成目标的能力，指的是贯彻战略意图，完成预定目标的操作能力。执行力是把企业战略、规划、目标转化成为效益、成果的关键。

执行力包含完成任务的意愿、完成任务的能力、完成任务的程度。对个人而言执行力就是办事能力；对团队而言执行力就是战斗力；对企业而言执行力就是经营能力。简单来说执行力就是行动力。

因此执行力就是在既定的战略和愿景的前提下，组织对内外部可利用的资源进行综合协调，制定出可行性的战略，并通过有效的执行措施从而最终实现组织目标、达成组织愿景的一种力量。

执行力既反映了组织(包括政府、企业、事业单位、协会等)的整体素质，也反映出管理者的角色定位。管理者的角色不仅仅是制定策略和下达命令，更重要的是必须具备执行力。执行力的关键在于透过制度、体系、企业文化等规范及引导员工的行为。管理者如何培养部属的执行力，是企业总体执行力提升的关键。

个人执行力是指每一单个的人把上级的命令和想法变成行动，把行动变成结果，从而保质保量完成任务的能力。个人执行力是指一个人获取结果的行动能力；总裁的个人执行力主要表现为战略决策能力；高层管理人员的个人执行力主要表现为组织管控能力；中层管理人员的个人执行力主要表现为工作指标的实现能力。

团队执行力是指一个团队把战略决策持续转化成结果的满意度、精确度和速度的能力，它是一项系统工程，表现出来的就是整个团队的战斗力、竞争力和凝聚力。

个人执行力取决于其本人是否有良好的工作方式与习惯，是否熟练掌握管人与管事的相关管理工具，是否有正确的工作思路与方法，是否具有执行力的管理风格与性格特质等。团队执行力就是将战略与决策转化为实施结果的能力，是"当上级下达指令或要求后，迅速做出反应，将其贯彻或者执行下去的能力。"没有执行力，一切都是空谈！

图6.4　没有执行力，一切都是空谈

创业企业要提高执行力，可以参照拉卡拉总结的执行力四部曲来实施，该方法简单明了，适合初创企业。该方法所述的执行力四部曲是：设目标、控进度、抓考评、理规范。

第一步设目标：必须为每个下属设定SMART目标，事先设定，沟通清楚，

162

设目标的时候要向上思考，站到上一级的高度来审视如何制定目标对实现上一级的战略意图更有帮助。

所谓 SMART 原则就是：

◆ 目标必须是具体的(Specific)；

◆ 目标必须是可以衡量的(Measurable)；

◆ 目标必须是可以达到的(Attainable)；

◆ 目标必须和其他目标具有相关性(Relevant)；

◆ 目标必须具有明确的截止期限(Time-based)。

第二步控进度：时刻关注下级是否在正确的方向上，进度是否正常，核心是管一层看一层，即必须关注 N-2 的人的工作内容，以确保 N-1 的人能够实现其认为的目标。

第三步抓考评：期末必须考评，而且必须认真考评，把考评当作复盘以及培训下属的工具，有目标没考评比没有目标还差。

第四步理规范：所有干部，对于辖区内重复性、规律性的工作都要形成规范，这是简化管理难度和提升下属战斗力的重要方法。规范就如同菜谱，一旦我们可以把菜谱写出来，任何人就都可以照着菜谱做出 80 分的菜了。

拉卡拉执行力四步曲是一个循环的过程，以时间为轴周而复始循环。

正如联想集团创始人柳传志先生对执行力的阐述：

(1) 不要以为召开会议或进行培训了，问题就解决了；

(2) 不要以为规章制度或文件下发了，流程就理顺了；

(3) 不要以为亲自沟通或安排部署了，执行就到位了；

(4) 不要以为看到问题提出问题就完事了，知道不等于做到！

好的执行力就是管理者的紧盯、基层的实干。

6.5　管理者要学会有效授权

在很多小企业中经常看到奇怪的背离现象，老板和管理者越来越忙，从早忙到晚，节假日也不休息。而许多员工的责任心越来越差，缺乏工作激情，整个企业的工作效率日渐低下。如果你所在的公司是这种现象，老板和管理者们要思考一下，自己是不是做了许多下属该做的事情。老板和管理者不是千里马，在跑道上与下属赛跑，而是千里马的教练，给下属发展的空间，让其纵横驰骋，把事情做好。这就是管理者如何进行有效授权的问题。

163

一位美国百货零售巨头曾说："身为一个经理人都该明白，想逼死自己最快的方法就是大权一把抓。"美国著名社会学家怀特也说："世界上最困难的事情就是把一件你很拿手的工作交给别人，再眼睁睁地看着他把事情搞砸，而你却还能心平气和地不发一言。"从这些言论中，足以证明授权的重要性和困难性。现实中，很多企业都明白授权的重要性，但具体实施起来，很多时候的授权是无效的，授权并没有达到企业管理者相应的目的。

授权的核心：授对人，授对事，授对法。 自己不会做的事情不能授权，把自己不会做的事情授权给下属是逃避责任，也是不负责任。授权是战术层面的，战略层面的必须集权。

被授权人行动指南： *想清楚再承诺，问清楚再开始，有问题及时反馈，担起责任。*

图6.5　管理者要学会有效授权，不能所有任务都自己扛

创业企业管理者学习有效授权，可以参考下面所述的原则和方法：

(一) 确定授权的对象和授权的方法

企业领导者在授权时必须因时、因事、因人、因地、因条件不同确定授权的方法、权限大小、内容等。因而在准备授权时，我们首先要确定给什么样的人授权，应当采取什么样的方法授权，授权的范围又是什么。对不同层级的人员委派工作任务和授权时，我们应当采取不同的授权方法，同时要求被授权的员工敢于付出、敢于承担责任，且应具有积极热情的态度和真才实学。

(二) 确定目标是有效授权的灵魂

亚里士多德说："要想成功，首先要有一个明确的、现实的目标——一个奋斗的目标"。当一个人不知道驶向哪个港口时，所有的风向都是错误的。要想通过授权取得巅峰业绩，一定要使员工能够看到远处的最终目标，只有清晰的目标导向才能把成功的欲望深深根植于员工的意识中，才能有效地提高员工工作积极性，最终实现企业的目标。有效的授权方式一般有以下两种，第一种如："小张，你负责本年度 A 产品的推销工作，加油干吧，公司将给你丰厚的奖励。"第二种如："小李，你负责本年度 A 产品在 C 地区的推广，公司希望达到 40% 的市场占有率，如果成功，公司将给你 5 万元的奖励。"结果怎么样? 小张被授权后，四顾茫然，不知道自己的努力方向。小李呢? 他接受的是明确的、富有挑战性的目标，此项任务立即引起了他的兴趣，小李主动调动自己的潜在能力，积极向目标奋进，授权的成效也浮出水面，业绩很好。

从中我们可以得知，授权时，我们一开始就应清晰地告诉员工，公司试图达到什么目标，让员工对授权目标有个明确的、具体的认识。这样员工才能根据这个了然于胸的目标，依据自己的能力，迈出第一步、第二步、第三步，直到成功。目标不明确，不但起不到激励的作用，还会使被授权者茫然、无所适从。

(三) 不得重复授权

授权必须明确到具体的个人，不能含糊其辞，不能重复授权。有这样的案例：上午，张经理对小李说："请你今天做一个市场调查，统计一下我市几家大型超市饮料的定价范围!"下午，见到小王后，张经理却又把同样的任务交给了小王。结果造成小李、小王之间的猜疑，怀疑自己的能力不行，甚至认为张经理在无事生非，在制造同事之间的矛盾，小李、小王的工作积极性也因此下降，工作成绩黯然失色。

企业管理者在授权时出现重复授权可能是无意的，可能只是在口头上的随便讲讲，但是下级员工就会在领导语意不明确的情况下，都以为这是领导交给自己的任务而开始工作。这样就会出现双头马车，造成公司资源的浪费，甚至造成公司员工的不团结。所以企业领导者授权时一定要清楚明白，千万不要出现重复授权的现象。

(四) 授权要信任下属

"用人不疑，疑人不用"。历史上著名的曹操就是因为对下属的不信任，经常猜忌别人，最终致使大批优良才俊的离开。作为企业领导者，如果你将某一项任务交给你的下属去办，那么你要充分信任你的下属能办好，因为信任具有无比的激励威力，是授权管理的精髓和支柱。在信任中授权对任何员工来说，是一件非常快乐而富有吸引力的事，它极大地满足了员工内心的成功欲望，因信任而自信无比，灵感迸发，工作积极性骤增。因此，领导的信任可以有效地激励员工。

不被信任，会让员工感到不自信，不自信就会使他们感觉自己不会成功，进而感到自己被轻视或抛弃，从而产生愤怒、厌烦等不良的抵触情绪，甚至把自己的本职工作也"晾在一旁"。打个比方，你陪新手去开车，如果你担心他开不好车，担心他方向盘掌握得不好或者油门踩得不好，不给他充分授权，不让他上路开车，这样他怎么能开好车呢？

经营之神松下幸之助说："最成功的统御管理是让人乐于拼命而无怨无悔，实现这一切靠的就是信任。"所以，当企业管理者给下级授权时应当充分信任下级员工能担当此任。

(五) 授权是要将责任和权力一起交给下属

世界上任何事情都不是绝对的，而是相对的。同样的，在企业管理中责任与权力也是相对的。然而，很多的公司的管理者在授权时普遍存在一个误区，就是在授权时只给下属相应的责任而没有给下属充分的权力，这种授责不授权的做法是大错而特错的。有个公司的供应部经理让采购员去采购一批纸张，但相关的价格范围决定权、供应商的选择权、质量标准界定权谁负责都没有跟采购员说清楚，于是采购员做什么，事事都需向供应部经理汇报，他不汇报，就批评他，出错了又让采购员承担责任。这种授权方式不叫授权，而叫推卸责任。

下属履行其职责，必须要有相应的权力。只有责任而没有权力，则不利于激发下属的工作热情，即使处理职责范围内的问题也需不断请示管理者，这势必造成下属的压抑感。只有权力而没有责任，又可能会使下属不恰当地滥用权力，这最终会增加企业管理者的过程控制难度。

(六) 进行反馈与控制

作为企业管理者，在授权的过程中，为保证下属能及时完成任务，管理者必须对被授权者的工作不断进行检查，掌握工作进展信息，或要求被授权者及时反馈工作进展情况，对偏离目标的行为要及时进行引导和纠正。同时管理者必须及时进行调控：当被授权者由于主观不努力，没有很好地完成工作任务时，必须给予纠正；对不能胜任工作的下属要及时更换；对滥用职权，严重违法乱纪者，要及时收回权力，并予以严厉惩处；对由于客观原因造成工作无法按时进展的，必须进行适当协助。诸葛亮分配关云长守荆州，最后关云长大意失荆州，这都是由于诸葛亮对荆州的信息了解不够，对关云长的工作开展情况了解不够，进而失去了必要的调控造成的。

授权不是不加监控地授权，在授权的同时应附以有效的控制措施，这样才能使授权发挥更好的作用。

授权就像踢足球一样，教练必须根据每位球员的特点安排其踢合适的位置，明确每位球员球场上的职责，在比赛过程中教练又要根据球员的场上表现及时地换人、换位，同时又要提醒场上队员应注意的事项，做到对全场比赛的有效控制。这样企业管理者才能很好地做好授权管理工作，被授权者才能有优异的工作绩效。

图 6.6 授权就像踢足球，教练必须明确每位球员在球场上的职责

 推荐阅读

[1] 林军，华夏编著，《柳传志的领导智慧》，浙江大学出版社，2011 年。

[2] 孙陶然著，《创业 36 条军规》，中信出版社，2015 年。

[3] 电影《中国合伙人》。

 思考题

1. 创业企业的经营为什么要树立走正道的意识？

2. 创业企业管理的三个要素是什么？三个要素的具体内容有哪些？

3. 为什么说执行力是创业企业成功的关键？拉卡拉总结的执行力四部曲是什么？

4. 管理者为什么要学会有效授权？

创业企业的营销之道

【学习目标】

➢ 理解什么是营销，营销的目的与本质是什么；
➢ 了解菲利普·科特勒关于营销的三个时代的目标的不同；
➢ 掌握市场营销的 4P 理论；
➢ 了解市场营销理论的发展历程：从 4P 到 10P；
➢ 了解创业企业的营销之道。

7.1 什么是营销？营销的目的是什么？

广义的营销是指企业发现或挖掘准消费者需求，从整体氛围的营造以及自身产品形态的营造去推广和销售产品，主要是深挖产品的内涵，切合准消费者的需求，从而让消费者深刻了解该产品进而购买的过程。

◆ 营销的目的是：产生可持续性收益。

◆ 营销的本质是：抓住用户的需求并快速把需求商品化。

在具有不同的政治、经济、文化的国家，营销不应该一成不变。即使在同一个国家，在消费品行业、B2B 行业(business to business industries)和服务业，营销方式也是不同的。而在同样的行业里，不同的企业也有着各自不同的营销方式。

营销学是关于企业如何发现、创造和交付价值以满足一定目标市场的需求，同时获取利润的学科。营销学用来辨识未被满足的需要，定义、量度目标市场的规模和利润潜力，找到最适合企业进入的市场细分和适合该细分的市场供给品，满足用户的需求甚至为用户创造需求。

狭义的营销就是指市场营销，市场营销既是一种组织职能，也是为了组织自身及利益相关者的利益而创造、传播、传递客户价值，管理客户关系的一系列过程。

关于市场营销的第一版官方定义是 1935 年由 AMA 的前身——美国营销教师协会所采用的，1948 年被 AMA 正式采用的定义。1960 年，当 AMA 重新审视第一版定义时决定依然保持不变，不做任何修改。就这样，关于市场营销最初的定义一直沿用了 50 年，直到 1985 年才被重新修订。修订后的定义也就是当今见到的关于市场营销最普遍的定义：

市场营销是计划和执行关于商品、服务和创意的观念、定价、促销和分销，以创造符合个人和组织目标的交换的一种过程。

这个定义直到 2004 年夏天才被重新修订。这次新定义是近 20 年来关于市场营销定义的首次修订。关于市场营销有如下多个版本的定义。

定义 1(AMA，1960)："市场营销是引导货物和劳务从生产者流向消费者或用户所进行的一切企业活动。"这一定义将市场营销界定为商品流通过程中的企业活动。在此定义下，"营销"等同于"销售"，它只是企业在产品生产出来以后，为产品的销售而做出的各种努力。

169

定义 2(AMA，1985)："市场营销是计划和执行关于产品、服务和创意的观念、定价、促销和分销的过程，目的是完成交换并实现个人及组织的目标。"根据这一定义，市场营销活动已经超越了流通过程，是一个包含了分析、计划、执行与控制等活动的管理过程。

定义 3(格隆罗斯，1990)："市场营销是在一种利益之下，通过相互交换和承诺，建立、维持、巩固与消费者及其他参与者的关系，实现各方的目的。"这一定义强调营销的目的是在共同的利益下，建立、维持、巩固"关系"，实现双赢或多赢。

定义 4(菲利普·科特勒，1994)："市场营销是个人和集体通过创造并同他人交换产品和价值以满足需求和欲望的一种社会和管理过程。"

定义 5(AMA，2004)："市场营销是一项有组织的活动，它包括创造'价值'，将'价值'通过沟通输送给顾客，以及维系管理公司与顾客间的关系，从而使公司及其相关者受益的一系列过程。"

定义 6(AMA)：营销是计划和执行关于商品、服务和创意的构想、定价、促销和分销，以创造符合个人和组织目标的交换的一种过程。

定义 7(美国营销大师菲利普·科特勒)："世界上最短的营销定义"——

比竞争对手更有利润地满足顾客的需要。

图 7.1 "现代营销学之父"菲利普·科特勒

"现代营销学之父"菲利普·科特勒将营销的发展分为三个时代，即营销的 1.0 时代、2.0 时代、3.0 时代。

营销 1.0 就是工业化时代以产品为中心的营销，营销 1.0 始于工业革命时期的生产技术开发，其目的是销售产品，"把工厂生产的产品全部卖给有支付能力的人"。

在营销 1.0 时代的企业眼中，市场仅仅是一群具有生理需求的大众买方。为了满足大众市场需求，企业尽可能地扩大规模、标准化产品，不断降低成本以形成低价格来吸引顾客。最典型的例子莫过于当年只有一种颜色的福特 T 型车。

营销 2.0 是以消费者为导向的营销，是由信息技术和互联网催生的。20 世纪 70 年代，西方发达国家信息技术的逐步普及使产品和服务信息更易为消费者所获得，市场权力经由生产商转向渠道商再转到消费者手上。营销 2.0 的目标是满足并维护消费者，这个时代里，企业眼中的市场已经变成有思想和选择能力的聪明的消费者。

尽管以消费者为中心，2.0 时代的营销仍然是把消费者当作可以诱惑的对象，而不是和消费者真正打成一片。

营销 3.0 就是合作性、文化性和精神性的营销，也是价值驱动的营销，其目标是让世界变得更好。这个时代下市场已经成为具有独立思想、心灵和精神的完整个体。营销 3.0 兴起于 2010 年前后。当时，全球社会正经历着深刻的社交网络化，随着网民互动的深入，意味着消费者权力得到了空前的增长。消费者变得越来越难以信任由生产商、渠道商、传统媒体所构建的垂直信息渠道，

170

他们更愿意相信水平的信息渠道，即来自陌生网友的口碑传播。

营销 3.0 不仅仅要将品牌独特化，还要道德化，它是意义的营销，这些意义需要以战略的高度整合到"使命、愿景和价值观"中去，归根结底就是"得道多助，失道寡助"。围绕这个基本观点，科特勒提出，要向消费者营销企业的使命，即企业要开展不同寻常的业务，并以讲故事的方式告知消费者品牌的正确使命；要向员工营销企业价值观。

"新浪潮科技"是促进营销 3.0 诞生的主要动力。新浪潮科技指的是能够帮助个体和群体保持互联互动的科技，它包括三个主要组成部分：廉价的电脑和手机、低成本的互联网接入以及开源性软件。新浪潮科技使得人们从被动的消费者变成了生产型消费者，而推动新浪潮科技发展的力量之一，就是社会化媒体的兴起。

合作营销是营销 3.0 的第一个组成部分，就是企业和所具有相似价值观和期望值的商业实体之间的密切合作。文化营销是营销 3.0 的第二个组成部分。践行营销 3.0 的企业必须了解与其业务相关的地区问题、社区问题。为消费者提供意义感将成为企业未来营销的价值主张，价值驱动型商业模式将成为营销 3.0 的制胜之道。和创造性人群一样，企业也必须超越自己的物质目标，以企业的自我实现为最终目的。企业必须了解自己的本质、为什么从事这个行业以及未来将何去何从，然后把这些问题的答案写进自己的企业使命、愿景和价值观。从企业角度，这就是精神营销，或者叫做人文精神营销，即营销 3.0 的第三个组成部分。

科特勒认为，在营销 3.0 时代，企业的理想状态是能够从承担社会责任、善待自然环境中获益，这需要让股东以长远的目光看待问题。

从营销理论 1.0 到 3.0 的发展来看，营销关注的重点从生产者向消费者转变，从产品的单一功能向产品的综合功能转变，从产品本身向产品的附加情感转变，从产品本身向企业文化转变，从让客户认可产品到让客户认可企业转变。

但是不管如何变化，营销的本质都是：抓住用户的需求，并快速把需求商品化，这一点依然没变，这是作为企业的本分；而营销的目的是：产生可持续性收益，这一点也没有变，这是企业实现商业成功的必要条件。

7.2　市场营销理论的发展——从 4P 到 10P

4P 营销理论(The Marketing Theory of 4PS)产生于 20 世纪 60 年代的美国，

随着营销组合理论的提出而出现。1953 年，尼尔•博登在美国市场营销学会的就职演说中创造了"市场营销组合"这一术语，其意是指市场需求或多或少地在某种程度上受到所谓"营销变量"或"营销要素"的影响。

1967 年，菲利普•科特勒在其畅销书《营销管理——分析、规划与控制》第一版进一步确认了以 4PS 为核心的营销组合方法，即：

◆ 产品(Product)：注重开发的功能，要求产品有独特的卖点，把产品的功能诉求放在第一位。

◆ 价格(Price)：根据不同的市场定位，制定不同的价格策略，产品的定价依据是企业的品牌战略，注重品牌的含金量。

◆ 渠道(Place)：企业并不直接面对消费者，而是注重经销商的培育和销售网络的建立，企业与消费者的联系是通过分销商来进行的。

◆ 宣传(Promotion)：很多人将 Promotion 狭义地理解为"促销"，其实这是很片面的。Promotion 应当是包括品牌宣传(广告)、公关、促销等一系列的营销行为。

这四种营销策略的组合，因其英语的第一个字母都为"P"，所以通常也称之为"4P"。4P 营销理论实际上是从管理决策的角度来研究市场营销问题。从管理决策的角度看，影响企业市场营销活动的各种因素(变数)可以分为两大类：一类是企业不可控因素，即营销者本身不可控制的市场，营销环境，包括微观环境和宏观环境；第二类是可控因素，即营销者自己可以控制的产品、商标、品牌、价格、广告、渠道等。而 4P 就是对各种可控因素的归纳：

(1) 产品策略(Product Strategy)，主要是指企业以向目标市场提供各种适合消费者需求的有形和无形产品的方式来实现其营销目标。其中包括对与产品有关的品种、规格、式样、质量、包装、特色、商标、品牌以及各种服务措施等可控因素的组合和运用。

(2) 定价策略(Pricing Strategy)，主要是指企业按照市场规律以制定价格和变动价格等方式来实现其营销目标，其中包括对与定价有关的基本价格、折扣价格、津贴、付款期限、商业信用以及各种定价方法和定价技巧等可控因素的组合和运用。

(3) 分销策略(Placing Strategy)，主要是指企业以合理地选择分销渠道和组织商品实体流通的方式来实现其营销目标，其中包括对与分销有关的渠道覆盖面、商品流转环节、中间商、网点设置以及储存运输等可控因素的组合和运用。

(4) 促销策略(Promoting Strategy)，主要是指企业以利用各种信息传播手段刺激消费者购买欲望，以促进产品销售的方式来实现其营销目标，其中包括对与促销有关的广告、人员推销、营业推广、公共关系等可控因素的组合和运用。

随着市场营销概念的不断拓宽，重新定义 4P 成为当务之急，菲利普·科特勒在他的著作中提到："企业必须积极地创造并滋养市场"。"优秀的企业满足需求，杰出的企业创造市场。"是他的名言。

市场营销学涉及市场安排、市场调查以及客户关系管理等，菲利普·科特勒提出，市场营销是"创造价值及提高全世界的生活水准"的关键所在，它能在"赢利的同时满足人们的需求。"他一直试图将有关市场营销的探讨提升到产品与服务之上，1987 年出版的《高度可见性》(High Visibility)就是围绕着市场营销的地点、理念和知名度展开的，他的一些论著专门针对特殊的听众，其中包括了非营利性机构、宗教，甚至博物馆等。他深信世界上最有成就感的市场营销工作应该"带给人们更多的健康和教育，使人们的生活质量有根。"

进入 20 世纪 80 年代，菲利普·科特勒提出了"大市场营销"的概念，即在原来的 4P 组合的基础上，增加两个 P："政治力量"(Political Power)、"公共关系"(Public Relations)，他认为 21 世纪的公司还必须掌握另外两种技能，一是政治力量(Political Power)，就是说，公司必须懂得怎样与其他国家打交道，必须了解其他国家的政治状况，才能有效地向其他国家推销产品。二是公共关系(Public Relations)，营销人员必须懂得公共关系，知道如何在公众中树立产品的良好形象——这显然更像是对企业家的要求。在科特勒的营销学中，企业家就应当是位首席营销员。

6P 之后，菲利普·科特勒又提出战略上的 4P：探查，细分，优先，定位。

在里斯和特劳特的定位概念中，定位是指消费者头脑中对某一品牌在该品类中占据的位置，更多地强调来自顾客的心智资源。而科特勒的"定位"发生了变化——定位即企业的战略选择。比如：如果某公司想生产出世界市场上最好的机床，那么该公司就应该知道，他的产品的质量要最高，价格也要高，他的渠道应该是最好的经销商，促销要在最适当的媒体上做广告，还要印制最精美的产品目录等。如果不把这种机床定在最佳机床的位置上，而只是定为一种经济型机床，那么就采用与此不同的营销组合。

如此一来，4P 就变成了 10P，"大市场营销"理论将市场营销组合从战术营销转向战略营销，意义十分重大，被称为市场营销学的"第二次革命"。当然，最广为人知的依旧还是 4P，人类似乎再也找不到比这更贴切的营销关键词。尽管之后出现了 4C、4R 等新潮理论，但人们发现万变不离其宗，迄今为止仍然可以用产品、价格、渠道、促销来解读营销行为。

173

7.3 创业企业营销之道1

——放下身段，死缠烂打

讲营销的书籍汗牛充栋，讲营销的方法各式各样，成功了的公司讲起来都头头是道，但是对于创业公司，理想很丰满，现实很骨感，费了九牛二虎之力，好不容易把产品开发出来了，客户在哪里？怎么卖出去？作为不知名的小公司、初创企业，怎么让客户接受自己和自己的产品？这是每个创业企业在营销时都要面对的现实。

所有的成功都是死缠烂打出来的，对于创业公司而言在市场营销阶段，首先得放下身段，把每一个机会都当成最后的救命稻草去争取，咬紧牙关硬扛，才有可能成功。所有的创业者都是"备受屈辱"做了很多自己不愿意做的事情，一路摸爬滚打过来的。幻想坐在办公室里，客户就找上门来，生意就做成了，对创业公司来说基本是梦想。

不管是今天已经成为全球通讯领域老大的华为，还是人人皆知的"老干妈"，创业初期都是创始人背着产品四处推销才成就了今天的伟大企业。当我们在羡慕滴滴打车在短短三年的时间从零开始到成为估值达百亿美金的独角兽企业时，你可知道在滴滴打车创业伊始的那段日子他们是怎么熬过来的？

滴滴创始人程维回顾滴滴创业初始的那段日子，让我们看到了所有创业企业早期营销都要经历的艰难历程。滴滴早期创业的时候，公司的业务分成司机端和乘客端，线下团队主要找到司机，线上则选择了一个外包团队来做产品，两个月时间开发后发现产品根本没法用，虽然产品开发很艰难，但更艰难的是线下运营，也就是线下的营销。如何让司机接受滴滴，用滴滴的打车软件，这是公司最难突破的困难。当时了解到北京有 189 家出租车公司，6~7 万辆出租车。他们定的目标是两个月内突破 1000 个司机。结果出去跑了 40 天，还没有一家出租车公司肯和滴滴签约。在快要放弃的时候，他们找到了北京一家很小的出租车公司，签下了第一个合作。之后团队就靠着这第一个合作合同，陆陆续续签下了几家出租车公司。其实后来才明白，滴滴打车在做线下的资源整合时，不应该找出租车公司，而是应该找出租车司机，所以这些过程都是试错得来的。

在出租车签约方面取得一定突破后，程维又发现，手机流量成为 APP 普及的拦路虎。没有订单，还要走流量，那些司机师傅根本就不开软件。产品达不到用户标准，但只能咬牙往前跑。所以开始了第一次补贴，给每个司机办了50 块钱的流量包。刚开始的时候，500 位注册司机只有 16 个人上线。当时没有订单，就找人去打车，招了兼职同学，每天给他 400 块钱，让他全北京打车，让这些司机感应到用户的信息。那个同学后来回来的时候说他很痛苦，他表示普通人很难理解一天在北京要打 100 公里车的人，他当时出发的时候用滴滴叫了个车，后来回来的时候，发现附近还是这个司机，就很纠结要不要上车，担心司机发现自己是托。

老干妈创始人陶华碧在舍弃了苦心经营多年的餐厅后，于 1996 年 7 月，租借南明区云关村委会的两间房子，招聘了 40 名工人，办起了食品加工厂，专门生产麻辣酱，定名为"老干妈麻辣酱"。

办厂之初的产量虽然很低，可当地的凉粉店还是消化不了厂里生产的"老干妈麻辣酱"，陶华碧亲自背着麻辣酱，送到各食品商店和各单位食堂进行试销。正是靠着创始人放下身段、亲力亲为，至今老干妈的产品已经覆盖除台湾省以外的全国各地，并远销欧盟、美国、澳大利亚、新西兰、日本、南非、韩国等 20 多个国家和地区。一举改变了辣椒产品局限于嗜辣地区的传统。

这是一个今天很多外人都津津乐道的故事：1987 年，43 岁的退役解放军团级干部任正非，与几个志同道合的人，以凑来的 2 万元人民币创立了华为公司。当时，除了任正非，可能谁都没有想到，这家诞生在一间破旧厂房里的小公司，即将改写中国乃至世界通信制造业的历史。

创立初期，华为靠代理香港某公司的程控交换机获得了第一桶金。此时，国内在程控交换机技术上基本是空白。任正非敏感地意识到了这项技术的重要性，他将华为的所有资金投入到研制自有技术中。此次孤注一掷没有让任正非失望——华为研制出了 C&C08 交换机，由于价格比国外同类产品低 2/3，功能与之类似，C&C08 交换机的市场前景十分可观。但是，当时，国际电信巨头大部分已经进入中国，盘踞在各个省市多年，华为要与这些拥有雄厚财力、先进技术的百年老店直接交火，未免是以卵击石。最严峻的是，由于国内市场迅速进入恶性竞争阶段，国际电信巨头依仗雄厚财力，也开始大幅降价，妄图将华为等国内新兴电信制造企业扼杀在摇篮里。

熟读毛泽东著作的任正非，选择了一条后来被称之为"农村包围城市"的销售策略——华为先占领国际电信巨头没有能力深入的广大农村市场，步步为营，最后占领城市。

电信设备制造是对售后服务要求很高的行业，售后服务要花费大量人力、物力。当时，国际电信巨头的分支机构最多只设立到省会城市以及沿海的重点

175

城市，对于广大农村市场无暇顾及，而这正是华为这样的本土企业的优势所在。另外，由于农村市场购买力有限，即使国外产品大幅降价，也与农村市场的要求有段距离，因此，国际电信巨头基本上放弃了农村市场。而华为则把农村市场作为重点突破的市场去攻坚。

有一年华为的销售人员拜会边疆某地电信局领导，聊天中，对方颇多感慨，说十年前你们华为就有人来过这里，那个人背着军绿色旧书包，敲开门问我们买不买交换机……这位销售带着故事回到总部，讲给上年纪的老同事。对方同样一阵感慨，然后告诉年轻人，当年那个背旧书包去卖交换机的，就是老板(任正非)。

外界盛传的华为"狼性文化"中重要的一点就是<u>不屈不挠，奋不顾身，不达目的，誓不罢休</u>。所以在早期华为的销售人员和服务人员到电信部门上班比电信局的工作人员还准时、整点，天天拜访、天天交流，最终才赢得了产品进入电信系统试验的机会。

图 7.2　企业文化之狼性法则

因此，没有人能随随便便成功，放下身段、死缠烂打、不达目的、誓不罢休是创业企业的第一营销之道。

7.4　创业企业营销之道2

——突出特色，以"软"制胜

俗话说，没有不缺钱的企业，对于初创企业，一切从零开始，处处都要花钱。老牌企业、大牌企业用拼资金、拼硬件的方式去做营销，一定不是我们的强项，这样甚至会被拖死。但是，如果能够独辟蹊径，靠突出特色，通过极致的软服务、软实力，靠客户口口相传的口碑传播，将以"软"制胜作为营销之道，同样可以在拼资金、拼硬件的残酷商海打出自己的一片天空。

一、"小学生"成了筑梦乡村的民宿冠军

近几年，越来越多的都市人远离喧嚣的城市，走进古朴幽雅的民居院落，观云卷云舒，看月朗星稀，听花开花谢，品岁月流转，把香茗一盏，看小儿嬉戏，岁月如此静好，心情如此恬淡，生活美好如斯，夫复何求？民宿已成为许多游人在乡村慢下脚步的理由。于是一幢幢颇具韵味的民宿在乡间摇曳生辉，激荡着远方那些寻寻觅觅想要寻一处净土安放自己无可言说的乡愁的游子的心。

关于民宿的起源有很多说法，有研究说来自日本，也有的说来自于法国。探究民宿一词，更多的是来自于英国。公元 1960 年初期，英国的西南部与中部人口较稀疏的农家，为了增加收入开始出现民宿，当时的民宿数量并不多，大多采用 B&B(Bed and Breakfast)的经营方式，其性质是属于家庭式的招待宿住，这就是英国最早的民宿。

随着国家美丽乡村计划的实施，以及市场多元化的需要，外加资本市场的青睐，大批民宿犹如雨后春笋一般茁壮成长起来。作为古徽州"一府六县"之一的婺源，境内古村、古建、古树、古文物星罗密布、遍及乡野。据统计，婺源拥有 1949 年前的古建筑 4009 幢(座)，是全国最大的古村落群。具有"中国最美乡村"头衔的婺源也成为民宿发展的集中地之一。

当民宿成为旅游"新宠"后，跟风模仿后的"千店一面"也成了当前一些乡村民宿的真实写照。如何实现民宿特色发展，如何在民宿这个蓬勃的新型市场实现突围，成了摆在诸多民宿经营者面前的"难题"。

在婺源有一家 2016 年春节才开始正式营业的民宿酒店，自称"民宿界的小学生"，却在不满一年的过程中，通过独特的徽州文化定位，绝美的风景设计，用心、细心、耐心的软服务，让客人在此感受到家的温暖、文化的浸染、绝美的风景、身心的放松、朋友的酣畅，实现了逆袭。这就是 2016 年 6 月获得"2016 筑梦乡村最佳民宿客栈体验大赛"冠军的"南乡子— 婺源晓起揽月"乡村生态度假酒店。

图 7.3　南乡子——婺源晓起揽月乡村生态度假酒店

二、文化特色要落地，不能停留在口头

一家民宿就是一道风景，在钢筋水泥的都市忙碌工作的人们，一到假期总想找个特别的住处，安顿一下自己的身体和心灵。民宿自然成为最佳选择，选择住当地的民宿，既有特色，又能体会当地独特的地方文化，热情的主人常常让民宿充满了文化气息。这是很多旅行者选择民宿的原因，也是很多民宿经营者想做好的事情，但是如何才能做出特色，让客人真正感受到民宿的独特品位，则是要下很大工夫的，否则文化、特色仅仅是停留在了口头上。

晓起揽月乡村生态度假酒店位于婺源县江湾镇晓起村，晓起村始建于公元787 年，始居人为汪万武，据晓川《汪氏宗谱》载：唐乾年间(公元 877—879年)歙县篁墩汪万武逃乱，至此天刚破晓，只见青山环绕，绿水潺潺，地沃草肥，花香四野，便搭草棚、起炊烟，而将此取名"晓起"，亦称晓川，后汪姓在小溪上游一公里处建村，称晓起。

群山环绕、一水横亘的晓起村，村屋多系明清建筑风格，各具特色。其中"进士第"、"大夫第"、"荣禄第"等官宅气派堂皇，前后天井，厅堂宽敞深进，炫耀着主人高贵的身份。晓起村中保持 600 余年的房屋有几十幢，风格鲜明，气势非凡。进士第、大夫第、荣禄第等商第官第无不折射出这方钟灵毓秀土地曾经有过的辉煌。一门四进士和四代一品更是先贤留给后人的宝贵的精神财富。

南乡子——婺源晓起揽月作为一个乡村生态度假酒店，在设计方面，考虑到晓起村是中国徽派建筑保留十分完好的村落，也是茶文化第一村，文化气息十分浓郁。店主请顶尖的设计团队既对晓起文化做了延续，又融入了现代的元素和生活方式，让客人感受到独特的徽州文化与现代艺术的交融。

在酒店细节方面，追求极致，从紫竹天花、陶瓷吊灯、精致的茶室和摆件、订制的棉拖鞋，到日本智能马桶等，不论看得见的还是看不见的细节，都按照唯美的标准去追求，力求让客人有惊艳的感觉、极致的体验。

图 7.4 传统文化与现代艺术结合的晓起揽月大堂

晓起揽月每间房间在设计时，都考虑到该房间的位置、朝向、风景，保证每间房屋的窗外随着季节的变换，都展现着绝美的风景和徽州文化元素，有着别处不可替代的资源。酒店就像她的名字——晓起揽月一样美丽，酒店走的是唯美路线，在月明星稀的夜晚，摘星揽月是一件十分浪漫的事。

图 7.5 在晓起揽月摘星揽月、体验四时风景皆不同

　　走进上晓起村口，"中国茶文化第一村"木牌坊映入眼帘。由陈文华填词的"迷人上晓起，风光美无比。自然铺锦绣，文化是根底。传统小作坊，令人惊且喜。水转揉捻机，人醉茶香里。"的歌声在村间回荡，两旁郁郁葱葱的山峦，云遮雾绕。阴天时，走在石板小道上，像穿行在云雾中，如入仙境。

　　突出的茶文化特色，是晓起揽月酒店的另一个特色之举，晓起有独具特色的绿茶和菊花茶，茶室窗外是尘封数百年的老宅，室内物件个个都有沧桑故事可以娓娓道来，在晓起茶室与三两好友喝上一道韵味老茶是很多客人最愉悦和难以忘怀的事。

图 7.6　晓起揽月配备了岁月韵味的老物件茶室

　　晓起揽月乡村生态度假酒店用心将特色、文化注入酒店的每一个细节，就拿酒店的房间名字来说，有风花雪月、羞花闭月、晓起揽月，每个房间都有故事、有文化、有历史。晓起揽月将民宿酒店的特色落到了实处，让客人可以看到、摸到、感受到晓起揽月的特色与文化，不再让文化成为虚无缥缈的、停留在口头上的东西。

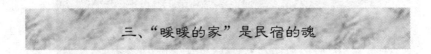

三、"暖暖的家"是民宿的魂

　　民宿与酒店很大的不同，就在于民宿让客人能远在异乡感受到家的温馨：

洗洗行囊里的脏衣服，做一餐符合自己口味的饭菜，堂主如家人般的贴心话语，所有的一切都会让你在一个尚未熟悉的地方感到舒适和放松，让再远的旅行都有家相伴。

"暖暖的家"是民宿要追求的目标，如果一家民宿让客人有了回家的感觉，想不成功都难。很多酒店都会在大堂挂个"宾至如归"的条幅，但如何让客人在酒店感受到"暖暖的家"则是需要下很大工夫的，需要真心、用心、细心、耐心。

粉墙黛瓦、飞檐翘角，老旧的墙壁似乎在诉说着岁月的故事和质朴的乡愁。木质的老宅，无处不彰显着徽派建筑的精美与细致。在婺源晓起揽月民宿酒店，所有人都像对待家人一样对待客人，不论客人到店多晚都会等候或者安排去车站迎接；客人刚进门，温婉优雅的堂主晴姐姐带着暖暖笑意，已经将一杯高山云雾茶送到了手中，落座之后一份贴心的果盘和几份小食就送到了面前，旅途的疲惫仿佛顷刻间就消散了；当你环顾四周，惊奇于这样雅致的民宿时，堂主晴姐姐缓缓道来老宅的故事，不紧不慢、不疾不速，宛如一直在家中等你归来的妈妈、姐姐、老友、发小。

对于酒店最难做的餐饮，晓起揽月则遵循涉繁则简的原则，把它发展成了一大特色，酒店没有菜单，正餐是 50 元/人，在上菜之前客人甚至不知道今天吃什么。但是酒店会提前询问客人的喜好禁忌，加之当地特色的食材和烹饪方法，为客人制作出惊喜和感觉超值的菜品。因为没有菜单，所以不用备很多原材料，减少材料损耗和人工成本，餐饮不作为酒店的赢利点，因而成为了酒店的加分项。

晓起揽月酒店投资人胡洪彬是个文艺女性，对徽派文化的由衷热爱是她投资民宿酒店的初衷，而多年在外漂泊的经历，使她对温情格外在意。她亲自走了很多地方，感受了很多的民宿，发现有一种东西是国内民宿整体欠缺的，那就是"人情味"，而这正是当下中国都市人迫切需要的，所以她想通过晓起揽月这家小店让大家感受到那种久违的温暖、如家的感觉。

在晓起揽月，很多店员都有外号，比如人见人爱、花见花开的堂主晴姐姐叫"女神"，厨师大哥叫"国民大表哥"，还有"最美厨娘""小鱼儿"等小明星。老板娘胡洪彬也经常会和客人品茶长谈，不定期邀请品茶、养生、摄影、文学、绘画、书法、营销等各个领域的顶级专家来店里小住，和客人们交流。(剧透一下，我们这本书第一版的最后章节就封笔于晓起揽月。)在晓起，你如果不留神遇到个熟悉的大咖，可千万不要惊奇。

181

图 7.7　等你归家的晓起揽月堂主晴姐姐

看看客人们是如何说晓起揽月的吧：很有韵味的酒店，入住风花雪月，细微之处体现了店家的用心。说几个细节：① 毛巾、拖鞋、纸制品品质不错。② 对于长头发的我来说，很在意吹风机，揽月配备了飞利浦 2100 瓦吹风机，非常好！③ 洗浴用品都是有牌子的，甩一次性的那些好几条街。④ 一个好的酒店，最重要的是服务，尤其是暖心的服务。还未进酒店，就看见酒店人员在外迎接。踏入房间，有切好的新鲜水果。在屋顶平台看风景的时候，随口一句：在这吃饭肯定不错，一旁的工作人员立刻说可以安排。我的天呐！暖心就这些？还没停！晚上酒店送来一瓶加拿大冰酒。在阳台上坐着，看着满天繁星，手边一杯冰酒，轻轻地放了一首《小幸运》。那种安逸……无法言表。

随着民宿热的兴起，民宿已经成为各路群雄的逐鹿战场。以杭州地区为例，仅 2015 年上半年杭州西湖周边的民宿数量就激增了四成之多。而业界大佬不断进军民宿行业的新闻也屡见不鲜。如"外婆家"创始人吴国平在金华浦江豪掷 6000 万元打造中国最高端民宿，一晚定价高达 5000 元。但民宿的明天在哪里？民宿要追求的是什么？客人对民宿的期望是什么？

"南乡子·婺源晓起揽月"乡村生态度假酒店，这家 2016 年春节才开始正式营业的民宿酒店，无疑走在了前边。在不满一年的经营中，他们通过独特的徽州文化定位，绝美的风景设计，用心、细心、耐心的软服务，让客人在此感受到家的温暖，文化的浸染，绝美的风景，身心的放松，朋友的酣畅。他们明白"暖暖的家"是民宿的魂，将文化、特色落到了实处，通过软实力、软服务的极致追求，成功实现了逆袭，成为了"2016 筑梦乡村最佳民宿客栈体验大赛"的冠军。晓起揽月，卖的不是一晚住宿，是品味和文化，是野奢和享受；

182

是在路上的一份美好遇见，是很多年后您会想起的一份回忆。

创业企业的营销要能够独辟蹊径，突出特色，通过极致的软服务、软实力，在互联网时代，靠客户口口相传的口碑传播，以"软"制胜，依然可以在拼资金、拼硬件的残酷商海打出自己的一片天空。

7.5　创业企业营销之道 3
——以赛促销

由于创业企业资金有限、人员有限，传统的营销手法，比如打广告、搞促销这些需要花钱的营销手段都会受到限制。在有限的资金、资源下实现最佳营销效果，是创业企业要思考的事情。

随着国家大众创新、万众创业的开展，全国各地各级政府、企业都在开展各种类型的创新创业大赛，针对大学生创业者的创新创业竞赛也越来越多，这些竞赛的典型特点是不用花钱、规格高、出镜率高，对于大学生创业者来说，是一条很好的营销之路。只要你的项目和团队靠谱，不仅能拿奖，还能拿钱；不仅出了名，还能起到比打广告要好得多的营销效果。因此，以赛促(营)销是创业企业，特别是大学生创业企业的最佳营销方法之一。

2008 年 9 月，"饿了么"团队开始研发订餐网络平台，张旭豪先通过校园 BBS 招来软件学院的同学入伙。用了半年左右，他们开发出了首个订餐网络平台。在网址注册上，他们使用"ele.me"（"饿了么"的汉语拼音），网站订餐可按需实现个性化功能，比如顾客输入所在地址，平台便自动测算周边饭店的地理信息及外送范围，并给出饭店列表和可选菜单。

为了给网站造势，吸引客户，张旭豪不停地参加各种创业大赛。2009 年 10 月，"饿了么"网站在上海慈善基金会和觉群大学生创业基金联合主办的创业大赛中，获得最高额度资助 10 万元全额贴息贷款。12 月，网站在欧莱雅大学生就业创业大赛上，又获得 10 万元冠军奖金……

通过创业竞赛，团队总共赢得了 45 万元创业奖金，获得资金的"饿了么"网如鱼得水，到 2009 年底，订餐平台已拥有 50 家餐厅进驻，日均订餐交易额突破万元。

为了网站的发展，张旭豪招来了网站技术总监汪渊，汪渊专门编写了一个小软件，可在校内 BBS 上给每个会员用户自动群发站内消息，其中规模最大

183

的一次发了六万条。"饿了么"网站因此访问量大增。

靠线上和线下广告吸引学生订餐容易，但吸引更多饭店加盟绝非易事。多数店家保持半信半疑的态度："我在你的网上开个页面，放几份菜单，你凭什么就要抽 8%？"对此，张旭豪的策略是："谈，不停地谈。"他们每天出门"扫街"，最忙时一天要"扫"100 多家饭店，最难谈的饭店，"谈"了 40 多个回合才拿下。

2010 年 5 月，网站 2.0 版本成功上线。"饿了么"不仅攻下华东师大，连附近紫竹科学园区也被纳入自己的"势力范围"，顾客群从大学生拓展到企业白领。仅隔一个月，"饿了么"就推出了超时赔付体系和行业新标准。9 月，"饿了么"全上海版上线，合作餐厅超过千家，单月最高交易额达到了百万元。

2010 年 11 月，手机网页订餐平台上线，订餐业务不仅覆盖了全上海，目标还直指杭州、北京等大城市。2011 年 3 月，"饿了么"注册会员已超过两万人，日均订单 3000 份。

"饿了么"通过参赛造势助力，扩大了营销，引来了风投的青睐，为公司进一步发展打下了基础，很快引起了美国硅谷一家顶级投资公司的高度关注，接洽数次后，"饿了么"成功融得风险投资 100 万美元。

184

身处宁夏的贺东庄园则是通过参加一项项国际葡萄酒专业大赛实现了逆袭和弯道超车，通过国际大赛的一个个顶级奖项实现了贺东葡萄酒的高端营销和酒庄的高端定位。

宁夏贺兰山东麓庄园酒业有限公司有优质酿酒葡萄种植基地 3040 亩，1997 年至今多次从法国引进了赤霞珠、品丽珠、蛇龙珠、西拉、黑比诺、美乐、霞多丽等欧洲名贵酿酒葡萄品种的种苗，平均树龄都在 22 年以上，加上贺兰山东麓得天独厚的自然条件，保证了"贺东庄园"品牌产品与众不同的高贵品质。园内风景秀丽、空气清新、交通便利、地理位置十分优越，在最适宜种植酿酒葡萄的北纬 38°黄金带上。

贺东庄园拥有现代化酿酒车间、3200 ㎡地下酒窖、葡萄酒文化体验馆及高端会所；公司建有葡萄酒技术研发中心，具备自主研发的能力。庄园还拥有一支优秀的团队，特聘法国酿酒师吉姆先生作为技术总监。庄园完全按照绿色有机标准化实施基地管理，实现源头控制、过程控制和终端控制。

贺东庄园于 2005 年 5 月取得了 ISO9001—2000 质量管理体系认证证书，2006 年 6 月获得"宁夏贺兰山东麓"国家原产地地理标志产品专用标识的使用权。2014 年贺东红酒取得国家绿色食品认证，同年 7 月贺东庄园以严谨的质量管理、优秀的产品质量荣获自治区农业产业化重点龙头企业。2015 年庄园与山西三安生物科技有限公司签订了发展有机葡萄以及百果园的协议，保证了贺东庄园产品的天然、绿色和健康。2016 年贺东庄园通过 HACCP 认证，获得 HACCP 证书。

这么好的自然条件和管理水平，造就了贺东庄园高水平的葡萄酒，但如何改变人们对中国葡萄酒始终是低端葡萄酒的认识呢？贺东庄园的庄主龚杰这几年通过不停地参加国际顶级葡萄酒大赛，不断拿到国际葡萄酒大奖改变了人们对国产葡萄酒是低端酒的认知，使贺东庄园跻身世界一流酒庄的行列。

近年来贺东庄园获得了包括被称为葡萄酒奥斯卡的第 23 届(2016)布鲁塞尔国际葡萄酒大赛金奖、银奖，第十届 G100 超级葡萄酒评选赛银奖，2016 年中国葡萄酒市场金猴奖金奖，12 款葡萄酒入选《2015—2016 贝丹德梭葡萄酒年鉴》(中文版)，2014、2015 Decanter 世界葡萄酒大赛铜奖，德国盖森海姆品评赛金奖，2013 WINE 葡萄酒大赛铜奖，第六届亚洲葡萄酒质量大赛金奖，2014 世界葡萄酒大会巅峰挑战赛铜奖等一系列国际大奖。近五年来，贺东庄园共获得数十项国际奖项，通过参加国际大赛树立了贺东庄园葡萄酒属世界一流葡萄酒的地位，贺东庄园也跻身国际一流酒庄行列。

185

图 7.8　宁夏贺东庄园葡萄园

7.6　创业企业营销之道 4

——以展促销

上世纪末期，亚洲金融危机余波未平，深圳当时原有的人口红利也正在消失、深圳正在"三来一补"(来料加工、来样加工、来件装配和补偿贸易)增长乏力的路口徘徊,经济发展面临严峻挑战。原来每年一届的"荔枝节",也在这个当口被改为了"中国国际高新技术成果交易会"。而正是这一"改",为深圳打开了一片崭新的天地,也为众多的创业企业赢得了突飞猛进的发展机会。

高交会究竟有哪些故事呢?一个经典的案例便是如今的互联网大佬马化腾。有一个时期,马化腾曾经四处奔波融资,甚至一度要卖掉QQ,但首届高交会上的一笔风险投资,却救活了这只"小企鹅"。如今的腾讯,已经成为中国互联网的"地标"。事实上,像腾讯这样在高交会获得市场、资金或科研成果的故事比比皆是。朗科科技、大族激光、三诺、研祥、达实智能、云来网络、金蝶、比亚迪等一大批企业从高交会走出,成为中国创新经济的重要组成部分。

在电脑前工作的人虽然不知道他,但却几乎每天都在用他发明的产品,他就是深圳朗科科技有限公司总裁邓国顺。他发明了世界上第一款"优盘"(也称U盘),为了维护权益他先后起诉业界巨头索尼、PNY(美国存储市场排名第二的企业)"非常严重"地侵犯自己的专利权,他甚至成为第一个跑到美国收取专利费用的中国人。

这听起来似乎太不可思议了。是的,他发明的"优盘",已经成功地取代了索尼公司统治市场十几年的软驱,他只用了7年的时间就完成了从打工仔到亿万富翁的角色转变。

1999年的那个春天,邓国顺32岁了,他决定创业,成为一个老板。

当时,电脑从主板、CPU到鼠标、键盘都在不断更新换代,唯有软驱多年顽固不变,而且始终都是标准配置。"能不能发明一款容量比软盘大,更加稳定的存储产品呢?"邓国顺和成晓华在新加坡产生了这样的想法。当时,他们都被自己的想法惊呆了:这样一个软硬结合的产品将是划时代的技术,两个人为这个想法一夜未眠,第二天就做出了一个大胆的决定,回国创业。

怀揣着深圳市政府资助的12万元现金和几句鼓励的话,他们在深圳罗湖区租了一套两室一厅的房子,正式宣布公司开张,"虽然总共才有两个人"。在研发闪存盘(优盘,U盘)技术时,邓国顺曾经一连几次给微软的高级顾问发电子邮件咨询,对方的回答都是:"NO,现在我们也没有这个东西,不能给你们任何意见。"

1999年下半年的很多时间里,邓国顺几乎足不出户、闭门造"盘"。

"并没有人相信我们会成功。"邓国顺仍然能清晰地回忆起创业时的情景。他当然也十分准确地记得,3个月后将自己发明的闪存盘(优盘)插到电脑的 USB 接口上，屏幕上出现了一个小小的图标，"我当时几乎快跳起来了"，他兴奋地描述。

那一年的 11 月份，全球第一款 USB 闪存盘面世了，朗科公司将其命名为"优盘"。

推出第一款 USB 闪存盘后，邓国顺和朗科并没有获得想象中的尊敬，"没有人知道那是什么东西，甚至连想去了解的兴趣也没有。"人们还是习惯用一张 3.5 英寸的笨拙并且容易突然坏的软盘存储临时文件。

产品已经研发出来了，并且自己坚信"是个好东西"，问题是没有资金推广、销售。

那时正值风险投资最疯狂的时候，并没有风险投资商愿意投资 200～300 万元人民币给朗科公司，他们的兴趣全集中在网络公司上。邓国顺找的第一家公司，是同在深圳的长城公司，第一次找投资，邓国顺很兴奋，准备得也很充分，市场分析、投资回报、技术介绍、合作模式应有尽有。邓国顺大概讲了 3 个小时，长城公司也十分热情地问了几个问题而结束这次会谈。过了几天，长城明确给出答复，兴趣不大。邓国顺吃了第一个闭门羹。

邓国顺先后又找了联想、紫光、同方等国内知名的大公司，不过，仍然没有公司对他们的产品感兴趣。就连摇棵树都能跳下几个风险投资商的美国著名的沙丘大道，也粗鲁地拒绝了这两个人的梦想。

图 7.9　U 盘之父、朗科科技创始人邓国顺

抱着试试看的想法，邓国顺和成晓华带着他们的发明专利以及一个粗糙的"U 盘"样品参加了第一次高交会。高交会上一位新加坡投资商得知后，投资开发这一技术，邓国顺和 U 盘一举成名。

第二届高交会，邓国顺把只有一支钢笔的重量、比钥匙稍大的 U 盘挂在脖子上向参会者演示。在当年电脑技术最先进的美国还在用软盘、光盘存储数据和文件时，中国人已经开出了另一条新路。业内尊称邓国顺为"U 盘之父"，仅仅两三年，闪存盘就取代软盘，成为电脑的必需配置。

参与高交会的展示所带来的资本效应，成为孵化科技的最佳催化剂。截至 2014 年 3 月，朗科累计在全球不同国家专利授权及专利申请量达 323 项，发明专利及专利申请分布于中、美、欧、日、韩等全球多个国家和地区。

高交会成就的创业型高新技术企业远远不止朗科一家。1999 年首届高交会举行时，当时默默无闻的大族激光屈居在走廊拐角上的 1.5 平方米展位上，却接到 40 台设备的订单，总值超过 1000 多万元。之后的每一次高交会，大族都没有错过，公司在第二届高交会上，展示了 YAG 打标机、CO2 打标机两种机型，当年销售额很快便超过了 4500 万元。

如今，大族激光公司已研发了逾万种激光设备，已成功进入我国工业领域各大分支，企业本身如今已稳坐亚洲激光设备的头把交椅。

2000 年的第二届高交会充当了同洲电子和创投公司信息沟通的窗口，当时产值上千万元左右的同洲电子公司被多家创投公司相中并表示了投资意向。不久达晨创投、创新投资、深港产学研、高新投资等 4 家风险投资机构正式入股同洲电子，带来了 2000 万元直接投资和约 6000 万元间接融资，在资金上为同洲电子飞速发展提供了条件。

188

2003 年的第四届高交会，同洲电子获批龙岗宝龙工业区的 4.5 万平方米建筑用地，用于兴建同洲新的机顶盒制造基地。基地建成后，同洲机顶盒年总产能达 1000 万台，成为亚洲最大的机顶盒专业制造商。每年高交会给同洲电子带来大批欧洲、中东、北美、澳大利亚、东南亚、北非等海外客商，同洲电子的海外市场一直占据公司营业收入的 50% 左右，并连续七年列全国同行出口第一。这个成绩，高交会功不可没。

2006 年，同洲电子成功上市，是我国专业从事数字视讯行业的首家上市公司。如今，同洲电子注册资本已经达到 34 147 万元，员工人数达 6000 多人，分公司遍布国内 20 多个省市。

朗科、大族激光、腾讯、同洲电子这四家企业，仅仅是众多借高交会展翅飞翔的企业中的几个例子，还有不计其数的企业在此发展壮大。

"如果你有一项发明，那么就应当跑步来参加高交会；如果你是一家很想尽快有所作为的科技企业，那么就应当在每一届的高交会上有所作为。"一位参会企业家的肺腑之言，道出了高交会在高新技术产业化道路上的重要意义。

对于有一定技术含量的创业型企业或专业领域强的创业企业，通过类似高交会、文博会这样的专业展会实现营销无疑是一条捷径。

　　展会营销通过展会的形式向顾客及同行业展示自己的最新产品及成果，一方面可以增加公司的销售业绩，另一方面也是提高公司品牌影响力的绝好机会。

　　展会是行业生产商、经销商和贸易商等进行交流、沟通和商业促进的平台。专业性展会是其所代表行业的缩影，在某种程度上甚至就是一个市场，企业可以在展会中建立并维持与利益相关者的关系，融洽客户关系，建立在市场中的企业整体形象。

　　通过展会，创业企业可以展示自己的品牌。通过训练有素的展台职员、积极的展前和展中的促销、引人入胜的展台设计以及严谨的展台跟进服务，容易引起展会参观者的注意。

　　展会现场提供了进行市场调查的好机会。一方面，企业可以收集到有关竞争者、经销商和新老顾客的产品、价格以及市场营销战略等方面的信息，能够迅速、准确地了解国内外行业的发展现状与趋势及新产品的发明等，从而为企业制定下一步的发展战略提供依据。另一方面，如果企业正在考虑推出一款新产品或一种新服务，可以在展会上向参观者进行实地调查，以了解是否与目标市场的需求特征相一致。

　　展会营销是适合创业企业的成本较低的营销方式。通过展会提供的信息渠道和网络，企业可以在很短的时间内与目标顾客直接沟通，可将产品的信息发送给特定的客户，并可获得来自客户的即时反应。据英联邦展览业联合会调查，展会营销的成本大大低于推销员推销、公关、广告等手段的成本。

　　大多数知名展会通常都会吸引媒体的关注。利用媒体进行曝光可以成为参展创业企业的优势，提升企业形象。日益成熟的展览业对现代市场营销的渗透效应越来越强，众多企业视展会营销为拓展市场的一把利刃。

7.7　创业企业营销之道5

——善用新营销手段，实现弯道超车

一、微信营销

　　微信(WeChat)是腾讯公司于2011年1月21日推出的一个为智能终端提供即时通讯服务的免费应用程序，微信支持跨通信运营商、跨操作系统平台，通

过网络快速发送免费(需消耗少量网络流量)语音短信、视频、图片和文字，同时，也可以使用通过共享流媒体内容的资料和基于位置的社交插件"摇一摇"、"漂流瓶"、"朋友圈"、"公众平台"、"语音记事本"等服务插件。截止到 2015 年第一季度，微信已经覆盖中国 90%以上的智能手机，月活跃用户达到 5.49 亿，用户覆盖 200 多个国家、超过 20 种语言。此外，各品牌的微信公众账号总数已经超过 800 万个，移动应用对接数量超过 85 000 个，微信支付用户则达到了 4 亿左右。

微信提供公众平台、朋友圈、消息推送等功能，用户可以通过"摇一摇"、"搜索号码"、"附近的人"、扫二维码方式添加好友和关注公众平台，同时微信将内容分享给好友以及将用户看到的精彩内容分享到微信朋友圈。

微信营销是网络经济时代企业或个人营销模式的一种。是伴随着微信的火热而兴起的一种网络营销方式。微信不存在距离的限制，用户注册微信后，可与周围同样注册的"朋友"形成一种联系，订阅自己所需的信息，商家通过提供用户需要的信息，推广自己的产品，从而实现点对点的营销。

商家通过微信公众平台，结合转介率微信会员管理系统展示商家微官网、微会员、微推送、微支付、微活动，已经形成了一种主流的线上线下微信互动营销方式。

微信公众平台是实现快捷化营销的一种模式，微信公众平台主要有实时交流、消息发送和素材管理。企业可以对自己的粉丝和客户进行分组管理，并且分组管理与实时交流都可以在这个界面完成。通过创建和推送，实现互动、宣传和营销。很多的服务业都开通了微信服务平台，可以让客户极其方便快捷地完成业务，利用微信营销一定要关注"微"这个特点，简单、直接、方便、快捷、一键操作是用好微信营销的关键。

南方航空是对微信营销比较重视的大型航空公司，中国南方航空公司总信息师胡臣杰曾表示："对今天的南航而言，微信的重要程度，等同于 15 年前南航做网站!"也正是由于对微信的重视，如今微信已经跟网站、短信、手机APP、呼叫中心，一并成为南航五大服务平台。

对于微信的看法，胡臣杰表示"在南航看来，微信承载着沟通的使命，而非营销。"早在 2013 年 1 月 30 日，南航微信发布第一个版本，就在国内首创推出微信值机服务。随着功能的不断开发完善，机票预订、办理登机牌、航班动态查询、里程查询与兑换、出行指南、城市天气查询、机票验真，等等这些通过其他渠道能够享受到的服务，用户都可通过与南航微信公众平台互动来实现。

从 2013 年 1 月 30 日南航微信公众账号(CS95539)诞生，到 2013 年 11 月

190

11 日，在不到 10 个月的时间里，南航微信粉丝数量突破了百万大关，成为国内名列前茅的企业账号。从零到百万粉丝，这一路走来，南航微信上演了一段在云端的奇迹旅程。

南航的微信之所以爆发出如此强大的生命力，基于它对市场和消费者的不断洞察和与时俱进的创新精神。2009 年南航从"以产品为中心"向"以客户为中心"转型，分解一个旅客出行的 12 个关键步骤：制定旅行计划—定座出票—值机—两舱服务(头等舱、商务舱)—机舱服务—行李服务—到酒店—酒店入住—离开酒店—到机场—值机—个性化互动，再到下次旅行计划。而微信的出现可以有效完善这个服务链，通过以客户为中心的沟通和服务方式，南航微信平台不断开发差异化产品、提供个性化服务和优质的服务体验。

南方航空微信平台界面简明不讨嫌，南航微信平台的主页简单地分为三个部分："航班服务"、"明珠会员"和"出行资讯"，还有一个菜单列出你需要的问题。同时微信只出现在应该出现的地方——比如说，当用户通过短信邀约办理值机时，才会提示用户关注南航官方微信号。此外，也只是通过南航的官方微博、官网、机上杂志等方式进行展示推广，而且，南航对于群发消息也会特别慎重，以避免对用户造成骚扰。

从南航逻辑清晰的一站式服务不难看出，这些普通的服务项目在微信平台逻辑清晰地为乘客的旅程一路连接——票价查询→订票→购票(使用微信支付)→办理登机牌→航班动态查询。这种全流程一站式服务，让旅客不再需要搜索南航的服务热线号码或者登录南航官网就可以轻松管理自己的行程，使得南航"以客户为中心"的新理念表达得情真意切。

试想一下，如果你不是南航的明珠会员，只是想通过微信购买一次南航的机票，那么会不会无意之中拉开"明珠会员的二级菜单"？然后被好奇心驱使，再看看"如果我是会员，有哪些优惠"，甚至干脆在"出行资讯"中订阅一份南航的贴心服务。最后在你满意地认为自己是一个精明的出行者时，南航早已温柔地将你变为她的忠实用户。没有人会相信，一个企业投入时间精力不为"营销"，这反而是一种成功的渗入营销。社会化营销就是这样，把销售过程浸透在你的生活中。

微信平台联动线下活动，推出特色服务。南航微信用户只要手机登录，即可随时随地办理机票预订、办理登机牌、航班动态查询、里程查询与兑换、出行指南、城市天气查询、机票验真，这些之前是只能通过线下才能够享受到的服务。可以说微信平台实现了用户与南航的即时互动。

购票微支付，在财付通和微信官方的联手推动下，微信支付正在快速推广。

为推广微信支付，南航推出微信特惠机票，凡是在微信公众平台上购买的机票，将比南航官网和手机 APP 优惠 6%。此外，微信用户登录活动页面扫描二维码后，仅需花费 0.01 元体验微信支付，即可凭借微信自动下发的领奖提示信息领取限量礼品。

在南航看来，微信承载着沟通的使命，而非营销。希望用户在旅行的全流程过程中，能够感受到南航微信精品式的服务关怀——"南航微信始终陪伴在身边"。

如今的南航微信已经被归为南航五大核心服务平台之一。微信产生的收益，最主要的是为旅客带来了更好的体验，完善了南航的全流程体验服务。另外，也在业界赢得了一些声誉，还带来了一定的经济效益。南航每年的短信费用至少要投入 1000 多万元人民币，如果微信推广得好，也将大大减少这方面的投入。而南航微信至今在研发上的直接投入(人力资源等软成本不包含在内)不足百万元。

从南航微信平台完善的服务体系，到利用微信实现线上线下的联动服务，以及南航秉承的服务理念，造就了南航微信这一段在云端的奇迹。但是也正如南航对待微信未来发展的态度和理念一样，每一种工具都只是为了更好地服务客户，完善南航全流程的体验服务，微信作为一种服务手段，亦如此。图 7.10 为南航的微信平台界面。

图 7.10　南方航空简洁、明了的微信平台界面

二、众筹营销

众筹营销，英文叫做 Customer Planning To Customer(CP2C)，字面上的意思是集中大家的智慧来做营销，具体含义是指由消费者发起产品的订购邀约以及提出一些 DIY 的柔性需求给厂家，而厂家在下单之时起，就可以全程给出生产排期和产品追踪。

众筹营销的模式有三种，第一种模式——融资模式，重点在新品曝光。以娱乐宝为代表，一批涉及影视、艺术、文学、科技研发、教育培训等多元化创新模式的众筹项目正在日益涌现，其中包括债券、股权、捐赠、回报等各种投资形式，以众筹融资为关键词的新兴思维正在互联网世界蔓延，众筹模式正在成为个人或小微企业通过网络渠道进行低成本融资的新式渠道。

众筹营销的第二种模式——预购模式，重点在与消费者交互。根据来自百度百科的概念，众筹是指"用团购＋预购的形式，向网友募集项目资金的模式"。现在从众筹的发展态势来看，这一概括难免显得狭隘，但并不妨碍"团购＋预购"也成为众筹营销的一种重要模式。这种模式也可被看做一种预消费模式，先让消费者掏腰包，再制造产品。

众筹营销的第三种模式——赞助模式，重点在主动传播。相信每个人都对微信集赞、微博集转发并不陌生吧，在社交网络兴起后，"人际网络"越发成为一种筹码。众筹，有时需要筹集的是亲朋好友的钱，有时只需筹集一种关注或是一种传播。在赞助模式下，很多产品看重的未必是真正集到的钱，而是在这个"赞助"过程中，一传十、十传百的传播效应。而参与者得到的又是真正的优惠或是免费，这是主动参与的最好内在驱动。参与者得到实惠，赞助者投资情感，品牌方得到传播，整个众筹流程自然良性运转。

在营销创新方面，车企一向敢为人先，很多也已开始试水"众筹营销"，如现代公司和道奇公司。现代公司和一家网络众筹平台独家合作，开展了一项联合捐助活动，帮助消费者从朋友或亲人中筹措购买新车的资金，人均上限为500 美元。这样的一项活动使得现代公司在北美实现了 1600 辆的销量。而道奇公司则是通过邀请朋友或者亲人赞助一辆汽车不同组件的方式，实现汽车销售。尽管到目前为止只销售了 2 辆汽车，但是道奇公司的品牌营销经理梅丽莎·加利克对"众筹营销"本身颇为满意，认为在消费者心目中提升了道奇公司的品牌价值。

互联网分析师许单单这两年风光无限，从分析师转型成为知名创投平台3W 咖啡的创始人。3W 咖啡采用的就是众筹模式，向社会公众进行资金募集，每个人 10 股，每股 6000 元，相当于一个人 6 万。那时正是玩微博最火热的时候，很快 3W 咖啡汇集了一大帮知名投资人、创业者、企业高级管理人员，其中包括沈南鹏、徐小平、曾李青等数百位知名人士，股东阵容堪称华丽，3W 咖啡引爆了中国众筹式创业咖啡在 2012 年的流行。

几乎每个城市都出现了众筹式的 3W 咖啡。3W 很快以创业咖啡为契机，将品牌衍生到了创业孵化器等领域。

3W 的游戏规则很简单，不是所有人都可以成为 3W 的股东，也就是说不是你有 6 万元就可以参与投资的，股东必须符合一定的条件。3W 强调的是互联网创业和投资圈的顶级圈子。而没有人是会为了 6 万元未来可以带来的分红来投资的，3W 给股东的价值回报在于圈子和人脉价值。试想如果投资人在 3W 中找到了一个好项目，那么多少个 6 万元就赚回来了。同样，创业者花 6 万元就可以认识大批同样优秀的创业者和投资人，既有人脉价值，也有学习价值。很多顶级企业家和投资人的智慧不是区区 6 万元可以买到的。

194

针对新产品众筹的服务平台已经很多，京东轻众筹就是一种审核简单、即发即筹的众筹模式，是专门针对用户在移动端发起的众筹，京东金融平台除了轻众筹还有京东产品众筹等。2015 年，京东众筹达到 4.5 亿元，占整个行业的 56.3%。

不是所有产品都适合众筹的，京东众筹要求产品具备三个特征：

(1) 排他性，即处于众筹期内产品仅在单一渠道发售，在其他渠道享受不到相同的产品回报和服务回报；

(2) 预售性，即出资人先付款，筹资人经过一段时间的生产制造或进行服务及前期准备工作后，再给予出资人产品回报或服务回报；

(3) 有下限，即众筹项目的成立需要筹集的资金需到达一定的规模下限，否则项目不能成功启动。

对于创业公司或者说筹资人来说，京东众筹不仅仅是一个筹资平台，更是一个孵化平台，京东作为国内最大的自营式电商企业，其强大的供应链能力、资源整合能力，能为创业企业和筹资人提供从资金、生产、销售到营销、法律、审计等的各种资源，扶持项目快速成长。

京东金融众筹服务网站界面如图 7.11 所示。

图 7.11 京东金融众筹服务网站界面

三、社群营销

随着互联网、移动互联网的不断发展，社群经济这个概念也被大家逐渐重视起来。

什么是社群？传统的基于血缘和地缘的村落，就是一个典型的社群。但移动互联网时代，社群已不仅仅是你的亲戚和邻居们，通过智能手机等移动端，每个人几乎可以随时随地在线，这让具有相同志趣、相同爱好、相同才能的人更容易聚在一起，形成现代新型虚拟社群。在这个社群里，大家经常沟通、建立感情、互相帮助、彼此信任，从而形成了强大的凝聚力。这种凝聚力不仅把大家都粘在一起了，而且粘得越来越牢，像滚雪球似的，使得这个圈子越来越大。

社群是基于"关系"的连接，不受空间的约束，甚至不受时间的约束——哪怕你在国外，哪怕中间隔着 8 小时的时差，一样可以每天在一个社交群里同时聊天。

2013 年最瞩目的自媒体事件，无疑是"罗辑思维了"。据说罗辑思维估值上亿，而其最大的价值，就是构建了一个顶级的微信社群。而罗辑思维是如何构建社群的呢？主要有三步。

其一，选人。罗辑思维的用户主要是 85 后"爱读书的人"，这群人有共同的价值观、兴趣爱好，他们都热爱知识类产品；会员加入要交钱，分 200 元和 1200 元，确保会员能真正付出行动。

其二，培养习惯。培养共同的习惯，可以进一步固化会员"自己人效应"。比如，"罗辑思维"固定每天早上大概 6 点 20 发送语音消息，培养用户阅读习惯。

其三，加强线下互动。线下的互动更能激发人与人之间的联合，"罗辑思维"就曾举办过不少线下活动，比如"爱与抱抱"、"霸王餐"游戏等。

当把具有共同兴趣、爱好、品味的海量的人聚集在一个社群时，由于社群的创建者又是大家共同认可的人，针对社群的营销就很容易实现了，只要提供的产品和服务是符合并满足这个社群消费需要的，就很容易实现突破。"罗辑思维"的实质是基于互联网的社群。社群关键不在于有多少人，而在于影响力度有多大。

工业社会的逻辑是规模化，做饮料就要做可口可乐，把一罐汽水卖到全世界，因为规模才能产生效能，这是工业的基本规律。但未来商业的增长方式会出现变化。以日本的 HelloKitty 为例，它不可能卖给所有人，只有特定年龄、特定文化的女孩才喜欢。但 HelloKitty 不仅卖小猫，还卖授权给很多产品，这是一种内生型增长。有一个词叫范围经济，就是先划定范围，然后在范围内靠多品种实现增值，这个逻辑是工业社会所不理解的。

形成社群的基础是什么？克莱·舍基在《无组织的组织》中讲得很明白：

(1) 共同的目标，或者是纲领，通俗地说叫调性、逼格，人群通过纲领、调性已经做了有效的区隔，基本上能做到让对的人在一起。

(2) 高效率的协同工具。这也是为什么在 PC 时代社群比较难以建立的原因，微信、微博这些实时工具，使得协同变得非常容易。

(3) 一致的行动。因为前面两个原因，一致的行动变得比较容易，而这个一致的行动也反过来促进了社群的稳固。

工业社会在未来十年内就会全面终结，只不过很多人意识不到这种摧毁性的力量正在地平面上崛起。未来的竞争不是同行竞争，而是跨界混搭、穿越竞争。

广东茶叶金帆发展有限公司是广东茶叶进出口有限公司属下有独立法人资格的全资企业，主要经营金帆牌茶叶在国内外的业务。金帆茶叶一直以来是以出口为主，国内消费者鲜知该品牌。2005 年后的金帆公司决定正式启动开拓国内市场时，作为一家老牌茶叶行业外贸企业，如何在国内市场实现突破，是他们面临的新课题。

196

　　以产品创新带动市场开拓，用产品的特色和品质让消费者认识与接受"金帆"茶品是当时金帆管理层的选择。2009 年公司根据市场需求推出具有浓郁地域特色的系列产品：金帆"岭南风情"系列茶品。转年在 2010 年恰逢广州举办亚洲运动会，这套"岭南风情"系列茶品立即得到市场的拥趸，掀起热销之潮。

　　其中创新产品金帆荔枝红茶，是在将岭南特色水果新鲜荔枝烘成干果的过程中，以工夫红茶为材料，低温长时间合并加工而成，该款茶虽然外型普通，但茶汤美味可口，冷热皆宜，进口红茶皆难与其比拟，深得海内外客户的认可，被誉为"中国外贸第一礼宾茶"。

　　何得其美誉呢？

　　原来海外客户的饮茶习惯主要以红茶为主，金帆荔枝红茶既保有红茶的特点，又有独特的香甜口感，特别是其中添加有南粤特色水果荔枝果肉。唐代大诗人杜牧的"一骑红尘妃子笑，无人知是荔枝来"更让这款茶自然而然与地域结合的同时又具备了历史韵味，独特的口感和具有岭南文化韵味的包装，使其具备了文化产品的属性，在众多产品中脱颖而出，独具特色。

　　当明确了这款茶品的产品定位后，其传播渠道也首选中国外贸从业人员。金帆管理层洞悉这类人员在日益频繁的对外交往中，礼尚外来的茶叶是其社交的首选产品。

　　什么是海外客户喜欢的，同时又具有浓郁中国特色的，且携带便利、价格适中的常规外贸礼宾茶——海外客户的礼品茶呢？金帆荔枝红茶就成为了名副其实的"中国外贸第一礼宾茶"首选。在与"外贸驿站"这家非盈利性的深受外贸人信赖的线上和线下社群组织互动的时候，金帆荔枝红茶取得了非常好的市场反馈。该案例也成为投资小见效快，品牌长尾效应显著的经典案例。

　　究其原因：由于同一社群的人具备共同兴趣、爱好、品味，所以品牌传播速度非常迅速。如果再配合上产品本身所具有的优良品质，加上价格适中，那么市场的持续消费就会产生长尾效应。

图 7.12　中国外贸第一礼宾茶——金帆荔枝红茶

这个案例的分析可以推而广之，将其借鉴到其它产品领域和社群领域中去。比如在校大学生的社群、有共同兴趣的运动社群等。由于在移动互联网时代的每个人都是各个不同属性社群的一份子，对于创业企业，用心挖掘产品特点、分析潜在客户、针对特定社群做好精准营销是投资小、见效快的一种营销方法。

 推荐阅读

[1] (美)菲利普·科特勒著，《营销管理(第 14 版)》，中国人民大学出版社，2012 年。

[2] 菲利普·科特勒、卡斯林著，《混沌时代的管理和营销》，华夏出版社，2009 年。

[3] 许丽洁著，《别找了，客户藏在名片里》，北京大学出版社，2013 年。

思考题

1．什么是营销？营销的目的与本质是什么？
2．市场营销的 4P 理论是什么？
3．菲利普·科特勒关于三个时代的营销目标分别是什么？
4．什么是创业企业的以赛促销、以展促销？
5．众筹模式要求产品具备的三个特征是什么？
6．形成社群的基础是什么？社群营销的关注点是什么？

创业企业的资本之道

✦✦

【学习目标】

➢ 了解创业企业融资的目的；
➢ 了解大学生创业企业主要的融资渠道；
➢ 了解创业企业融资时的关注点；
➢ 学会写好一份合格的商业计划书。

✦✦

199

8.1 创业企业融资的目的

创业是一个发现和捕捉机会并由此创造出新颖的产品或服务并实现其潜在价值的复杂过程，因此创业的目的不是为了融资，融资只是将企业做大做强的一种手段而已，所以创业时期千万不要把提高公司估值、为了不断融到更多的钱当成公司经营的目标。

对创业者而言，通过融资的方式让社会上那些拥有闲置资金的人和企业参与到"创业红利"中来，解决创业企业资金不足的问题，共担风险、共享收益，这是融资的商业模式。

对于由基金管理公司发起募集资金成立的风险投资公司来说，其投资创业公司是一个经营行为，通过投资来生产，通过退出来获利，如此而已。不管是通过被投企业上市、被并购或者破产清算，资本投资创业公司的目的就是为了获利退出。

因此，创业企业融资是自身发展的需要，风险投资公司投资是其资本逐利的需要，投资与融资是一个双赢的商业模式而已，不要为创业企业融资带上太多的感情色彩。

所以，和风险投资打交道是创业者的必修课，创业者在融资时既不要自视过高，也不要自卑。要克服融资时自己的"弱势心理"，要睁大眼睛看条款，要多问有经验的人，不要被投资人"忽悠"了。

是不是所有的创业项目都需要融资呢？

IDG 资本创始合伙人熊晓鸽算是最早将西方风险资本引入中国的风险投资家，面对创业者是不是都需要找专业的投资人时，他明确回答"不需要"，理智又直接。

身为投资人的熊晓鸽，出身中医世家。在他看来，作为中医的爷爷，开一家诊所，也算创业者，保持着与药店、与顾客的良好关系，没有融资，依然很多人尊敬他。因此，熊晓鸽的结论是，如果你想做小的企业，比如服装店或餐馆，这样的创业无需融资。

关于创业，有千万种商业模式，其中一种就叫不融资。上过大学的人，很少有人不知道"老干妈"的；在外留过学的，也很少没吃过"老干妈"的。但是大家可能对"老干妈"这个企业的创业历史了解得不多，"老干妈"这个企业奉行的就是"不贷款、不融资、不上市"的三不战略！

200

她不识字，49 岁开始创业，不懂品牌却创造了个大品牌，没有上市动力，不靠资本驱动，没后台，没资源，野蛮生长却火遍全球，1947 年出生的她现在的身价是 70 亿……没错，她就是神一样存在着的老干妈创始人陶华碧！她的产品一天能卖出 130 万瓶，被美国奢侈品电商 Gilt 称为"教母"，在韩国 3800 韩元一瓶……

图 8.1 全国人大代表、老干妈创始人陶华碧

老干妈创始人陶华碧由于家里贫穷，从小到大没读过一天书。20 岁时，她嫁给了地质队的一名队员；但没过几年，丈夫就病逝了，扔下了她和两个孩子。为了生存，她去外地打工和摆地摊。1989 年，陶华碧用省吃俭用积攒下来的一点钱，在贵阳市南明区龙洞堡的一条街边，用四处捡来的砖头盖起了一间房子，开了个简陋的餐厅，取名"实惠餐厅"，专卖凉粉和冷面。

为了佐餐，她特地制作了麻辣酱，专门用来拌凉粉，结果生意十分兴隆。有一天早晨，陶华碧起床后感到头很晕，就没有去菜市场买辣椒。谁知，顾客来吃饭时，一听说没有麻辣酱，转身就走。这件事对陶华碧的触动很大。她一下就看准了麻辣酱的潜力，从此潜心研究起来。经过几年的反复试制，她制作的麻辣酱风味独特，深得客人喜爱。很多客人吃完凉粉后，还买一点麻辣酱带回去，甚至有人不吃凉粉却专门来买她的麻辣酱。

后来，她的凉粉生意越来越差，但麻辣酱却做多少都不够卖。一天中午，她的麻辣酱卖完后，吃凉粉的客人就一个也没有了。她关上店门，走了附近 10 多家卖凉粉的餐馆和食摊，发现他们的生意都非常好。原来这些人做佐料的麻辣酱都是从她那里买来的。经过一段时间的筹备，陶华碧舍弃了苦心经营多年的餐厅。1996 年 7 月，她租借南明区云关村委会的两间房子，招聘了 40 名工人，办起了食品加工厂，专门生产麻辣酱，定名为"老干妈麻辣酱"。

办厂之初的产量虽然很低，可当地的凉粉店还是消化不了生产的"老干妈麻辣酱"，陶华碧亲自背着麻辣酱，送到各食品商店和各单位食堂进行试销。不到一周的时间，那些试销商便纷纷打来电话，让她加倍送货；她派员工加倍送去，很快就脱销了。1997 年 6 月，"老干妈麻辣酱"经过市场的检验，在贵阳市稳稳地站住了脚。

豆豉辣椒的销售刚刚起步时，生产瓶子的玻璃厂觉得老干妈的玻璃瓶要货量少，不太愿意接这单生意，陶华碧急了，她质问玻璃厂老板："哪个娃儿是一生下来就一大个哦，都是慢慢长大的嘛，今天你要不给我瓶子，我就不走了。"

她没有文化，就一心研究技术。卖米豆腐时，她做的米豆腐可以下锅炒，做辣椒调味品，她的产品总是比别人的产品口味独特，比别人的香。由于"香"，由于"香辣结合"，老干妈的产品已经覆盖除台湾省以外的全国各地，并远销欧盟、美国、澳大利亚、新西兰、日本、南非、韩国等 20 多个国家和地区。一举改变了辣椒产品局限于嗜辣地区的传统。在产品开发方面，陶华碧依然是公司的"技术总监"，她不喝茶，不喝饮料，是为了保持灵敏的味觉和嗅觉。

老干妈最看重的，是自己的名声。刚刚开始卖豆豉辣椒时，她就用上了天平秤。2001年，有一家玻璃制品厂给"老干妈"公司提供了800件(每件32瓶)包装瓶。不料，使用这批包装瓶产品封口不严，漏油。一些对手企业马上利用这事攻击"老干妈"。一些管理人员建议："可能只是个别瓶子封口不严，把货追回重新封口就行了，不然损失太大。"陶华碧却果断决定追回这批产品并全部当众销毁。自从创办公司后，老干妈产品合格率一直保持着100%。

1997年后，假冒"老干妈"的产品多达五六十种，造假地遍及贵州、湖南、四川、陕西、甘肃等地。老干妈一度被逼到生死存亡的关头。公司派出了一批又一批打假人员。打假太忙，顾不上吃饭，她就买两个馒头，用自家的豆豉辣椒拌着吃。造假者四处隐藏，为了找到证据，半夜三更也要出去侦查。面对侵权，老干妈开始了一次次的诉讼，老干妈的商标诉讼在经济界和法律界引起了不小的轰动，和王蒙等六大作家诉世纪互联著作权案、北大方正"陷阱取证"案、奥林匹克五环标志案等被并称为北京高院知识产权十年经典案件。

在老干妈公司的发展历程中，贵州省各级政府给予了大力的支持。从贵州省领导的关心到贵阳市南明区领导亲自与公司人员奔赴打假第一线。在自身的努力和政府的支持下，老干妈公司已经成为继"贵州茅台"、"黄果树"、"贵州神奇"之后，贵州省又一张品牌。"老干妈"成名了，不断有其他省、市邀请她到外地办厂发展，提供了大量的优惠政策，陶华碧都拒绝了。她说："子子孙孙都要留在贵州发展，要在贵州做大做强，为贵州争光。"

老干妈企业最被人称道的地方就是纳税，很多企业抱怨税太重。为什么我们每次主动纳税？陶华碧说：早交晚交都要交，从来不拖欠国家一分一厘，这才是做企业，也是我们的能力，拖欠或者偷漏国家税收是很不好的。我们没有国债，不欠国家税收，也没有贷款，干干净净，一身清白，该赚的钱我就赚，不干净的钱我不要。

关于上市，陶碧华说，我坚决不上市，一上市，就可能倾家荡产。上市那是欺骗人家的钱，有钱你就拿，把钱圈了，喊他来入股，到时候把钱吸走了，我来还债，我才不干呢。

所以创业的方式千万种，"不贷款、不融资、不上市"的企业也可以很成功。

不上市、不融资是创业模式的一种，但不是唯一的一种。特别在当前企业的竞争已经进入全面竞争的时代，与资本结合，借用资本力量实现创业企业的快速发展依然是有效的、快速的发展模式。从腾讯、阿里、Facebook到京东、小米、滴滴都是在资本的推动下实现企业快速发展的，改变了企业的生长周期。

当前，任何一个创业都不再是创业者自己的创业，而是实业+资本的创业。谁更了解资本，谁能用好资本，谁就能让自己的企业占据先机。资本的介入已经改变了企业的成长周期。企业间的市场竞争已经从产品、制造、营销等的竞争延展到资本领域，一些自身竞争力本来不是最优的企业在获得强大资本注入后迅速击败原领袖企业的例子屡见不鲜。

也有种说法：不融资就会输在起跑线上，现在的创业，创业者除了必须有能力找到企业的发展方向和人才之外，还必须有能力找到足够的风险投资，否则就会输在起跑线上。资源永远是稀缺的，没有不缺钱的企业。不管你融资不融资，你的竞争对手都会融资。一旦你的对手融到资本，突破自身滚动发展的框框，开始大踏步在市场上前进，你就会很被动。而且，利用资本去做布局比起一切都自己从零做起是更好的做法。现代创业，如果不借助资本的力量很难在竞争中脱颖而出。在飞机大炮遍地的战场上，靠小米加步枪去打仗，打胜亦是偶然。

但是，作为创业者一定要明白，创业的目的不是为了融资，融资只是将企业做大做强的一种手段而已，所以创业时期千万不要把提高公司估值，为了不断融到更多的钱当成公司经营的目标。所以，融不融资，怎么融资，融多少资，都要围绕创业企业发展的战略目标来开展。

8.2　创业企业的融资渠道

一、亲友融资——大学生创业者第一笔资金的"资金池"

大学生创业者是一个特殊的群体，客观条件决定了并不是每一种融资方式都适合我们。因此，选择适当而有效的融资方式至关重要。由于大学生涉世不深，缺乏经验和人际关系网络，而且创业的首笔资金数额一般不会很大，所以向亲友借钱是个人筹集创业启动资金最常见、最简单、最有效的方式。这种融资方式因由情意牵线，所以对于筹资者来说基本不存在中途撤资的风险，而且一般都是一次性支付。其突出的优点在于一般没有利息支出或为低利息支出，筹资成本很低，同时也不需要信用记录或抵押。

从亲友那里获得资金较为容易，但也有其缺陷。创业者应全面考虑投资

203

的正、负面影响，以公事公办的态度将通过亲情融资取得的资金细节进行整理，并最后形成一份正规的协议。如果创业出现问题，无法按时还款，可能会伤及双方感情，以后再借很难。所以，选择这种融资方法的创业者，在筹资时应向亲友说明创业计划的可行性与预期收益以及潜在风险，争取让其明白投资所用。

二、大学生创业基金——大学生创业者的"免费午餐"

当创业公司的发展有了初步成效，可以考虑去申请各级政府和社会组织设立的大学生创业基金，这些专为大学生创业者提供的资金，大部分都是无偿的，通过申请这些基金可以使创业公司有更多的出镜机会，同时也可以吸引天使投资和专业投资机构的关注，为进一步的融资打下基础。

比如"饿了么"创始人张旭豪为了给网站造势，张旭豪不停地参加各种创业大赛，以扩充创业本金。2009 年 10 月，"饿了么"网站在上海慈善基金会和觉群大学生创业基金联合会主办的创业大赛中，获得最高额度资助 10 万元全额贴息贷款。12 月，网站在欧莱雅大学生就业创业大赛上，获得 10 万元冠军奖金……通过各种创业竞赛，"饿了么"团队总共赢得了 45 万元创业奖金，获得资金的"饿了么"如鱼得水，到 2009 年底，订餐平台已拥有 50 家餐厅进驻，日均订餐交易额突破万元。"饿了么"通过参赛造势助力，引来了风投的青睐，为公司进一步发展打下了基础。

204

三、天使投资——创业者的"婴儿奶粉"

天使投资是自由投资者或非正式风险投资机构对处于构思状态的原创项目或小型初创企业进行的一次性的前期投资。天使投资虽是风险投资的一种，但两者有着较大差别：天使投资是一种非组织化的创业投资形式，其资金来源大多是个人和民间资本，而非专业的风险投资机构；天使投资的门槛较低，有时即便是一个创业构思，只要有发展潜力，就能获得资金，而风险投资一般对这些尚未诞生或嗷嗷待哺的"婴儿"兴趣不大。

在风险投资领域，"天使"这个词指的是企业家的第一批投资人，这些投资人在公司产品和业务成型之前就把资金投入进来。天使投资人通常是创业企业家的校友、朋友、前同事或商业伙伴，由于他们对该企业家的能力和创意深信不疑，因而愿意在业务远未开展之前就向该企业家投入资金。很多专业的投资家也同时是天使投资人，当看到有前景、有潜力的项目时，他们会作为天使投资人先行介入。

对刚刚起步的创业者来说，既吃不了银行贷款的"大米饭"，又沾不了风险投资的"维生素 C"的光，在这种情况下，靠天使投资的"婴儿奶粉"来吸收营养并茁壮成长也是一条可行的道路。

四、风险投资——创业者的"维生素 C"

在英语中，风险投资(Venture Capital)的简称是 VC，与维生素 C 的简称 VC 如出一辙，而从作用上来看，两者也有相同之处，都能提供必需的"营养"。广义的风险投资泛指一切具有高风险、高潜在收益的投资；狭义的风险投资是指以高新技术为基础，对生产与经营技术密集型产品的投资。根据美国全美风险投资协会的定义，风险投资是由职业金融家投入到新兴的、迅速发展的、具有巨大竞争潜力的企业中的一种权益资本。

从投资行为的角度来讲，风险投资是把资本投向蕴藏着失败风险的高新技术及其产品的研究开发领域，旨在促使高新技术成果尽快商品化、产业化，以取得高资本收益的一种投资过程。从运作方式来看，是指由专业化人才管理下的投资中介向特别具有潜能的高新技术企业投入风险资本的过程，也是协调风险投资家、技术专家、投资者的关系，利益共享、风险共担的一种投资方式。

风险投资的运作包括融资、投资、管理、退出四个阶段。

融资阶段解决"钱从哪儿来"的问题。通常，提供风险资本来源的包括养老基金、保险公司、商业银行、投资银行、大公司、大学捐赠基金、富有的个人及家族等，在融资阶段，最重要的问题是如何解决投资者和管理人的权利义务及利益分配关系。

投资阶段解决"钱往哪儿去"的问题。专业的风险投资机构通过项目初步筛选、尽职调查、估值、谈判、条款设计、投资结构安排等一系列程序，把风险资本投向那些具有巨大增长潜力的创业企业。

管理阶段解决"价值增值"的问题。风险投资机构主要通过监管和服务实现价值增值，"监管"主要包括参与被投资企业董事会，"服务"主要包括帮助被投资企业完善商业计划、公司治理结构以及帮助被投资企业获得后续融资等手段。价值增值型的管理是风险投资区别于其他投资的重要方面。

退出阶段解决"收益如何实现"的问题。风险投资机构主要通过 IPO、股权转让和破产清算三种方式退出所投资的创业企业,实现投资收益。退出完成后,风险投资机构还需要将投资收益分配给提供风险资本的投资者。

风险投资一般采取风险投资基金的方式运作。风险投资基金的法律结构是采取有限合伙的形式,而风险投资公司则作为普通合伙人管理该基金的投资运作,并获得相应的报酬。在美国采取有限合伙制的风险投资基金,可以获得税收上的优惠,政府也通过这种方式鼓励风险投资的发展。

五、创新基金——创业者的"营养餐"和"免费皇粮"

近年来,我国的科技型中小企业的发展势头迅猛,已经成为国家经济发展新的重要增长点。政府也越来越关注科技型中小企业的发展。同样,这些处于创业初期的企业在融资方面所面临的迫切要求和融资困难的矛盾,也成为政府致力解决的重要问题。

有鉴于此,结合我国科技型中小企业发展的特点和资本市场的现状,科技部、财政部联合建立并启动了政府支持为主的科技型中小企业技术创新基金,以帮助中小企业解决融资困境。创新基金已经越来越多地成为科技型中小企业融资可口的"营养餐"。

近年来,政府充分意识到中小企业在国民经济中的重要地位,尤其是各省市地方政府,为了增强自己的竞争力,不断采取各种方式扶持科技含量高的产业或者优势产业。为此,各级政府相继设立了一些政府基金予以支持。这对于拥有一技之长又有志于创业的诸多科技人员,特别是归国留学人员是一个很好的吃"免费皇粮"的机会。

随着大众创新、万众创业的兴起,各省市自治区及地方政府也设立了名目繁多的创新创业基金,作为创业企业可以去申请符合自身条件的创新、创业基金。

六、典当融资——创业者的"速泡面"

风险投资虽是天上掉馅饼的美事,但只是一小部分精英型创业者的"特权"；银行的大门虽然敞开着，但有一定的门槛。"急事告贷，典当最快"，典当的主要作用就是救急。与作为主流融资渠道的银行贷款相比，典当融资虽只起着拾遗补缺、调余济需的作用，但由于能在短时间内为融资者争取到更多的资金，因而被形象地比喻为"速泡面"，正获得越来越多创业者的青睐。

七、中小企业担保贷款——创业者的"安神汤"

一方面中小企业融资难，大量企业嗷嗷待哺；另一方面银行资金缺乏出路，四处出击，却不愿意贷给中小企业。究其原因主要在于，银行认为为中小企业发放贷款，风险难以防范。然而，随着国家政策和有关部门的大力扶植以及担保贷款数量的激增，中小企业担保贷款必将成为中小企业另一条有效的融资之路，为创业者"安神补脑"。

8.3　创业企业融资的关注点

207

一、选择志同道合的投资人

投资人经常说的一句话就是：投资最重要的是投人，这个人其实指的就是包括企业创始人在内的核心团队。投资人之所以愿意投资这个团队，就是因为认同这些人的创业理念、公司愿景；同样对创业者来说，选择投资人，很重要的一点也是要找到与自己理念相同、志向相近的投资人，而不能仅仅关注谁接受的估值高、谁给的钱多。只有当投资者和创业者是志同道合者，在投资后的合作中双方才能更合拍、更和谐，公司才能实现更好的发展。

创业者和投资人一旦联手，就是一荣俱荣、一损俱损的关系。合适的投资人，绝对不仅仅是拱手送上资金，而是从心底认同创业者的理念，认同创业者的想法和使命。

在纷繁的投资圈内，她坚持着自己的理念。她是 VC 女王，在一群男性主导的领域里面，淡定微笑着的她像是一道耀眼又温和的光。她就是中国的资本女王，今日资本创始人兼总裁徐新。

在雄性荷尔蒙味道十足的投资圈中，今日资本创始人徐新以巾帼不让须眉之势，"投"出了诸多知名企业，京东商城、网易、娃哈哈、中华英才网都是她最著名的投资案例。骄人的战绩，让很多男性投资人都自叹弗如，因此，她也被外界戏称为"中国风投的武则天"。

徐新在接受媒体采访时道出自己纵横投资圈的制胜之道——"认同创业者的理念"、"一旦认同，就无条件地支持他"、"我们合作这么多年，有的时候也有不同意见，但是意见不同时，我们永远是听企业家的，所以我们跟企业家相处非常愉快，我们说你说了算，这句话很管用。"

看起来，"无条件地支持他"，多少有些女人的情感因素在作祟，像是失去了理智，其实，这种由对创业者认同产生的不离不弃，帮助她在找到具有"杀手直觉"的创业者后，又凭借超乎寻常的韧性与坚持，寻求到投资人与创业者的双重胜利。

图 8.2　风投女王、今日资本创始人兼总裁徐新

因为认同网易创始人丁磊"建立一个中国最成功的网站"的创业理念，认同他"人生是个积累的过程，你总会有摔倒，即使跌倒了，你也要懂得抓一把沙子在手里"的坚持，徐新坚信丁磊"可以长期持有"，陪伴他走过 20 世纪初互联网泡沫破裂那段难熬的日子。

网易还曾因"虚报财务报表风波"，遭到股东集体诉讼，股价跌至八毛多，直至停牌，作为投资人的徐新夜不能寐却没有放弃。

2003 年网易股价"一路撑杆跳"，丁磊"跳"到了福布斯榜首；2004 年徐新套现，足足赚了 8 倍之多。

一旦认同创业者的理念，就选择相信并坚持下来，徐新这位"合适的投资人"，让京东商城创始人刘强东成为又一个受益的创业者。

徐新是京东商城的第一位投资人，即使担心资金链断裂，她还是选择认同刘强东"扩张品类"和"自建物流"的理念。

徐新投资京东商城时，刘强东做的第一件事就是扩张品类，建仓储物流。徐新回忆说："那时很亏钱，每建一个城市，要有车，养很多人"。对于刘强东大肆砸钱，一些投资人很不理解，徐新却给予充分支持："他的模式是要做大才能赚钱。我看好他，我以前投过网易，经历过公司困难时期。我相信坚持，不仅企业家要坚持，投资者也要坚持。"

208

刘强东从徐新那里得到的认同，渐渐演变成一种充分的信任。

京东商城上市前夕，刘强东"跑"到美国读书，外界传言纷纷，京东商城其他投资人不放心打电话询问徐新，她总会为对方送上一颗"定心丸"："老刘这个人你还不知道吗？京东就是他的命。肯定是他觉得没问题才出去的。"

2014 年 5 月 22 日，京东在美国纽约纳斯达克上市，市值达 286 亿美元。今日资本持有京东 7.8% 的股份，在京东上市中大赚了 22 亿美元，获得了 100 倍以上的回报。这也是迄今为止，今日资本所投项目中回报率最高的一个。

对于徐新这样认同创业者的创业理念，全力支持创业者，"困难的时候能加钱，不是看短期，看得比较长远"的投资人，自然是创业者的首选。

二、选择能看懂你的投资人

投资人是创业路上重要的合作伙伴、贴心的知己，不仅提供资金，更重要的是提供资源、人脉、技术等全方位帮助。对于创业者来说，一个关键因素就在于如何选择正确的投资人，不管是种子阶段还是后续的各轮融资时期。

如果我们把创业者跟投资人的关系比作谈一场恋爱，那到底什么样的组合可以天长地久，不离不弃呢？

联想投资军团的代表人物之一、联想云服务集团总裁、联想乐基金董事长贺志强的回答很有意思。

"它还真不是婚姻关系，我们做早期投资非常有意思，早期创业企业特别希望投资人多帮忙，除了给钱之外，他们更希望投资人可以在其他方面也帮到他们。这个时候，有的创业公司提出需要联想的品牌为他们背书，有的企业提出联想的供应链很好，想通过联想帮他们建立渠道，还有的创业公司说你们云服务现在有四个多亿的用户，每月有一亿的活跃用户，我就看重你这个力量，这时候我们乐基金都会尽力在合适的时间去帮他们做合适的事。"

贺志强认为投资者和创业者更像是谈一场恋爱："我们有的投资会从天使轮跟到 A 轮、B 轮，比如谛听科技，因为他跟联想云的业务非常融合，我们 A 轮 B 轮也会跟下去，甚至可能股份占得会大一点，这时我们对创业企业比较长情，有着一份长久的坚持。被投企业也很喜欢跟我们待在一起，我们也很喜欢花时间在他们身上，为他们公司多提供一些帮助，给他们多提供点建议。"

如果说投资是谈场恋爱，那就要讲究两人如何相处才能和谐。那么恋爱的

209

一些准则拿到投资创业上好不好使呢?

"最和谐的关系是能够互相理解,做彼此的知己。"贺志强说。"很多企业即使上市之后都会遇到很多问题,更不用说创业企业,更会遇到很多问题。很明显创业企业在初期一定会犯错误,但是因为有时候创业企业表面的顺利发展使得他们自信心膨胀,包括对投资人在内的外界给的建议也听不进去,这时,投资人也不要着急!"

投资人真金白银的投入,换来一个"不要着急"的心态。难道投资人要等着创业者犯完错误、吸取教训后再长大成人吗?

"是这样,就是说你肯定想让它不犯这个错误,但是你说了也没用,这就是现实,所以我说这段话的目的是,我希望创业者意识到,就算你风生水起的时候,也要能够静下来把自己掏空,去听一听那些真心对你的人给你的建议,我觉得还是挺有用的。但是也强求不得,真正能把事情做成的人都是聪明人,创业者能自己悟出来就好,投资人说的太多了,反而不一定好。所以现在这个度,我还在把握过程中。很明显我看有问题的时候,会亲自跟创业者打电话,或者让我的团队去跟他们讲。但坚决不能干涉内政,不过一定会帮忙,因为我们是创业者的知己,我相信只有知己才能行的远。我们投资的时候,在核心团队建设上就要早帮忙,比如说他们本来缺一个销售的头或者缺一个 HR 的头,我们就帮忙找一个比较有经验的人,这时候的忙就特别管用。"贺志强说。

贺志强认为创业者还是应该要找能看懂你和你做的事情的投资人,有的人只有钱,但他不太懂你做的事,这会给未来带来非常多的麻烦。

在投资资本越来越充裕的今天,各个专业领域的投资公司越来越多,创业者有了更多的选择余地,作为创业者选择能看懂自己和自己做的事情的投资人会减少很多不必要的沟通成本,也更有助于公司出现困难时可以协调一致解决问题,因为毕竟恋爱的路上不全是彩虹,也会有风雨。

三、不要过高期望投资人帮你钱以外的事情

风险投资是由基金管理公司发起募集资金成立的由其管理的资金,其经营行为就是融资、投资、管理和退出,通过投资来生产,通过退出来获利,如此而已。资本投资创业公司的目的就是为了获利退出。

资本既不是魔鬼也不是天使,不要让资本带上感情色彩,他们和你一样是

一个公司，一个靠投资你这样的创业者再退出来挣钱的公司而已。

资本的本性是极其贪婪的，创业者和资本打交道时必须清楚这一点。尤其是现在的中国资本市场非常浮躁，大家恨不得都是今年投资，明年你就上市，带给他们三四十倍的回报。

所以，作为创业者一定要明白，企业经营是自己的事情，投资人只是投资了你而已，不要过高期望投资人能帮你钱以外的事情。投资不可能帮你解决业务上的问题，投资也不可能帮你解决技术上的难题，投资更不可能帮你解决市场销售的问题。

投资人可以帮你介绍一些资源、信息、人脉，但最终能否做成功，还是要靠自己的能力、实力。投资人帮你是情分，不帮是本分，帮得到是福分。

很多基金在抢项目的时候，会告诉你可以提供给你很多的增值服务、很多的资源。你听着就行了，不要太当真。介绍关系一定能够做到，但能否合作还是看双方能否共赢，能共赢的合作没有关系也会开展，不能共赢的合作有了关系也没用。

很多创业者融资后会下意识觉得既然投资人拥有了很多权力，就让投资人决定吧，或者在和投资人意见不一致时就屈服于投资人的意志，这是完全错误的。

请记住，只有创业者才能担负起经营公司的责任。创业者任何时候都不能放弃这个责任，否则对于自己、对于企业，甚至对于投资人而言都是悲剧，永远不要让投资人替你思考和决策。

211

四、融资一定要趁早

如果要融资，一定要在企业还不需要钱的时候(提前)去融资。企业一定要在最好的时候来融资和扩大发展，等到你走下坡路时想融资也没有人感兴趣了。

创业者必须学会和资本打交道，融资能力也是领军人物能力的一部分。融资时要注意保护自己，对于条件不好的投资宁愿不要，很多苛刻的条件很可能会毁了你的公司。

冯仑说做企业要"傍大款"，融资就要争取和最强的资本结合，大牌投资机构拥有的不只是钱，还有品牌和人脉。

如果可能，一定要选择接受大品牌资本的投资。必须规避那些坏基金，坏的基金一旦沾上后患无穷，一定要敬而远之；另外要看基金对公司的看法和期望是否和你的设想一致，如果志不同道不合也会很麻烦。

融资其实是一个结盟过程。一些战略性的投资人选择成为你的股东，其实是在和你结盟，反之亦然。在现在这个高度竞争的时代，结盟至关重要。

企业融资时的最大问题是融资总是在商业计划被验证之前。而大多数投资经理的水平其实并不高，也太急功近利，他们希望投到的项目都是没有风险、有一个保底的回报并且收益上不封顶的项目(至少他们的投资协议都是这么签署的)。而所有的创业其实都需要在前进过程中不断调整才能成功，这两者之间的差距让很多投资经理看不懂创业项目，让很多创业项目融不到资金。

不要相信那些融资神话，不要相信那些绚丽的公司估值和融资金额。其实只有不到1%的企业能够获得融资，创业者必须做好在融不到资的情况下的创业，靠自己能够动员到的有限资金，一步一步向前走。

融资时最大的目标应该是融到钱，以及尽早融资成功。前一两轮的估值真的不重要，尤其是第一轮融资，只要估值不是太离谱，没有苛刻条件，有人愿意投资赶紧签约。要知道，被第三方投资的企业与没有被投资的企业之间是有本质差别的。

公司做成了是100，做败了是0，如果失败，再高的估值都会变成零；如果成功，虽然现在估值低，但下一轮只要估值稍微高一些就把此前的损失都找回来了。所以，前一两轮融资的时候不要斤斤计较估值高低，尽快拿到钱先往前走才是最重要的。

江南春曾经总结他的融资窍门：价格低点儿、融资的规模小点儿、时间早点儿。创业者要把融资当成和战略合作伙伴的一次业务合作，自己吃点亏，让合作伙伴的所得超出预期，合作自然容易达成，合作自然愉快。

投资人和创业者的利益不完全一致，创业者是把企业当孩子养，投资人是把企业当猪养。企业是创业者的唯一，也是创业者一辈子的事业，但你的企业只是投资人几十个投资组合之一。

我们在第6章讲到的微微拼车就是没有抓住融资时机的案例，创始人王永由于过分追求高估值，错过了最佳的融资时间，等他需要钱时，环境变了、投资人不见了，无论他把估值放的再低都没人投资了。虽然微微拼车赶上了创业最好的时光，产品上线短短几个月就受到了投资人的热烈追捧，有人甚至对其公司估值10亿，但项目也赶上了创业最坏的时光，由于形势急转直下，最终因融资不顺倒在了资本的寒冬里。

所以融资要趁早，要在冬天来临之前把过冬粮食备好，才不会在寒冷的冬天饿死。

图 8.3 融资要像小松鼠储备过冬粮食一样早做准备

五、上市不是判断企业成功的唯一标准

213

企业发展到一定阶段要上市，过了上市关也就意味着企业进入成熟的发展阶段了，可持续发展性更强了。

但如果企业自身还没有成长到成熟阶段，不要急于上市，拔苗助长的后果未必会好。企业上市成为公众企业，可以大大提升治理结构及管理水平的规范性以及大幅度提升抗风险能力，加速企业的发展。

衡量一个企业成功与否的标准很多，但归根到底还要看企业是否是健康经营和可持续发展的，其他标准都是表象。中国很多企业都是"一代拳王"，靠一个产品、一个市场机遇兴起又很快沉沦。如何驾驭企业可持续发展是对创业者最大的考验，经受住了考验，不管上市与否都是成功的企业。

中国企业不论是去国外上市还是在国内上市，都需要过五十关斩六十将，任何一关闯不过都不行，任何一个环节判断错误都可能会前功尽弃。需要巨大的决心、艰辛的努力、长时间的煎熬以及一丝丝的运气才可能成功，能够成功的是极少数。

对于创始者而言，上市之后你的艰巨使命实际上才刚刚开始。为了公司未来在资本市场上继续融资，你必须把近期甚至当期的业绩做好，不管这样做是否会大大制约你的投入和长久发展。上市以后，企业必须接受更严格的监管，上市成功也就意味着公司的核心骨干都成了百万千万富翁，如何让这些富翁继续努力工作，这也是一个很大的挑战。上市之后，企业会面临被并购的危险。

这些对创始人而言都是全新的挑战，考试才刚刚开始……

众所周知，华为是目前中国最成功的高科技企业之一，与其他企业不同的是，华为虽然很早就员工持股，但是却迟迟没有上市。

在各个互联网企业鼓吹着天使轮、A 轮、B 轮、IPO 的时候，华为却坚持着自己的原则。而在大量互联网公司只烧钱不赚钱吹着泡泡的时候，华为却每年都有利润的高增长，员工的高收入。

据英国《每日电讯报》报道，华为创始人任正非在伦敦召开的一次新闻发布会上表态，华为肯定不会上市。任正非表示，资本市场本质贪婪，从某种角度来说正是不上市成就了华为。任正非态度鲜明，认为西方市场资本的"贪婪"本质会伤害到华为的长期发展前景。他表示："我们都听过传统经济学中的大量理论，这些理论都宣称股东具备长远视野，他们不会追求短期利益，并且会在未来做出十分合理、有据可循的投资。但事实上，股东是贪婪的。他们希望尽早榨干公司的每一滴利润。"

图 8.4　华为公司创始人、总裁任正非

8.4　打开资本大门的金钥匙——商业计划书

商业计划书(BP)是公司、企业或项目单位为了达到招商融资和其他发展目标，根据一定的格式和内容要求而编辑整理的一个向受众全面展示公司和项目目前状况、未来发展潜力的书面材料。

商业计划书是一份全方位的项目计划，其主要意图是递交给投资商，以便于他们能对企业或项目做出评判，从而使企业获得融资。商业计划书有相对固定的格式，它几乎包括投资商所有感兴趣的内容，从企业成长经历、产品服务、市场营销、管理团队、股权结构、组织人事、财务、运营到融资方案。只有内容详实、数据丰富、体系完整、装订精致的商业计划书才能吸引投资商，让他们看懂您的项目的商业运作计划，才能使您的融资需求成为现实。商业计划书的质量对您的项目融资至关重要。

商业计划书作为打通初创公司与投资机构的重要载体，很大程度上决定了VC 是否投资的第一印象，现实中创业者对 BP 的理解还存在太多主观因素，也由此错过了融资机遇。

很多创业者都是在某种机缘巧合、"形势所迫"或者"初心不改"的情况下开始自己的创业的，手上有现成的资源，有一个"靠谱的"点子，为什么不来一场说干就干的创业呢？对于很多连续创业者来说，即便不写一份书面的商业计划书，那么心里面也应该有一个完整的逻辑了，这时候，商业计划书的作用无非是把这个"完整的逻辑"表达出来。而对于很多初次创业的人来说，光有一个点子就激动不已还远远不够。

一、为什么要写商业计划书

有些创业者不愿意向投资人提供商业计划书，他们更希望投资人有兴趣、有诚意就见面聊。殊不知，投资人是一个异常繁忙的群体，每天要开"无数"的会，看"无数"的 BP，如果项目的海选也要以面聊的方式进行，那么投资人这个群体的工作效率也实在是太低了。所以，投资人在面见一个创业者之前，通常希望先看一下商业计划书。

所有的创业项目，尤其是早期项目，创始团队才是项目最大的投资人。从这个角度来看，创业者需要秉持的投资逻辑和外部投资人的投资逻辑应该是一致的，不同点只是在于创业者是养自己的孩子，没得选择，而投资人则是抱养孩子，可以有选择。

因此，商业计划书不仅仅是写给投资人看的，更是帮助创业者在"需求、产品(技术)、商业模式、团队、营销、运营、竞争优势"七个重要方面(创业成功的七根柱子)进行深入思考并在战略方面实现"动态而混沌"的自洽的过程。因此，商业计划书其实是为创业者自身这个最大的投资人而写的。

二、投资逻辑

投资逻辑简单来理解，就是社会为什么需要你这类项目的存在(刚需)？为什么是你而不是别人(竞争壁垒)？或者为什么有了别人，还可以有你的存在(市场容量)？或者简单地理解，"跑道足够长、引擎足够强大、团队足够强悍、产品足够尖叫、燃料足够充足"，其中前面四个条件是创业团队要搞定的，最后一个是资本市场可以提供的。

所有的商业模式，不外乎两点，"卖东西给用户，或者把用户卖掉"，前者是做交易，后者是做媒体(信息)。但无论如何，好的商业模式，其投资逻辑最基本的要点还是"干柴烈火"的逻辑，即市场上要有海量的"干柴(刚需)"，而团队拥有可以星火燎原的"烈火(产品)"。

三、投资人投的是"耀眼"的未来，而不仅仅是"温暖"的现在

一些创业者抱怨，我的项目做了好多年，现在已经基本稳定，并且有稳定的盈利(虽然不多)，为什么拿不到投资呢？

这涉及如何理解作为财务资本的VC的运作逻辑。大部分的VC通常都是采用合伙制方式，由资金管理方(GP，管理合伙人)向出资方(LP，有限合伙人)募集而来，每一支基金通常都有约定的期限及投资策略。由于VC大部分都投向"高风险、高收益"的成长期项目，因此，VC在选择项目时更希望投资于一个"耀眼"的未来，而不仅仅是一个"温暖"的现在。因此，VC一般情况下，不屑于投一个看上去短期内能赚一些但长期来看可能无法获得大规模爆发式成长的项目，因为VC投资需要通过组合来平抑总体的投资风险。

四、战略耐受性——花未来的钱补贴现在的用户

在理解投资逻辑时，有一个概念——战略耐受性。当某个项目所选择的商业模式代表着一种必然到来的趋势时，投资这种模式必须具备一定的战略耐受

性，也就是说，从原来传统的模式迁移到新的模式代表着一个更加符合市场需求的、必然会到来的变化趋势(效率更高、成本更低或者体验更好)，只是有时候从旧的模式迁移到新的模式通常会有很多现实的阻力(比如来自监管层、来自用户的短期选择效应等)，因此这段时间项目运作表现出一定的惰性。

但是，一旦新的模式形成，就会释放出巨大的新的市场机会，并通过一种相对集中的、规模化的服务方式取代传统的"大市场、小作坊"的分散化的业态。对于这样的投资机会，富有远见的投资人会表现出足够的战略耐受性(经典的例子如投资于阿里巴巴以及京东的那些投资人)。

创业者在早期阶段以"面多了加水、水多了加面"的迭代方式不断地获得巨额投资，花未来的钱补贴现在的用户，从而加速旧模式向新模式的转变。让早期有限的用户也能享受规模状态下的成本优势。为了加速这种变化的趋势，通常需要通过"烧钱"的方式快速地聚集一定的用户规模，同时，为了保证早期的用户提前享受"中后期"的用户体验，需要通过巨量的资本投入来实现"资源密度"超前于"用户密度"的发展。

然而，要获得投资方的投资，仅有这种通常意义上的战略耐受性还不够，这只是必要条件而非充要条件。一个创业项目要成功，除了模式本身能走通之外，还需要在其他多个关键成功因素方面获得投资人的认可。

所以，从某种意义上来说，商业计划书就是以一个逻辑自洽的方式呈现创业项目的若干关键成功因素的现实达成情况，从而帮助创业者自己以及投资人做出是否应该进一步对该项目进行投资的决策。

五、如何写好一份合格的商业计划书

如何才能写好一份合格的商业计划书精准地传递项目的投资逻辑呢？简单来说，写商业计划书的基本要领就是"结构化思考，形象化表达"。所谓"结构化思考"，就是从需求出发，系统性地阐述项目成功的各种"充要条件"(或者说是关键成功因素)，所谓"形象化表达"就是尽可能用图形化、数据化的呈现形式让你的 BP 精准地传递项目的价值，从而达到"你不跟创始人聊聊，你就不能忍受错过的遗憾"的效果。

写商业计划书的目的就是要论证项目的可行性，夸张一点说，就是要向投资人表明，"我们什么都不缺，只缺钱(虽然这通常是不可能的)"，能够达到这样的目的，就能初步打动投资人。

创业者通过商业计划书向投资人路演时，无非是想要传递如下这个三段式逻辑：① 市场很大；② 我们很牛；③ 我们能帮你赚很多钱。因此，商业计划书的内容应尽量围绕这个逻辑来展开具体内容，以达到吸引投资人注意的目的。

具体来说，商业计划书要写哪些内容？毫无疑问，主要的关键成功因素都应该充分考虑进去。除了那些完全不应该披露的核心商业机密外，其他关乎总体逻辑层面的东西都应该充分披露。不太建议创业者以保护商业机密为由故弄玄虚，商业计划书不知所云。

对于面向投资人的商业计划书，可以用 PPT 格式。通常来说，天使阶段的项目商业计划书可以相对简单一点，重点可以放在需求、产品和团队三方面，而对于 A 轮及以后的项目，建议可以参照以下结构进行展开。

1. 项目概况

简短地介绍以下几个方面：战略定位、市场概况、服务及产品、营销推广、竞争优势、核心团队、运营现状及发展规划、融资金额及用途。

2. 战略定位

用简单的语言描述公司的战略定位(我们做什么，不做什么)和愿景(我们未来会是什么)。这部分内容很多创业者很容易忽略，从而起不到"画龙点睛"的作用，看不清项目未来的走向是什么。毫无疑问，战略是随着外部环境动态调整的，但是大的主线创始人肯定要想清楚。

3. 市场分析

对项目所处的行业细分市场情况进行分析，包括：市场容量(及增长速度)，行业发展趋势，目标客户及需求痛点。这部分内容的分析非常重要，也是整个项目的逻辑起点。在对需求进行分析时，要着重从目前未被满足的痛点需求出发，分析目标市场及目标客户的核心需求。这部分内容的分析构成了"干柴烈火"投资逻辑的"干柴"。创业者在分析这部分内容时，最好能够以第三方权威数据引用和实际调研数据为准，以图文并茂的方式进行展示。值得注意的是，要注意区分找到的需求属于"Must have(雪中送炭)"的需求还是"Nice to have(锦上添花)"的需求，经常发现有些创业者容易根据自身的经验及感受对需求痛点进行过分的自我强化，或者找到的只是小众需求，或者需求并不显性，而需要顾问式营销，或者需求过于低频且客单价不够高，那么这样的创业项目从一开始就需要特别注意后续的发展延伸路径。因此，在分析需求时，应参考九轩资本提出的"普遍、显性、刚需、高频"的八字诀。

周鸿祎提到要有"用户思维，而不是客户思维"，其实就是这个意思。如

218

何将用户对"工具"的使用延伸至高频的使用场景，把"一夜情"的"客户"变成"长情"的"用户"，从而实现流量变现才是关键。否则，客户只是客户，想着羊毛出在猪身上，舍弃了羊毛却不知道猪在哪里，很多工具属性过强的智能硬件和 APP 工具一般都有这个问题，如智能家居产品、手电筒 APP、名片工具、词典工具、天气工具、闹铃工具等。因此，产品八字诀的前三点是客户思维，最后一点是用户思维。

从刚需和痛点出发的需求才不是"伪需求"。好的产品不仅应该解决用户的"痛点"，更应该达成用户的"爽点"。

这部分论述要达到的目的是要说明"跑道足够长"、"干柴有很多"。

4. 服务及产品

这部分内容要说明：我们提供的产品及服务(形态)是什么，针对的目标客户有哪些主要的特征，产品或服务解决的用户的核心需求是什么，产品或服务具有哪些核心价值。

重点在于，我们提供的产品是否具有核心价值？能否解决用户的核心痛点？能否满足用户的爽点？不是所有的创新都有价值，或者准确地说，不是所有的创新都有市场价值。如果你提供的产品不能为用户提供足够的价值宽度(功能宽度)、价值厚度(体验强度)和价值密度(价值在时间轴上的沉淀)，从而对现有的产品或解决方案形成一定程度的替代性拐点(推荐参阅《刘亿舟谈智能硬件：你找到替代性拐点和第二场景了吗?》)，那么即便面对一堆"干柴"，你的产品可能也不是那把"烈火"。

这部分论述要达到的目的是要说明"产品足够尖叫"、"烈火很烈"。

5. 商业模式

这部分要说明近期和远期的盈利模式分别是什么，核心的业务流程是什么，拥有什么核心资源。

一切商业模式的本质是利润＝收入－成本。所以，商业模式要考虑的问题是，项目的收入结构及成本结构在时间序列上是如何展开和延伸的。

要带着常识和逻辑去解构商业的本质，说不清楚的商业模式一定不是好的商业模式，当然，有些项目当前不需要商业模式，但至少眼下的产品有足够的"替代性拐点"，必须是个"金钩子"。

互联网本身没有创造任何新的东西，互联网的本质是改变了世界"连接"的方式。借用一个经济学的术语来说则是，由于借助互联网的连接，交易成本被大大降低了，原来本无法发生的交易现在可以发生了，简单来说，互联网释放了更多的可能性，这便是互联网带给我们的信息红利。

219

互联网是如何改变人与人、人与物、人与服务、人与信息之间的连接的呢？通常，大部分的互联网产品切入市场的第一属性都是"工具属性"，即通过这个钩子吸引大量的用户，然后通过各种法子留住用户，最后拼的是转化率。

一句话，商业模式部分需要展示企业未来如何赚钱，以及为什么现在的产品形态及发展趋势能够支撑未来的盈利模式。

6. 竞争分析

如果一个创业者，连自己直接的或者潜在的竞争对手都无法准确识别出来，说明他对这个行业的了解是很浅薄的。对于竞争对手的分析，应该从对用户需求满足的可替代性选择的角度进行。打个通俗的比方，在同一条街上，卖河南拉面和兰州拉面的固然是竞争对手，其实旁边那家卖湖南木桶饭的也同样是竞争对手。当然，在项目发展早期，可以只选择那些最直接的竞争对手进行分析。

分析竞争对手时，最好是以表格方式列出细分行业内最主要的竞争对手，以本项目的关键成功因素作为比较维度，针对本项目与潜在竞争对手进行对比分析，比如可以从技术壁垒、核心团队、用户数据、资源优势、运营策略、融资情况等方面进行比较。

值得说明的是，项目面临的市场机会和选择的商业模式本身不可以作为竞争优势。

这部分内容重在说明"烈火"为什么烈。

7. 营销推广

这部分重点阐述公司已采取或拟采取的市场推广策略及竞争策略是什么，具有哪些核心资源或合作伙伴可以利用，使用哪些渠道和方法。

酒香也怕巷子深，除了极少数互联网产品通过产品本身的设计以及越过临界点之后可以获得爆发式增长外，大部分的产品前期还是需要深入的营销推广的，即便是融到了大笔资金，优秀的营销推广经验及行业资源依然至关重要。这部分内容重在说明为什么"星星之火可以燎原"。

8. 核心团队

简单介绍核心团队的从业经历及擅长的领域，除了核心创始人之外，最好还包括技术(或产品)、销售、运营等方面的核心骨干成员。重点强调团队成员的从业经验、团队的互补性和完整性。

9. 运营现状

本部分需要介绍公司现有激活用户、注册用户、日活用户、日活率、留存率、日订单数、客单价、毛利率、近期销售收入、往年以及本年销售收入以及

220

各项指标的增长率等指标。

这一部分所提供的数据，实际上是反映公司目前所设定的产品定位及商业模式得到市场初步验证的情况。投资人会根据这部分数据"管中窥豹"、"以小看大"。

创业者可以根据自身考虑的保密性要求选择适当披露某些信息。

10. 发展规划

本部分需要在假设融资到位的情况下(特别注意此假设)，公司未来 3 至 5 年的发展规划，以图表的形式直观说明公司在各阶段的目标市场、拓展区域、商业模式等战略计划。

投资人通常会根据财务预测模型所提供的计算方法、参数假设、增长预测等数据来判断项目发展后期的运营数据实现的可能性，从而判断项目引入融资之后的理论增长情况。

11. 融资金额及用途

充分说明以上各部分内容并且能够让投资人有满意的认可之后，基本上说明"我什么都不缺只缺钱了"这一概念了，那么在本部分就需要向投资人表明你的融资计划。具体包括两个重要内容，第一是本轮融资金额是多少，最好说明人民币或者美元，如果优先接受美元但不排除人民币，可以在美元之后的括号中注明"或等值人民币"。第二，需要重点说明本轮融资的具体用途，最好能够细化到具体项目。这部分内容需要创业者根据审慎思考的业务拓展计划制定具体的资金分配方案，需要充分体现创业者的战略规划能力，同时也需要体现创业者花钱的能力。

写好了商业计划书，只是融资的第一步。通常，投资人看到商业计划书之后，可以对项目做出初步判断。如果感兴趣，就愿意和创业团队见面沟通，通常是和 CEO 直接沟通，这种见面沟通也就是通常所谓的项目路演。项目路演通常分为公开路演与一对一路演，无论哪种形式的路演，建议创业者注意以下几点：

(1) 要做行业的专家，要对自己所在的行业的痛点、格局有深入的洞察；

(2) 不要害怕投资人的 Challenge，不要在形式上迎合投资人，要乐观自信，对于投资人来说，不怕路长，就怕战略不清晰，走弯路；

(3) 作为团队老大，要富有激情、坚定、执着，简洁表达，思路清晰，需要向投资方展现出足够的"战略忽悠"能力；

(4) 团队永远第一，尽量少用"我"，而是"我们"；

(5) 尽量用数据说话，但不要夸大数据预期。

221

当我们了解了要写好一份合格的商业计划书要关注哪些方面后，我们可以用图8.5来检视一下会被投资人扔到垃圾桶的商业计划书有哪些特征。可以作为我们对自己的商业计划书进行初步评估的依据。

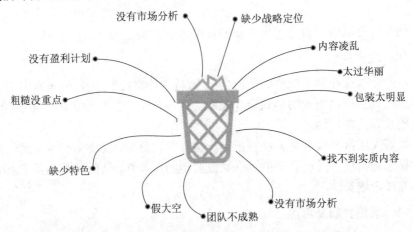

图 8.5　会被投资人扔进垃圾桶的商业计划书的典型特征

222

【**案例分享**】

创业公司融资过程中治理结构风险防控的重要性

——ofo 的公司僵局

共享经济是近三年互联网投资的风口，共享单车、共享汽车、共享充电宝等系列共享产品充斥市场，但 2018 年上半年共享单车模式已显疲态，当 2018 年底共享单车 ofo 遭遇用户蜂拥退押，ofo 创始人戴威登上"老赖"名单时，在互联网行业引发了不小的反响。自此共享单车模式走向拐点，ofo 逐渐退场，摩拜创始人团队悉数离开。曾经一度被资本广为看好并在很大程度上改变人群出行方式的共享单车模式，为何仅仅持续了两三年的时间，就出现了问题？

对这一问题的探讨，事关未来创新的发展方式，对创新企业来说，重视在运营过程中的实战经验和融资过程的风险防控变得非常重要。

ofo 前后三年共有 12 轮融资，融资金额高达 150 亿元，最高估值达 30 亿美元(近 200 亿元人民币)。到 2018 年底，千万用户排队退押金，押金债务预估达 9.9 亿元，已公开的供应链上游欠款上亿元。可以说，随着用户挤兑、供应商催款、员工离职、戴威被法院列入"老赖"名单，ofo 已经真实地体验到了资金链断裂的后果。

让 ofo 陷入窘境的，是这个原本需要依赖巨量融资才能获得发展的商业模式还是公司融资过程中的治理结构设计不当造成各路投资者的混战，当前还无法有一个结论。但现实是，再没有一家投资机构施以援手，相反，由于股东之间存在的利益之争，加上公司制度设定的"一票否决权"的治理结构，导致 ofo 公司僵局难解。

毫无疑问，ofo 将成为中国商业史上的一个奇葩案例，它因为腾讯、阿里、滴滴的深度参与而"吸睛"，也会因为年轻的创始人戴威的坚持而显得"悲壮"，但更重要的是，它给诸多创业者和投资人留下了"血"的教训，也在数千万的互联网用户心中留下了"阴霾"。

虽然对于今天的 ofo 来说，其未来结果依然难以预判，但在其可见的过去，却足以为后来者所借鉴。

一、五张"一票否决权"

对于"谁杀死了 ofo"这一问题，2018 年 12 月 20 日，马化腾在朋友圈评论称真正的原因，是 vetoright(一票否决权)。

众所周知，"一票否决权"的设计常被公司创始人写在公司章程里，以此保证公司创始团队股权在不断被稀释的背景下仍能拥有重大决策权，其制度设计的背后主要是基于公司长远发展利益的考虑，保护公司的创始文化，避免投资人的短期行为。此后，在一些不对等的股权融资中，也常被私募机构拿来制约创始团队的一些"不当"行为。

伴随 ofo 的溃败，这家创业型公司竟然拥有五张"一票否决权"的事实也被公布于众，其权利人分别是：戴威、滴滴、阿里、经纬和金沙江创投(有一种说法是金沙江创投朱啸虎曾将"一票否决权"卖给阿里)。甚至有媒体曾总结出"一票否决权"在 ofo 历次关键时刻的使用：软银提供的 15 亿美元融资流产，源自滴滴一票否决；与摩拜合并流产，被戴威一票否决；滴滴收购，被阿里一票否决。

那么，到底该如何看待这种"一票否决权"的设计，这样的设计对 ofo 来说到底意味着什么？对正在融资的企业来说，需要在投票权或公司治理结构的设计上注意哪些问题呢？

北京实地律师事务所范伯松律师告诉《中国经营报》记者，"一票否决权的实质就是同股不同权。在设计上，其形式上的合法性是最重要的，要写进章程，或者是股东协议。另外，为了保持一票否决权的延续性，还要加上一条：此条款的修改和废除，必须经过全体股东一致同意。"

"不过，需要注意的是，任何一个公司的架构和管理机制的设计，其宗旨只有一个，就是避免公司僵局，一票否决权的使用，本身就是为了避免股东僵局，如果人人都有一票否决权，那么就失去了这个做法的初心，不乱套才怪。"范伯松律师表示。

在范伯松律师看来，"如果没有这个一票否决权，一个公司的股东会，凡是占股 1/3 以上股东都有一票否决权(重大事项需要占股 2/3 以上股东通过)，怎么也不会高达 5 个股东拥有一票否决权。所以，一句话，一票否决权，就是集权，而非分权，否则，就是胡搞。"

然而，外界并不知道，在 ofo 频频给出"一票否决权"的过程中，到底是谁在提供建议或决策，当时有没有考虑过"一票否决权"背后真正的效力呢？

对于投资人拥有一票否决权所带来的后果，望华资本创始人戚克枬告诉《中国经营报》记者，"一票否决会使得企业过度回避风险，造成企业不作为，或无法作为。"他建议创业者在多轮融资的过程中，特别是在治理结构的变化和调整中，应该特别注意以下三个问题：一是尽量不要有公司或创始人被迫回购的条款，二是尽量不要给予非实际控制人之外的股东一票否决权，三是最好要"一股独大"，即要有单一大股东，否则办不成事儿。

"在 PE 投资中，投资人经常要求实际控制人、创始股东或公司对投资人出资额加一定回报复利计算后的回购。原因是投资基金的钱也都是从 LP 处募来的，到期要还，要控制风险，所以基金在投资时一般都会要求保底回购的条款。但是，一旦签署这样的条款，企业最后只有两条道路可选：要么耍赖，不兑现回购；要么企业或创始人兑现回购，实际上就是借了高利贷，给企业或创始人本人及家庭带来巨大的财务与现金流压力。因为回购利率一般是 10%、12%，或最低 8%，而且往往按复利(利滚利)计算。"戚克枬告诉记者。

显然，对 ofo 来说，如果回购是标准条款的话，以前后 20 亿美元的融资额来计算，其每年还要承受 1.6～2.4 亿美元的利息，在缺少正向盈利的财务模型的背景下，不考虑其高昂的运营成本，单就融资的财务成本一项就会难堪重负。

对此，有业内人士告诉记者，"绝大多数投资都有回购要求，是标准条款。ofo 应不例外。阿里收金沙江持有的 ofo 股份是买老股，有可能可以承继金沙江要求企业回购的权利。现在是供应商起诉戴威让他上了失信名单，日后如果投资人赔的厉害，也不会轻易放过戴威。所以，寻求妥协方案将直接决定未来

ofo 或戴威的退场模式。

但"要避免类似 ofo 这样的公司僵局的产生，单一大股权必须满足以下三个条件中的一个条件：① 持股 51%以上；② 持有投票权的 51%以上，即使持有的股权不是控股(类似京东、小米的不同类别股权结构)；③ 持股 35%以上，但控制董事会 51%以上席位，并且可以持续。

滴滴使用一票否决权的背景就与其不当的公司治理模式和缺少单一大股东有关。公开报道显示：2016 年 9 月，滴滴成为 ofo 的战略投资人，在董事会获得了一票否决权。2017 年中，ofo 疯狂烧钱铺车和补贴，资金短缺。程维从日本拉来软银一笔 15 亿美元融资，条件是戴威要接受滴滴高管进入 ofo。

但到后来，戴威和滴滴交恶，赶走了滴滴系高管，彻底惹怒了程维。后者直接动用一票否决权，拒绝在投资文件上签字，最终 15 亿美元融资胎死腹中。

一票否决权对投资人、创始人而言都是不得已的妥协。是各方势力角逐无法形成单一大股东的情况下的被迫选择，最后形成恶性循环的'以恶报恶'。

对于避免 ofo 式公司僵局的问题，范伯松律师建议正在融资的创业者向搜狐学习，在公司章程中为创始团队设计更高的投票权，以维持创始股东对公司的控制力。"建立一致行动人制度也是常用的手段，建立一致行动人制度就是一部分股东签署一致行动人协议，在股东会上表决意见一致。其实质就是建立派系，内部消化矛盾，一致对外，这是一个避免公司僵局的好办法。"

"此外，就是退出机制的设计，简单地说，就是企业在融资之时，谈好创始人的退出条件，在什么时候退，如何退，股权如何定价。这样，在失去公司控制力的时候，创始人也可以在资产上做到不吃亏。甚至可以约定，在公司经营范围和主营业务发生调整之时，创始股东有权退出。"范伯松律师还提醒说，"退出机制的设计还要注意两点：一是退出时，谁接盘，如何接，要留最后一个出路，比如公司回购等。二是股权价格的确定方法一定要列示清楚，甚至对股权的评估机构都应该做出约定，以避免僵局的发生。"

二、重资产下的收支不平衡

虽然马化腾认为是"一票否决权杀死了 ofo"，但也有人认为真正让 ofo 溃败的根本原因是共享单车的商业模式。

戚克栴就告诉记者，"ofo 的失败是由于不成熟的商业模式，加上错误的治理结构，加上稚嫩的自以为是的创始人导致的。创业者在让投资人退出之前，永远是欠投资人的，没有钱及突出能力的创业者建议不要创业。"

太平洋证券研究院原副院长、北京银杉科创投资管理中心合伙人张伟明也告诉记者，"商业模式是根本问题，至于投票权和一票否决权，是治理准则的约束，是投资人的要求，确实大家是为了平衡利益都有一票否决权，但不见得都有一票否决权就做不出决策。决策是要在创始人与投资人的利益之间找到平衡点，我认为做一些妥协，这个平衡点是能找到的，并非调和不了的矛盾。"

在张伟明看来，"ofo 的商业模式在相对区域内的市场是可行的，但如果扩展到全国或全球，因为它是重资产，属于前期投入非常大的商业模式，很难赚钱，是靠烧钱来维持运营的，一定要付出很多的努力，才有可能做到收支的平衡。"

但显然，从 ofo 近两三年的运营来看，这样的收支平衡很难达到。

根据路透社的报道，截至 2017 年 6 月底，ofo 单车投放量在 600 万辆左右；而戴威曾告诉路透社，2017 年底单车的投放规模将达到 2000 万辆，最终是否达标仍是个谜，即便如此，有业内人士分析市场上的小黄车至少也有 1000 多万辆。如果以单车生产商年报数据计算出的单车价格每辆 335 元，其成本也在33.5 亿元以上，这还不算后来加上的智能锁的成本。

不仅如此，由于早期投放的自行车质量开始出现问题，在维护运营方面需要持续投入。2017 年 3 月份，腾讯企鹅智酷发布共享单车数据报告《解读摩拜 ofo 们的用户与未来》显示，ofo 用户上报车辆故障的比例明显高于摩拜单车用户，达到 39.3%。公开数据显示：共享单车的投放、运维存在巨大的亏损黑洞。据媒体报道，ofo 每月最高时的人员工资和运维支出高达 4～5 亿元，这还不包括调度和维修过程中存在的一些监管失控问题。

事实上，不仅仅是 ofo，成本问题几乎困扰着所有的共享单车参与者。有分析就指出，自美团点评的招股书披露以来，共享单车的盈利泡沫就已幻灭——即使摩拜有 1000 万的日订单量，在美团收购后的日均净亏损依然高达1656 万元。不到一个月的时间里，摩拜带来的总亏损高达 4.07 亿元，相当于美团在 2017 年全年亏损 28 亿元的七分之一。

在张伟明看来，这是一个很难单独成立的商业模式，如果要发展，需要与其他的战略资源建立协同价值。然而，纵观摩拜与美团的合作，哈啰与支付宝的合作，其在协同价值上仍然存在很多的疑点。

"大家只是使用单车，不会用 APP 点餐、购物或社交，所以这种流量没有意义，不能衍生出有效的商业需求。所以，面向小众市场的共享单车可以独立发展，面向大众的要靠大树整合出真正有价值的模式。"张伟明表示，"即使是滴滴与 ofo 也没有整合性，不太可能走在一起。"

三、抢占市场和重视运营同样重要

仅仅一个资金问题就足以让 ofo 如此快速地退场吗？

从事互联网线上线下服务的闪修侠创始人王源告诉中国经营报记者，"这种模式如果用互联网思维来讲，一年亏十几亿元，每天有几千万次使用也是非常好的项目了。但是，当它被资本过度催化，过度关注投放量的时候，在运营质量、后端维护上就要跟上，否则管理能力跟不上，又没有好的财务模型支持，发生这种情况是必然的。换了摩拜，如果没有美团在后面撑着，也同样会举步维艰。"

在王源看来，资本的过度催化会让项目变形，共享单车这个行业其实是被资本催化得太快了，当初资本在投放的时候，如果是稳中求进地去投，不要如此大规模地投，将会形成一个良性的、循序渐进的过程，也能在很大程度上降低运维成本，避免一些运营上的亏损黑洞。

"此外，资本把所有注意力都放在投放数量上，而不是运营的质量上，也是造成 ofo 溃败的原因。相比而言，哈啰单车其实不是靠数量，而是靠质量，大多是靠农村包围城市，在运营质量上就比 ofo 要好太多。"王源表示。

尽管 ofo 由于缺少正向型的财务模型也饱受诟病，同时也让人们对共享单车这种经济形态失去信心，但王源认为，"财务模型在早期抢市场的阶段并不需要建立太正向的形态，这并不是关键问题所在。"

"纯线上的商业模式我不评论，但如果用在线上加线下服务模式，一定是抢占市场份额很重要，但是对中后端的运营管理也很重要。如果只是抢占市场份额，反过来就是一个恶性循环。比如投放出去的都是坏车，会导致用户越来越厌恶，甚至反感这个品牌。所以，抢占市场和重视运营，特别是针对线上加线下的项目，前者和后者一样重要，甚至后者更大于前者，当后者做好之后，你的市场自然逐步就起来了。"

的确，有资本人士就表示，"这牌局本来就被资本糟蹋坏了，没有实实在在去做产品、提高运营经验和运维能力。"而为了解决困局，ofo 也曾尝试很多商业变现方式，包括开锁广告、卖蜂蜜、和金融网贷公司合作等，却最终没有找到提升运营能力这一关键的突破口。

"因为运营问题，失去用户，这才是致命的原因。"王源分析说，事实上，对于 ofo 来说，正是因为运营出现了问题，用户在市场上碰到的很多小黄车都是不能骑或者存在这样那样问题的，这才导致了今天用户疯狂退押金的局面，

227

并进一步造成了各种供应商和下游的合作伙伴催债。而运营系统的质量，最终也直接决定接盘者给出的价格。

四、不管是坚守还是固执，责任和结果都要承担

对戴威来说，这也许是他人生最重要的一课。

在他之前，乔布斯曾经离开他一手创办的苹果，比尔·盖茨曾甘心作为一名项目经理，把微软 CEO 大权拱手让予更有经验的管理者。而在戴威旁边，是已经"服软"的摩拜，找了一棵可以背靠的大树，创始团队套现离场。

戴威选择的是与曾经在市场上纵横捭阖、早已洞察世事的投资大佬们抗衡，一直坚守，却也一直缺乏有效的治理模式，如今才不得不面对"公司僵局"。

很难评价这份创业者坚守的意志力来自哪里。有人说他太过固执，有人甚至说他是"骗子"，但有一点很清楚，那就是戴威自己的选择，责任和后果都要一并承担。

从技术上来看，创业者和投资人的关系确实比较复杂，所以诉说孰对孰错确实一言难尽。张伟明就表示，"对于优秀的创业者，投资人是雪中送炭，或者锦上添花，不需要操太多的心，但对于一些伪需求，甚至说它是真实的需求，但里面含有一些不诚信的东西，对投资人来说也就成了陷阱。所以创业者与投资人相互选择，也是相爱相杀，双方确实需要一段时间磨合，如果把投资算作结婚的话，投资之前的考察需要详尽客观的调查，否则在没有建立信任关系的情况下做出投资决定，后面的进程就会变得对谁来说都不可控，可能就是一个双输的结果，这也是投资人不愿意见到的局面。"

鑫根资本创始人曾强的观点更加深刻，他说，"ofo 的商业模型没有问题，出现的时间也没有问题，产生的正向的社会能量在早期也没有问题，它的问题是在融资的早期把太多的竞争对手放在股东里，埋下了竞争对手控制局面的败局，另外在谈判的时候，或出现危机的时候不能果断地取舍，最后成为几大股东扼制对方的牺牲品，没有抓住最好的时机，这是它的最大问题，很是可惜。"

在曾强看来，"当周围的竞争环境发生了变化，当几个股东之间互相为敌且以伺机扩大其他版图为目的时，ofo 的创始人没有看到这一点，这是一家太自负、太年轻的公司。"

ofo 犯的错误已经受到了市场的惩罚，但市场不会为其所犯的错误买单。机遇可遇不可求，机遇稍纵即逝。对于 ofo 来说，原本在其面前摆放着不错的"机遇"，无论与摩拜合并，还是面对滴滴的收购，只要成功一个，相信 ofo

的命运就不会是今天的这个样子。如果滴滴接盘 ofo，再加上软银的投资入注，ofo 的资金流仍然会很充足。只是这样的假设对于已经走到今天的 ofo 来说已经毫无意义，戴威的一意孤行，或者说是戴威对自己亲手创立的 ofo 的难舍情怀，让 ofo 在拒绝了摩拜后，也拒绝了滴滴。为了单独得到软银的投资，戴威甚至亲自三次飞到美国与孙正义面谈，希望避开滴滴，软银直接可以投资，但软银的决定并没有因为个人的意志而改变，投资最终成为泡影。

从乔布斯曾经被迫离开自己创立的苹果公司，到戴威与各路投资者意见不一致造成 ofo 僵局，创始人在融资过程中如何合理设置制度、有效控制风险、选择互为竞争对手的投资人进入同一家公司等做法，ofo 给创业者们上了一堂深刻的融资风险管理课。

说明：本节主要内容来源于 2018-12-29《中国经营报》，原标题：ofo 溃败：五张"一票否决权"背后的"公司僵局"

 推荐阅读

[1] 艾诚著，《创业的常识》，中信出版集团，2016 年。
[2] 孙陶然著，《创业 36 条军规》，中信出版社，2015 年。
[3] 九轩资本刘亿舟，手把手教你写商业计划书，创业帮，2015.7.31。

 思考题

1. 创业企业融资的目的是什么？
2. 大学生创业企业主要的融资渠道有哪些？
3. 创业企业融资时的关注点有哪些？
4. 一份合格的商业计划书应包括哪些方面的内容？

附录1　国务院关于大力推进大众创业万众创新若干政策措施的意见

国发〔2015〕32号

各省、自治区、直辖市人民政府，国务院各部委、各直属机构：

推进大众创业、万众创新，是发展的动力之源，也是富民之道、公平之计、强国之策，对于推动经济结构调整、打造发展新引擎、增强发展新动力、走创新驱动发展道路具有重要意义，是稳增长、扩就业、激发亿万群众智慧和创造力，促进社会纵向流动、公平正义的重大举措。根据 2015 年《政府工作报告》部署，为改革完善相关体制机制，构建普惠性政策扶持体系，推动资金链引导创业创新链、创业创新链支持产业链、产业链带动就业链，现提出以下意见。

230

一、充分认识推进大众创业、万众创新的重要意义

——**推进大众创业、万众创新，是培育和催生经济社会发展新动力的必然选择。**随着我国资源环境约束日益强化，要素的规模驱动力逐步减弱，传统的高投入、高消耗、粗放式发展方式难以为继，经济发展进入新常态，需要从要素驱动、投资驱动转向创新驱动。推进大众创业、万众创新，就是要通过结构性改革、体制机制创新，消除不利于创业创新发展的各种制度束缚和桎梏，支持各类市场主体不断开办新企业、开发新产品、开拓新市场，培育新兴产业，形成小企业"铺天盖地"、大企业"顶天立地"的发展格局，实现创新驱动发展，打造新引擎、形成新动力。

——**推进大众创业、万众创新，是扩大就业、实现富民之道的根本举措。**我国有 13 亿多人口、9 亿多劳动力，每年高校毕业生、农村转移劳动力、城镇困难人员、退役军人数量较大，人力资源转化为人力资本的潜力巨大，但就业总量压力较大，结构性矛盾凸显。推进大众创业、万众创新，就是要通过转变政府职能、建设服务型政府，营造公平竞争的创业环境，使有梦想、有意愿、

有能力的科技人员、高校毕业生、农民工、退役军人、失业人员等各类市场创业主体"如鱼得水"，通过创业增加收入，让更多的人富起来，促进收入分配结构调整，实现创新支持创业、创业带动就业的良性互动发展。

　　——推进大众创业、万众创新，是激发全社会创新潜能和创业活力的有效途径。目前，我国创业创新理念还没有深入人心，创业教育培训体系还不健全，善于创造、勇于创业的能力不足，鼓励创新、宽容失败的良好环境尚未形成。推进大众创业、万众创新，就是要通过加强全社会以创新为核心的创业教育，弘扬"敢为人先、追求创新、百折不挠"的创业精神，厚植创新文化，不断增强创业创新意识，使创业创新成为全社会共同的价值追求和行为习惯。

二、总体思路

　　按照"四个全面"战略布局，坚持改革推动，加快实施创新驱动发展战略，充分发挥市场在资源配置中的决定性作用和更好发挥政府作用，加大简政放权力度，放宽政策、放开市场、放活主体，形成有利于创业创新的良好氛围，让千千万万创业者活跃起来，汇聚成经济社会发展的巨大动能。不断完善体制机制、健全普惠性政策措施，加强统筹协调，构建有利于大众创业、万众创新蓬勃发展的政策环境、制度环境和公共服务体系，以创业带动就业、创新促进发展。

231

　　——坚持深化改革，营造创业环境。通过结构性改革和创新，进一步简政放权、放管结合、优化服务，增强创业创新制度供给，完善相关法律法规、扶持政策和激励措施，营造均等普惠环境，推动社会纵向流动。

　　——坚持需求导向，释放创业活力。尊重创业创新规律，坚持以人为本，切实解决创业者面临的资金需求、市场信息、政策扶持、技术支撑、公共服务等瓶颈问题，最大限度释放各类市场主体创业创新活力，开辟就业新空间，拓展发展新天地，解放和发展生产力。

　　——坚持政策协同，实现落地生根。加强创业、创新、就业等各类政策统筹，部门与地方政策联动，确保创业扶持政策可操作、能落地。鼓励有条件的地区先行先试，探索形成可复制、可推广的创业创新经验。

　　——坚持开放共享，推动模式创新。加强创业创新公共服务资源开放共享，整合利用全球创业创新资源，实现人才等创业创新要素跨地区、跨行业自由流动。依托"互联网+"、大数据等，推动各行业创新商业模式，建立和完善线上与线下、境内与境外、政府与市场开放合作等创业创新机制。

三、创新体制机制，实现创业便利化

(一) 完善公平竞争市场环境。

进一步转变政府职能，增加公共产品和服务供给，为创业者提供更多机会。逐步清理并废除妨碍创业发展的制度和规定，打破地方保护主义。加快出台公平竞争审查制度，建立统一透明、有序规范的市场环境。依法反垄断和反不正当竞争，消除不利于创业创新发展的垄断协议和滥用市场支配地位以及其他不正当竞争行为。清理规范涉企收费项目，完善收费目录管理制度，制定事中事后监管办法。建立和规范企业信用信息发布制度，制定严重违法企业名单管理办法，把创业主体信用与市场准入、享受优惠政策挂钩，完善以信用管理为基础的创业创新监管模式。

(二) 深化商事制度改革。

加快实施工商营业执照、组织机构代码证、税务登记证"三证合一"、"一照一码"，落实"先照后证"改革，推进全程电子化登记和电子营业执照应用。支持各地结合实际放宽新注册企业场所登记条件限制，推动"一址多照"、集群注册等住所登记改革，为创业创新提供便利的工商登记服务。建立市场准入等负面清单，破除不合理的行业准入限制。开展企业简易注销试点，建立便捷的市场退出机制。依托企业信用信息公示系统建立小微企业名录，增强创业企业信息透明度。

(三) 加强创业知识产权保护。

研究商业模式等新形态创新成果的知识产权保护办法。积极推进知识产权交易，加快建立全国知识产权运营公共服务平台。完善知识产权快速维权与维权援助机制，缩短确权审查、侵权处理周期。集中查处一批侵犯知识产权的大案要案，加大对反复侵权、恶意侵权等行为的处罚力度，探索实施惩罚性赔偿制度。完善权利人维权机制，合理划分权利人举证责任，完善行政调解等非诉讼纠纷解决途径。

(四) 健全创业人才培养与流动机制。

把创业精神培育和创业素质教育纳入国民教育体系，实现全社会创业教育和培训制度化、体系化。加快完善创业课程设置，加强创业实训体系建设。加强创业创新知识普及教育，使大众创业、万众创新深入人心。加强创业导师队伍建设，提高创业服务水平。加快推进社会保障制度改革，破除人才自由流动制度障碍，实现党政机关、企事业单位、社会各方面人才顺畅流动。加快建立创业创新绩效评价机制，让一批富有创业精神、勇于承担风险的人才脱颖而出。

四、优化财税政策，强化创业扶持

(五) 加大财政资金支持和统筹力度。

各级财政要根据创业创新需要，统筹安排各类支持小微企业和创业创新的资金，加大对创业创新支持力度，强化资金预算执行和监管，加强资金使用绩效评价。支持有条件的地方政府设立创业基金，扶持创业创新发展。在确保公平竞争的前提下，鼓励对众创空间等孵化机构的办公用房、用水、用能、网络等软硬件设施给予适当优惠，减轻创业者负担。

(六) 完善普惠性税收措施。

落实扶持小微企业发展的各项税收优惠政策。落实科技企业孵化器、大学科技园、研发费用加计扣除、固定资产加速折旧等税收优惠政策。对符合条件的众创空间等新型孵化机构适用科技企业孵化器税收优惠政策。按照税制改革方向和要求，对包括天使投资在内的投向种子期、初创期等创新活动的投资，统筹研究相关税收支持政策。修订完善高新技术企业认定办法，完善创业投资企业享受 70%应纳税所得额税收抵免政策。抓紧推广中关村国家自主创新示范区税收试点政策，将企业转增股本分期缴纳个人所得税试点政策、股权奖励分期缴纳个人所得税试点政策推广至全国范围。落实促进高校毕业生、残疾人、退役军人、登记失业人员等创业就业税收政策。

(七) 发挥政府采购支持作用。

完善促进中小企业发展的政府采购政策，加强对采购单位的政策指导和监督检查，督促采购单位改进采购计划编制和项目预留管理，增强政策对小微企业发展的支持效果。加大创新产品和服务的采购力度，把政府采购与支持创业发展紧密结合起来。

五、搞活金融市场，实现便捷融资

(八) 优化资本市场。

支持符合条件的创业企业上市或发行票据融资，并鼓励创业企业通过债券

233

市场筹集资金。积极研究尚未盈利的互联网和高新技术企业到创业板发行上市制度，推动在上海证券交易所建立战略新兴产业板。加快推进全国中小企业股份转让系统向创业板转板试点。研究解决特殊股权结构类创业企业在境内上市的制度性障碍，完善资本市场规则。规范发展服务于中小微企业的区域性股权市场，推动建立工商登记部门与区域性股权市场的股权登记对接机制，支持股权质押融资。支持符合条件的发行主体发行小微企业增信集合债等企业债券创新品种。

(九) 创新银行支持方式。

鼓励银行提高针对创业创新企业的金融服务专业化水平，不断创新组织架构、管理方式和金融产品。推动银行与其他金融机构加强合作，对创业创新活动给予有针对性的股权和债权融资支持。鼓励银行业金融机构向创业企业提供结算、融资、理财、咨询等一站式系统化的金融服务。

(十) 丰富创业融资新模式。

支持互联网金融发展，引导和鼓励众筹融资平台规范发展，开展公开、小额股权众筹融资试点，加强风险控制和规范管理。丰富完善创业担保贷款政策。支持保险资金参与创业创新，发展相互保险等新业务。完善知识产权估值、质押和流转体系，依法合规推动知识产权质押融资、专利许可费收益权证券化、专利保险等服务常态化、规模化发展，支持知识产权金融发展。

六、扩大创业投资，支持创业起步成长

(十一) 建立和完善创业投资引导机制。

不断扩大社会资本参与新兴产业创投计划参股基金规模，做大直接融资平台，引导创业投资更多向创业企业起步成长的前端延伸。不断完善新兴产业创业投资政策体系、制度体系、融资体系、监管和预警体系，加快建立考核评价体系。加快设立国家新兴产业创业投资引导基金和国家中小企业发展基金，逐步建立支持创业创新和新兴产业发展的市场化长效运行机制。发展联合投资等新模式，探索建立风险补偿机制。鼓励各地方政府建立和完善创业投资引导基金。加强创业投资立法，完善促进天使投资的政策法规。促进国家新兴产业创业投资引导基金、科技型中小企业创业投资引导基金、国家科技成果转化引导基金、国家中小企业发展基金等协同联动。推进创业投资行业协会建设，加强行业自律。

234

(十二) 拓宽创业投资资金供给渠道。

加快实施新兴产业"双创"三年行动计划,建立一批新兴产业"双创"示范基地,引导社会资金支持大众创业。推动商业银行在依法合规、风险隔离的前提下,与创业投资机构建立市场化长期性合作。进一步降低商业保险资金进入创业投资的门槛。推动发展投贷联动、投保联动、投债联动等新模式,不断加大对创业创新企业的融资支持。

(十三) 发展国有资本创业投资。

研究制定鼓励国有资本参与创业投资的系统性政策措施,完善国有创业投资机构激励约束机制、监督管理机制。引导和鼓励中央企业和其他国有企业参与新兴产业创业投资基金、设立国有资本创业投资基金等,充分发挥国有资本在创业创新中的作用。研究完善国有创业投资机构国有股转持豁免政策。

(十四) 推动创业投资"引进来"与"走出去"。

抓紧修订外商投资创业投资企业相关管理规定,按照内外资一致的管理原则,放宽外商投资准入制度,完善外资创业投资机构管理制度,简化管理流程,鼓励外资开展创业投资业务。放宽对外资创业投资基金投资限制,鼓励中外合资创业投资机构发展。引导和鼓励创业投资机构加大对境外高端研发项目的投资,积极分享境外高端技术成果。按投资领域、用途、募集资金规模,完善创业投资境外投资管理。

七、发展创业服务,构建创业生态

(十五) 加快发展创业孵化服务。

大力发展创新工场、车库咖啡等新型孵化器,做大做强众创空间,完善创业孵化服务。引导和鼓励各类创业孵化器与天使投资、创业投资相结合,完善投融资模式。引导和推动创业孵化与高校、科研院所等技术成果转移相结合,完善技术支撑服务。引导和鼓励国内资本与境外合作设立新型创业孵化平台,引进境外先进创业孵化模式,提升孵化能力。

(十六) 大力发展第三方专业服务。

加快发展企业管理、财务咨询、市场营销、人力资源、法律顾问、知识产权、检验检测、现代物流等第三方专业化服务,不断丰富和完善创业服务。

235

(十七) 发展"互联网+"创业服务。

加快发展"互联网+"创业网络体系，建设一批小微企业创业创新基地，促进创业与创新、创业与就业、线上与线下相结合，降低全社会创业门槛和成本。加强政府数据开放共享，推动大型互联网企业和基础电信企业向创业者开放计算、存储和数据资源。积极推广众包、用户参与设计、云设计等新型研发组织模式和创业创新模式。

(十八) 研究探索创业券、创新券等公共服务新模式。

有条件的地方继续探索通过创业券、创新券等方式对创业者和创新企业提供社会培训、管理咨询、检验检测、软件开发、研发设计等服务，建立和规范相关管理制度和运行机制，逐步形成可复制、可推广的经验。

八、建设创业创新平台，增强支撑作用

(十九) 打造创业创新公共平台。

加强创业创新信息资源整合，建立创业政策集中发布平台，完善专业化、网络化服务体系，增强创业创新信息透明度。鼓励开展各类公益讲坛、创业论坛、创业培训等活动，丰富创业平台形式和内容。支持各类创业创新大赛，定期办好中国创新创业大赛、中国农业科技创新创业大赛和创新挑战大赛等赛事。加强和完善中小企业公共服务平台网络建设。充分发挥企业的创新主体作用，鼓励和支持有条件的大型企业发展创业平台、投资并购小微企业等，支持企业内外部创业者创业，增强企业创业创新活力。为创业失败者再创业建立必要的指导和援助机制，不断增强创业信心和创业能力。加快建立创业企业、天使投资、创业投资统计指标体系，规范统计口径和调查方法，加强监测和分析。

(二十) 用好创业创新技术平台。

建立科技基础设施、大型科研仪器和专利信息资源向全社会开放的长效机制。完善国家重点实验室等国家级科研平台(基地)向社会开放机制，为大众创业、万众创新提供有力支撑。鼓励企业建立一批专业化、市场化的技术转移平台。鼓励依托三维(3D)打印、网络制造等先进技术和发展模式，开展面向创业者的社会化服务。引导和支持有条件的领军企业创建特色服务平台，面向企业内部和外部创业者提供资金、技术和服务支撑。加快建立军民两用技术项目实施、信息交互和标准化协调机制，促进军民创新资源融合。

(二十一) 发展创业创新区域平台。

支持开展全面创新改革试验的省(区、市)、国家综合配套改革试验区等，依托改革试验平台在创业创新体制机制改革方面积极探索，发挥示范和带动作用，为创业创新制度体系建设提供可复制、可推广的经验。依托自由贸易试验区、国家自主创新示范区、战略性新兴产业集聚区等创业创新资源密集区域，打造若干具有全球影响力的创业创新中心。引导和鼓励创业创新型城市改善环境，推动区域集聚发展。推动实施小微企业创业基地城市示范。鼓励有条件的地方出台各具特色的支持政策，积极盘活闲置的商业用房、工业厂房、企业库房、物流设施和家庭住所、租赁房等资源，为创业者提供低成本办公场所和居住条件。

九、激发创造活力，发展创新型创业

(二十二) 支持科研人员创业。

加快落实高校、科研院所等专业技术人员离岗创业政策，对经同意离岗的可在 3 年内保留人事关系，建立健全科研人员双向流动机制。进一步完善创新型中小企业上市股权激励和员工持股计划制度规则。鼓励符合条件的企业按照有关规定，通过股权、期权、分红等激励方式，调动科研人员创业积极性。支持鼓励学会、协会、研究会等科技社团为科技人员和创业企业提供咨询服务。

(二十三) 支持大学生创业。

深入实施大学生创业引领计划，整合发展高校毕业生就业创业基金。引导和鼓励高校统筹资源，抓紧落实大学生创业指导服务机构、人员、场地、经费等。引导和鼓励成功创业者、知名企业家、天使和创业投资人、专家学者等担任兼职创业导师，提供包括创业方案、创业渠道等创业辅导。建立健全弹性学制管理办法，支持大学生保留学籍休学创业。

(二十四) 支持境外人才来华创业。

发挥留学回国人才特别是领军人才、高端人才的创业引领带动作用。继续推进人力资源市场对外开放，建立和完善境外高端创业创新人才引进机制。进一步放宽外籍高端人才来华创业办理签证、永久居留证等条件，简化开办企业审批流程，探索由事前审批调整为事后备案。引导和鼓励地方对回国创业高端人才和境外高端人才来华创办高科技企业给予一次性创业启动资金，在配偶就业、子女入学、医疗、住房、社会保障等方面完善相关措施。加强海外科技人才离岸创业基地建设，把更多的国外创业创新资源引入国内。

十、拓展城乡创业渠道，实现创业带动就业

(二十五) 支持电子商务向基层延伸。

引导和鼓励集办公服务、投融资支持、创业辅导、渠道开拓于一体的市场化网商创业平台发展。鼓励龙头企业结合乡村特点建立电子商务交易服务平台、商品集散平台和物流中心，推动农村依托互联网创业。鼓励电子商务第三方交易平台渠道下沉，带动城乡基层创业人员依托其平台和经营网络开展创业。完善有利于中小网商发展的相关措施，在风险可控、商业可持续的前提下支持发展面向中小网商的融资贷款业务。

(二十六) 支持返乡创业集聚发展。

结合城乡区域特点，建立有市场竞争力的协作创业模式，形成各具特色的返乡人员创业联盟。引导返乡创业人员融入特色专业市场，打造具有区域特点的创业集群和优势产业集群。深入实施农村青年创业富民行动，支持返乡创业人员因地制宜围绕休闲农业、农产品深加工、乡村旅游、农村服务业等开展创业，完善家庭农场等新型农业经营主体发展环境。

(二十七) 完善基层创业支撑服务。

加强城乡基层创业人员社保、住房、教育、医疗等公共服务体系建设，完善跨区域创业转移接续制度。健全职业技能培训体系，加强远程公益创业培训，提升基层创业人员创业能力。引导和鼓励中小金融机构开展面向基层创业创新的金融产品创新，发挥社区地理和软环境优势，支持社区创业者创业。引导和鼓励行业龙头企业、大型物流企业发挥优势，拓展乡村信息资源、物流仓储等技术和服务网络，为基层创业提供支撑。

十一、加强统筹协调，完善协同机制

(二十八) 加强组织领导。

建立由发展改革委牵头的推进大众创业万众创新部际联席会议制度，加强顶层设计和统筹协调。各地区、各部门要立足改革创新，坚持需求导向，从根本上解决创业创新中面临的各种体制机制问题，共同推进大众创业、万众创新

238

蓬勃发展。重大事项要及时向国务院报告。

(二十九) 加强政策协调联动。

建立部门之间、部门与地方之间政策协调联动机制，形成强大合力。各地区、各部门要系统梳理已发布的有关支持创业创新发展的各项政策措施，抓紧推进"立、改、废"工作，将对初创企业的扶持方式从选拔式、分配式向普惠式、引领式转变。建立健全创业创新政策协调审查制度，增强政策普惠性、连贯性和协同性。

(三十) 加强政策落实情况督查。

加快建立推进大众创业、万众创新有关普惠性政策措施落实情况督查督导机制，建立和完善政策执行评估体系和通报制度，全力打通决策部署的"最先一公里"和政策落实的"最后一公里"，确保各项政策措施落地生根。

各地区、各部门要进一步统一思想认识，高度重视、认真落实本意见的各项要求，结合本地区、本部门实际明确任务分工、落实工作责任，主动作为、敢于担当，积极研究解决新问题，及时总结推广经验做法，加大宣传力度，加强舆论引导，推动本意见确定的各项政策措施落实到位，不断拓展大众创业、万众创新的空间，汇聚经济社会发展新动能，促进我国经济保持中高速增长、迈向中高端水平。

239

国务院
2015 年 6 月 11 日

附录2 国务院办公厅关于深化高等学校

创新创业教育改革的实施意见

国办发〔2015〕36号

各省、自治区、直辖市人民政府，国务院各部委、各直属机构：

深化高等学校创新创业教育改革，是国家实施创新驱动发展战略、促进经济提质增效升级的迫切需要，是推进高等教育综合改革、促进高校毕业生更高质量创业就业的重要举措。党的十八大对创新创业人才培养作出重要部署，国务院对加强创新创业教育提出明确要求。近年来，高校创新创业教育不断加强，取得了积极进展，对提高高等教育质量、促进学生全面发展、推动毕业生创业就业、服务国家现代化建设发挥了重要作用。但也存在一些不容忽视的突出问题，主要是一些地方和高校重视不够，创新创业教育理念滞后，与专业教育结合不紧，与实践脱节；教师开展创新创业教育的意识和能力欠缺，教学方式方法单一，针对性实效性不强；实践平台短缺，指导帮扶不到位，创新创业教育体系亟待健全。为了进一步推动大众创业、万众创新，经国务院同意，现就深化高校创新创业教育改革提出如下实施意见。

一、总体要求

(一) 指导思想。

全面贯彻党的教育方针，落实立德树人根本任务，坚持创新引领创业、创业带动就业，主动适应经济发展新常态，以推进素质教育为主题，以提高人才培养质量为核心，以创新人才培养机制为重点，以完善条件和政策保障为支撑，促进高等教育与科技、经济、社会紧密结合，加快培养规模宏大、富有创新精神、勇于投身实践的创新创业人才队伍，不断提高高等教育对稳增长促改革调结构惠民生的贡献度，为建设创新型国家、实现"两个一百年"奋斗目标和中华民族伟大复兴的中国梦提供强大的人才智力支撑。

240

(二) 基本原则。

坚持育人为本，提高培养质量。把深化高校创新创业教育改革作为推进高等教育综合改革的突破口，树立先进的创新创业教育理念，面向全体、分类施教、结合专业、强化实践，促进学生全面发展，提升人力资本素质，努力造就大众创业、万众创新的生力军。

坚持问题导向，补齐培养短板。把解决高校创新创业教育存在的突出问题作为深化高校创新创业教育改革的着力点，融入人才培养体系，丰富课程、创新教法、强化师资、改进帮扶，推进教学、科研、实践紧密结合，突破人才培养薄弱环节，增强学生的创新精神、创业意识和创新创业能力。

坚持协同推进，汇聚培养合力。把完善高校创新创业教育体制机制作为深化高校创新创业教育改革的支撑点，集聚创新创业教育要素与资源，统一领导、齐抓共管、开放合作、全员参与，形成全社会关心支持创新创业教育和学生创新创业的良好生态环境。

(三) 总体目标。

2015 年起全面深化高校创新创业教育改革。2017 年取得重要进展，形成科学先进、广泛认同、具有中国特色的创新创业教育理念，形成一批可复制可推广的制度成果，普及创新创业教育，实现新一轮大学生创业引领计划预期目标。到 2020 年建立健全课堂教学、自主学习、结合实践、指导帮扶、文化引领融为一体的高校创新创业教育体系，人才培养质量显著提升，学生的创新精神、创业意识和创新创业能力明显增强，投身创业实践的学生显著增加。

二、主要任务和措施

(一) 完善人才培养质量标准。

制订实施本科专业类教学质量国家标准，修订实施高职高专专业教学标准和博士、硕士学位基本要求，明确本科、高职高专、研究生创新创业教育目标要求，使创新精神、创业意识和创新创业能力成为评价人才培养质量的重要指标。相关部门、科研院所、行业企业要制订专业人才评价标准，细化创新创业素质能力要求。不同层次、类型、区域高校要结合办学定位、服务面向和创新创业教育目标要求，制订专业教学质量标准，修订人才培养方案。

(二) 创新人才培养机制。

实施高校毕业生就业和重点产业人才供需年度报告制度，完善学科专业预

241

警、退出管理办法，探索建立需求导向的学科专业结构和创业就业导向的人才培养类型结构调整新机制，促进人才培养与经济社会发展、创业就业需求紧密对接。深入实施系列"卓越计划"、科教结合协同育人行动计划等，多形式举办创新创业教育实验班，探索建立校校、校企、校地、校所以及国际合作的协同育人新机制，积极吸引社会资源和国外优质教育资源投入创新创业人才培养。高校要打通一级学科或专业类下相近学科专业的基础课程，开设跨学科专业的交叉课程，探索建立跨院系、跨学科、跨专业交叉培养创新创业人才的新机制，促进人才培养由学科专业单一型向多学科融合型转变。

(三) 健全创新创业教育课程体系。

各高校要根据人才培养定位和创新创业教育目标要求，促进专业教育与创新创业教育有机融合，调整专业课程设置，挖掘和充实各类专业课程的创新创业教育资源，在传授专业知识过程中加强创新创业教育。面向全体学生开发开设研究方法、学科前沿、创业基础、就业创业指导等方面的必修课和选修课，纳入学分管理，建设依次递进、有机衔接、科学合理的创新创业教育专门课程群。各地区、各高校要加快创新创业教育优质课程信息化建设，推出一批资源共享的慕课、视频公开课等在线开放课程。建立在线开放课程学习认证和学分认定制度。组织学科带头人、行业企业优秀人才，联合编写具有科学性、先进性、适用性的创新创业教育重点教材。

242

(四) 改革教学方法和考核方式。

各高校要广泛开展启发式、讨论式、参与式教学，扩大小班化教学覆盖面，推动教师把国际前沿学术发展、最新研究成果和实践经验融入课堂教学，注重培养学生的批判性和创造性思维，激发创新创业灵感。运用大数据技术，掌握不同学生学习需求和规律，为学生自主学习提供更加丰富多样的教育资源。改革考试考核内容和方式，注重考查学生运用知识分析、解决问题的能力，探索非标准答案考试，破除"高分低能"积弊。

(五) 强化创新创业实践。

各高校要加强专业实验室、虚拟仿真实验室、创业实验室和训练中心建设，促进实验教学平台共享。各地区、各高校科技创新资源原则上向全体在校学生开放，开放情况纳入各类研究基地、重点实验室、科技园评估标准。鼓励各地区、各高校充分利用各种资源建设大学科技园、大学生创业园、创业孵化基地和小微企业创业基地，作为创业教育实践平台，建好一批大学生校外实践教育基地、创业示范基地、科技创业实习基地和职业院校实训基地。完善国家、地方、高校三级创新创业实训教学体系，深入实施大学生创新创业训练计划，扩大覆盖面，促进项目落地转化。举办全国大学生创新创业大赛，办好全国职业院校技能大赛，支持举办各类科技创新、创意设计、创业计划等专题竞赛。支持高校学生成立创新创业协会、创业俱乐部等社团，举办创新创业讲座论坛，开展创新创业实践。

(六) 改革教学和学籍管理制度。

各高校要设置合理的创新创业学分，建立创新创业学分积累与转换制度，探索将学生开展创新实验、发表论文、获得专利和自主创业等情况折算为学分，将学生参与课题研究、项目实验等活动认定为课堂学习。为有意愿有潜质的学生制定创新创业能力培养计划，建立创新创业档案和成绩单，客观记录并量化评价学生开展创新创业活动情况。优先支持参与创新创业的学生转入相关专业学习。实施弹性学制，放宽学生修业年限，允许调整学业进程、保留学籍休学创新创业。设立创新创业奖学金，并在现有相关评优评先项目中拿出一定比例用于表彰优秀的创新创业学生。

(七) 加强教师创新创业教育教学能力建设。

各地区、各高校要明确全体教师创新创业教育责任，完善专业技术职务评聘和绩效考核标准，加强创新创业教育的考核评价。配齐配强创新创业教育与创业就业指导专职教师队伍，并建立定期考核、淘汰制度。聘请知名科学家、创业成功者、企业家、风险投资人等各行各业优秀人才，担任专业课、创新创业课授课或指导教师，并制定兼职教师管理规范，形成全国万名优秀创新创业导师人才库。将提高高校教师创新创业教育的意识和能力作为岗前培训、课程轮训、骨干研修的重要内容，建立相关专业教师、创新创业教育专职教师到行业企业挂职锻炼制度。加快完善高校科技成果处置和收益分配机制，支持教师以对外转让、合作转化、作价入股、自主创业等形式将科技成果产业化，并鼓励带领学生创新创业。

(八) 改进学生创业指导服务。

各地区、各高校要建立健全学生创业指导服务专门机构，做到"机构、人员、场地、经费"四到位，对自主创业学生实行持续帮扶、全程指导、一站式服务。健全持续化信息服务制度，完善全国大学生创业服务网功能，建立地方、高校两级信息服务平台，为学生实时提供国家政策、市场动向等信息，并做好创业项目对接、知识产权交易等服务。各地区、各有关部门要积极落实高校学生创业培训政策，研发适合学生特点的创业培训课程，建设网络培训平台。鼓

243

励高校自主编制专项培训计划，或与有条件的教育培训机构、行业协会、群团组织、企业联合开发创业培训项目。各地区和具备条件的行业协会要针对区域需求、行业发展，发布创业项目指南，引导高校学生识别创业机会、捕捉创业商机。

（九）完善创新创业资金支持和政策保障体系。

各地区、各有关部门要整合发展财政和社会资金，支持高校学生创新创业活动。各高校要优化经费支出结构，多渠道统筹安排资金，支持创新创业教育教学，资助学生创新创业项目。部委属高校应按规定使用中央高校基本科研业务费，积极支持品学兼优且具有较强科研潜质的在校学生开展创新科研工作。中国教育发展基金会设立大学生创新创业教育奖励基金，用于奖励对创新创业教育作出贡献的单位。鼓励社会组织、公益团体、企事业单位和个人设立大学生创业风险基金，以多种形式向自主创业大学生提供资金支持，提高扶持资金使用效益。深入实施新一轮大学生创业引领计划，落实各项扶持政策和服务措施，重点支持大学生到新兴产业创业。有关部门要加快制定有利于互联网创业的扶持政策。

244

三、加强组织领导

（一）健全体制机制。

各地区、各高校要把深化高校创新创业教育改革作为"培养什么人，怎样培养人"的重要任务摆在突出位置，加强指导管理与监督评价，统筹推进本地本校创新创业教育工作。各地区要成立创新创业教育专家指导委员会，开展高校创新创业教育的研究、咨询、指导和服务。各高校要落实创新创业教育主体责任，把创新创业教育纳入改革发展重要议事日程，成立由校长任组长、分管校领导任副组长、有关部门负责人参加的创新创业教育工作领导小组，建立教务部门牵头，学生工作、团委等部门齐抓共管的创新创业教育工作机制。

（二）细化实施方案。

各地区、各高校要结合实际制定深化本地本校创新创业教育改革的实施方案，明确责任分工。教育部属高校需将实施方案报教育部备案，其他高校需报学校所在地省级教育部门和主管部门备案，备案后向社会公布。

（三）强化督导落实。

教育部门要把创新创业教育质量作为衡量办学水平、考核领导班子的重要指标,纳入高校教育教学评估指标体系和学科评估指标体系,引入第三方评估。把创新创业教育相关情况列入本科、高职高专、研究生教学质量年度报告和毕业生就业质量年度报告重点内容,接受社会监督。

(四) 加强宣传引导。

各地区、各有关部门以及各高校要大力宣传加强高校创新创业教育的必要性、紧迫性、重要性,使创新创业成为管理者办学、教师教学、学生求学的理性认知与行动自觉。及时总结推广各地各高校的好经验好做法,选树学生创新创业成功典型,丰富宣传形式,培育创客文化,努力营造敢为人先、敢冒风险、宽容失败的氛围环境。

国务院办公厅

2015 年 5 月 4 日

245

参 考 文 献

[1] [日] 竹内一正. 特斯拉之父. 北京：中信出版社，2016 年.

[2] 孙陶然. 创业 36 条军规. 北京：中信出版社，2015 年.

[3] 任正非. 华为的冬天，2001 年.

[4] 朱晓明，宋炳颖，等. 数字化时代的十大商业趋势. 上海：上海交通大学出版社，2014.

[5] 腾讯科技频道. 跨界：开启互联网与传统行业融合的新趋势. 北京：机械工业出版社，2015.

[6] [美] 克莱顿·克里斯坦森(Clayton M. Christensen)著. 创新者的窘境(全新修订版). 胡建桥，译. 北京：中信出版社，2014 年.

[7] 熊伟. 质量功能展开：从理论到实践. 北京：科学出版社，2009 年.

[8] 赵敏，史晓凌，段海波. TRIZ 入门及实践. 北京：科学出版社，2009 年.

[9] 林军，华夏编. 柳传志的领导智慧. 上海：浙江大学出版社，2011 年.

[10] (美)菲利普·科特勒. 营销管理. 14 版. 北京：中国人民大学出版社，2012 年.

[11] (美)菲利普·科特勒，卡斯林. 混沌时代的管理和营销. 北京：华夏出版社，2009 年.

[12] 许丽洁. 别找了，客户藏在名片里. 北京：北京大学出版社，2013 年.

[13] 艾诚. 创业的常识. 北京：中信出版集团，2016 年.

[14] 九轩资本刘亿舟. 手把手教你写商业计划书. 创业帮，2015.7.31.

[15] 吴春波. 华为没有秘密 2. 北京：中信出版集团，2018 年.